우리가 만난 한국

재한 조선족의 구술생애사

편저자

박　우, 한성대학교 교양교직학부 전임강사, 서울대학교 사회학과 박사수료
김용선, 중국동포타운신문사 편집국장, 서강대학교 사학과 박사수료
최국화, 서울대학교 재료공학부 석사
강미선, 서울대학교 사회학과 석사과정
최영춘, 인천대학교 법학과 석박통합과정
박일화, 전남대학교 정치외교학과 석사

재외한인학회총서 Ⅲ

우리가 만난 한국
재한 조선족의 구술생애사

2012년 7월 1일 초판 인쇄
2012년 7월 5일 초판 발행

편저자 | 박우 · 김용선 외
펴낸이 | 이찬규
펴낸곳 | 북코리아
등록번호 | 제03-01240호
주소 | 462-807 경기도 성남시 중원구 상대원동 146-8
　　　 우림2차 A동 1007호
전화 | 02) 704-7840
팩스 | 02) 704-7848
이메일 | sunhaksa@korea.com
홈페이지 | www.bookorea.co.kr
ISBN | 978-89-6324-212-5 (94330)
　　　　 978-89-6324-134-0 (세트)

값 15,000원

재외한인학회총서 Ⅲ

우리가 만난 한국

재한 조선족의 구술생애사

박우·김용선 외 편저

북코리아

:: 머리말

우리 조상들이 쪽지게를 지고 두만강, 압록강을 건너 중국 동북지역에서 삶의 희망을 담은 첫 괭이를 박은 지도 어느덧 한 세기가 지났다. 지난 한 세기 동안 우리는 광활한 동북평원을 개척하고 보호하고 건설하기 위해 수많은 피와 땀을 흘렸고 명실공히 이 땅의 주인이 되었지만 세계화의 흐름은 전통적인 우리 사회의 구조를 뒤흔들었다.

20세기 80년대 중국 대지에 일기 시작한 개혁과 개방의 봄바람을 타고 보다 윤택한 삶을 위해 우리는 신들메를 조이고 보따리 하나를 머리에 이고 산해관을 넘고 바다를 건너 낯선 타향으로 진출하기 시작하였다. 우리는 끈질긴 의지와 모험정신으로 시장화 물결 속에서 새로운 삶의 양식을 탐색해냈고 우리 민족의 문화를 중국 내륙지역에 전파하였다.

1992년 중한수교 이후 한국과의 활발한 교류는 10여 년의 개혁개방 세례를 받은 우리 사회에 경제, 문화 등 영역에서 신속한 발전을 가져올 수 있는 절호의 기회를 제공해 주었다. 하지만 근 반세기에 가까운 단절이 가져다 준 공백과 이념적 차이는 동족이란 '혈육의 정' 하나만으로 쉽게 해소될 수 있는 것은 아니었다. 익숙하면서도 낯설은 만남 속에서 여러 가지 문제들이 노출되었고 상호 간의 갈등과 불신도

극으로 치달아 '조선족 사기피해 사건', '페호 선상살인 사건'과 같은 비극을 초래하기도 하였다. 하지만 우리는 이러한 아픔을 치유하고 양 사회가 공동발전 할 수 있는 방법을 모색해 오기에 노력을 경주해 왔다.

방문취업자격, 재외동포자격 등 다양한 형태의 체류자격으로 상당 수 조선족들이 비교적 자유롭게 한국나들이를 할 수 있게 되었는바, 2012년 3월 기준 한국 법무부의 통계에 의하면 한국에 체류하고 있는 조선족은 약 48만 명에 달하고 한국 국적을 취득한 조선족은 약 10만 명에 달한다. 다시 말하면 1/4의 조선족이 현재 한국에 있다는 것이다.

모종 의미에서 지난 20세기 90년대부터 우리 사회에 만연한 '코리 안드림'은 웃음과 눈물로 얼룩진 이주와 정착의 역사라고 할 수 있다. 1/4이란 숫자를 웃돌고 있는 한국의 조선족 사회는 우리들의 관심에서 점차 멀어지기 시작했고 이들의 아픔도 망각되었다. 이들의 한국행은 분명 우리 역사의 일부분이고 우리 사회의 일부분인 만큼 이들의 희로 애락을 기록에 남기는 것은 민족사적으로나 문화사적으로 자못 가치 있는 일이며 지성인들의 책임이기도 하다.

역사의 우연이라고 할까, 이주 1세대의 이주와 정착을 기록한『중 국조선족이민실록』이 당시 북경조선족청년학회 회원들과 북경에서 공 부하고 있던 조선족대학생들에 의해 기록, 정리되어 1992년에 출판되 었다.『중국조선족이민실록』이 "이민 1세들의 직접적인 구술과 그에 대한 실록을 통하여 험난한 우리 민족의 이민사를 생동하고 진실하게 보여주었다"(정판룡:『중국조선족이민실록』서문에서)고 한다면 이민 실록이 출판된 지 20년이 되는 오늘, 연변조선족자치주 성립 60돌과 중한수교 20년을 맞이하는 뜻 깊은 해에 우리 후학들이 조선족의 한국 이주와 정착 과정을 구술생애사적 방법으로 적어낸 『우리가 만난 한국: 재한 조선족의 구술생애사』가 이제 곧 독자들과 대면하게 된다.

어려운 외국 유학생활을 보내면서도 우리 민족에 대한 사랑과 자각으로 휴일시간도 마다하면서 한국에서 생활하고 있는 조선족들을 면담 취재한 박우 군을 비롯한 후학들에게 심심한 감사를 드리며 앞으로 더욱 학문에 정진하여 성공하기를 기대한다.

조선족 인구의 자연증가율이 이미 마이너스를 기록한 상황이고, 기성세대가 중국 내륙지역으로, 외국으로 이주함에 따라 기존의 집거구는 말 그대로 '공동화' 되어 가고 있는 현시점에서 민족교육의 향상과 민족문화의 전승 역시 엄청난 진통을 겪고 있다. 경제적인 부도 이룩해야 하지만 민족공동체도 지켜가야 한다는 이중적인 과제를 수행하고, 세계화 시대 조선족사회의 위상을 제고시키는데 유조한 대안을 모색해야 할 시점에서 이 책은 우리 민족이 새로운 역사적 격변기에 문화적 반성과 자각, 나아가 정체성 확립을 다그침에 있어서 훌륭한 계시를 주리라 믿는다.

연변대학교 총장 김병민

학문적 시민권을 완전히 획득하지 못하고 책을 펴내는 것만큼 무례한 일은 없을 것이다.

사명감과 지적 호기심이 한국유학 경험자인 우리가 이 작업을 하는데 원동력이었다.

우리는 조선족대학원생을 주축으로 2003년에 결성된 '재한조선족유학생네트워크'의 운영진에 속해 있었다. 우리는 1970년대 중후반, 1980년대 초중반 중국에서 태어나 사회주의 시장경제라는 '사불상(四不像) 체제'에서 교육 받았고 그에 따라 민족을 상상했다. 우리는 중국인인 동시에 한민족의 정체성도 가지고 있다. 어느 하나가 강화된다고 해서 다른 하나가 약화되지 않는다. 양자는 서로 모순되지 않는다.

중국에서 학부를 졸업하고 한국의 대학원에 유학을 왔다. 2000년대 초반부터의 일이다. 우리는 재외동포법의 개정을 둘러싼 조선족들의 대규모 농성을 보았고, '불법체류자' 자진출국 프로그램을 보았고, 방문취업제의 시행과 재외동포자격의 확대부여를 보았고, 무슨 의미인지 모르겠지만 우리가 다문화에 포함되는 것도 보았다. 이 모든 것은 무엇이고, 우리가 생각했던 민족은 무슨 의미이며, 우리가 만난 한국은 누구인가?

1990년대, 중고등학교에서 해적판 카세트 테이프로 '가요톱텐'을 듣고 있을 때, 지역 케이블 방송에서 나오는 '사랑이 뭐길래', '질투' 등 한국 드라마를 흥미진진하게 시청하고 있을 때, 옆을 지나가는 대형관광버스 안에서 한국인 관광객들이 우리를 보며 손짓하고 있을 때, 우리의 뇌리에서 '38선' 이남은 남조선이 아닌 한국이 되어갔다.

40여 년의 냉전, 우리와 한국의 공간적 격리는 서로 상상하고 있던 민족의 내용에 차이를 만들어 내었다. 민족은 그 사회의 평범한 사람들에게도 강요되었다. 우리는 한국을, 한국도 우리를 민족으로 바라보았다. 하지만 1992년부터 민족은 경제적 이해관계로 만나기 시작했고 이 관계 속에서 서로는 민족을 도구화했다. 결국 2000년대 초중반부터 우리가 한국에서 보아왔던 일련의 일들은, 우리가 생각했던 민족이 특정 계급이념의 유지와 재생산을 위한 도구였다는 것과, 우리가 만난 한국은 세계자본주의체제와 궤를 같이한 분단국가였음을 알려주었다. 내용은 달랐지만 당연시 되었던 민족이, 잠시 망각했던, 혹은 상기하고 싶지 않았던 계급으로 만났다. 이야기는 여기서부터 시작되었다.

우리는 1940년대부터 현재까지, 역동적인 사회변동을 경험하고 현재 한국에서 생활하고 있는 조선족들의 삶과 기억을 기록하고 싶었다. 중화인민공화국의 성립, 대약진, 문화대혁명, 개혁개방, 중한수교라는 거시적 구조는 한 개인의 삶을 어떻게 규정지었고 그들의 기억을 어떻게 가공했는지 궁금했다. 우리는 이분들의 삶 앞에서 숙연해졌고 우리의 본본주의(本本主义)와 탁상공론은 이분들의 기억 앞에서 무기력해졌다.

이 책은 기획에서 출판까지 1년 6개월이 걸렸다. 우리는 구술내용을 고스란히 생애사로 담아내기 위해 노력하였다. 하지만 중국조선어로 된 구술내용을 한국어로 문서화하는 과정에 우리의 한계는 여실히 드러났다. 더군다나 이렇게 풍부한 자료를 앞에 놓고도 이주에 관한 이론화 작업은 엄두도 못 내었다. 이 작업은 평생의 과제로 간직하고자 한다.

최종 수록된 22명의 구술생애사에는 현재 한국에서 생활하고 있는 조선족들이 생산해 낸 담론의 대부분이 포함되어 있다. 바쁜 일정도 마다하고 흔쾌히 자신들의 삶과 기억을 구술해 주신 이분들께 심심한 감사의 말씀 올린다. 그리고 학문적 결함이 많음에도 불구하고 『재외한인학회연구총서』에 이름을 올려주신 재외한인학회 회장, 한국외국어대학교 사학과 임영상 교수님께 말로 형언할 수 없는 고맙고 미안한 마음을 전해 올리고 싶다. 백망지중(百忙之中)에도 책의 머리말을 써주신 연변대학교 김병민 총장님과 까마득한 후배의 부탁을 자신의 일처럼 해주신 연변대학교 민족연구원 허명철 교수님은 부족한 우리들에게 용기와 희망을 주셨다. 우리가 한국에서 공부하면서 이 책을 기획할 수 있었던 것은 우리의 은사님이신 서울대학교 사회학과 장경섭 교수님, 서강대학교 사학과 정두희 교수님, 전남대학교 정치외교학과 임채완 교수님, 인천대학교 법학과 노영돈 교수님, 서울대학교 재료공학부 조원호 교수님, 연변대학교 역사학과 서일범 교수님을 비롯한 학과 교수님들과 대학원 선후배님들이 주신 지적 상상력 덕분이다. 그리고 인하대학교 정치외교학과 이진영 교수님, 고려대학교 사회학과

윤인진 교수님, 한성대학교 교양교직학부 김귀옥 교수님, 선문대학교 국제관계학과 최우길 교수님, 연변가정연구소 박민자 소장님의 도움이 없었더라면 이 작업은 어려웠을 것이다. 또한 이 책의 기획안을 보고 전폭적인 지원을 해 주신 중국동포타운신문사 최승재 이사장님, 김수현 대표님과 책을 출판해 주신 북코리아 이찬규 사장님께도 감사의 말씀 올린다.

우리는 이렇게 많은 분들의 지지를 좋은 환경에서 지적 자양분을 마음껏 흡수하면서 성장하지만 항상 겸허하게 학도의 길을 걸어가라는 뜻으로 이해하려고 한다.

2012년 5월 15일, 스승의 날
편저자 일동

:: 차례

II. 산업연수와 기술연수

III. 위 명 여 권

IV. 방문취업

V. 단기상무와 단기종합

VI. 결 혼

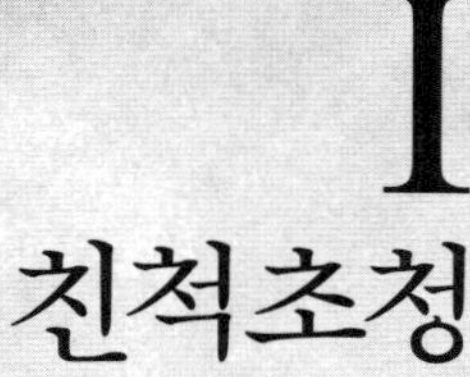

I

친척초청

1. 조선족도 동포다[*]

C씨는 1940년 흑룡강성 해림시에서 태어나 연변에서 생활하다 한중수교 이전 친척초청의 방식으로 홍콩을 경유하여 한국에 입국하였다. 약장사로부터 시작된 한국 생활에서 그녀는 자신이 직접 참여했던 재외동포법의 개정을 둘러싼 2000년대 초반의 농성을 가장 의미 있는 일로 생각한다.

C씨(중국 국적)

성장 과정

1940년 흑룡강(黑龙江) 해림(海林)에서 태어났다. 아버지는 함경남도 출신이다. 아버지는 자신의 뼈를 고향에 묻으라고 하셨다. 그런데 북에 그렇게 쉽게 갈 수 있는 상황이 아니다.

내 주변에 모두 한족들이어서 어릴 때 동네 한족들과 계속 놀았다. 1949년 중국이 성립될 때 해림에서 소학교에 입학하고, 6년 뒤인 1955년에 졸업해서 연변으로 오게 되었다. 옛날에는 중학교부터 시험제였

---

* 면접 일시: 2011년 2월 18일
  면접자: 박우

는데 시험보고 다른 곳에 입학하면 이불짐 싸메고 거의 이사를 하다시 피 했다. 내가 연변에 오게 되어 부모님들도 모두 연변에 같이 왔다. 연변에 와서 왕청2중을 다니다가 연길시1중에 입학하게 되었다. 졸업 하고 연길에서 교편을 잡았다. 연길에서 20년 살았다.

연변에 와서 오랫동안 공부하고 생활하다보니 연변 사람이 다 됐 다. 학창시절은 재미있었고 행복했다. 이게 뭐 중국이다 어쩐다 이런 감이 없었다. 그땐 순진해서 그런지, 한족 학교 다녔는데 학교 가면 선 생님이 많이 관심해주고, 한족애들 중 어떤 애들은 처음에는 高丽棒子 (조선족을 비하하는 말)요 뭐요 하면서 놀려주면 바로 선생님한테 가 서 고발했다. 자가 날 高丽棒子라 했다고. 그러면 선생님이 또 걔를 데 려다가 교육을 하고, 그리고 공식적으로 전반학생들 앞에서 사과하게 하고, 그런데서 참 그때는 한족이다 조선족이다 이런 개념이 기본상 없었다. 왜냐하면 한족 학교를 다니면서도 나는 불안하다는 느낌을 못 받았으니까. 이런 얘기 한국 사람들 잘 이해를 못한다. 선생님이나 뭐 나 나한테 잘 해줬고 또 나도 나름대로 노력을 많이 했다. 내가 학교다 닐 때 기억에 한족 학교 교과서인데 반달 무슨 노래가 있었다. 선생님 이 나에게 이 노래도 시키고 그랬다. 그러면서 선생님이 이 노래는 너 네 조선 사람들이 처음 여기로 와서 만든 동요인데 니가 잘 알아야 할 것이 아닌가 하고 말했던 기억도 난다. 아무튼 교육은 굉장히 철저하 게 공정하게 받은 것 같다. 그리고 중국에서 교육 방침은 그렇잖나, 덕 지체(德智体) 전면발전인데 맨 처음이 덕이다. 즉 사람이 먼저 돼야 한 다는 그런 교육사상이라서 그런지 나는 한족 학교에서 무슨 민족차별이고 이런 것을 못 느꼈다.

　유치원부터 한족들과 어울리고 한족 학교 다니면서 한족들의 사랑을 많이 받은 것 같다. 옛날에는 한족들은 布鞋(헝겊신)를 신고, 조선족들은 고무신을 신었는데 고무신이 질겨서 좋긴 한데 겨울에 발이 엄청 시려, 나의 한족 동창 엄마들이, 특히 중학교 이후에 자기 애가 신을 신 외에 나에게도 헝겊신을 만들어 주었다. 그러니까 그게 항상 따뜻하고 고향이란 생각 들고 나는 죽어도 뼈가루는 그기 가 뿌려야 되겠다는 생각이 많이 든다. 딱히 고향이 아니더라도 중국이면 된다. 연변에서 계속해서 고중 3년 다녔다. 고중졸업하고 나는 이과대학 시험을 봤다. 그런데 입학통지를 못 받았다. 지금은 재수하고 그러는데 그때는 재수가 없었다. 가족의 성분이 좋거나 나빠도 대학을 갈 수 있었던 시기였기에 내가 못 간 것은 나의 다른 조건이 문제가 있는 것이 아니라 내가 노력이 부족했다고 생각했다. 고중졸업하고 사회에 나와서 직장을 다니게 되었다. 학교에서 교편을 잡았다. 좀 열심히 하자고 했는데 문화대혁명이 터졌다. 완전히 내 인생은 꼬이기 시작했다. 아마 그 시기를 살았던 다른 사람도 마찬가지였을 것이다.

　그때 우리 집은 주덕해(연변조선족자치주 주장)를 보호하는 보수파였다. 왜 그랬냐면 우리 부모들이 주덕해에 대해서 잘 안다. 그래서 성향이 그쪽이다. 사회 전체가 분주했지, 떵떵거리면서 다니는 사람 보면 알린다. 학교서나 동네서나 보면 별의별 인간들이 다 나와서 조반파(造反派: 문화대혁명 초기 홍위병 이후로 등장한, 당시의 지도체제와 관료들에 대항하고 비판하는 군중조직)하고 완장 끼고 굉장히 우쭐거리고 꼴사나워도 방법이 없잖나, 할 수 없는 일이니까. 그리고 나는 그때 그 어디에 참석할 권리가 없었다. 다 이런 완장 꼈는데 나는 젊은 나인데 못 꼈다. 그런데 내가 그때 小楷字(작은 해서체 글자)는 잘 썼다. 그래서 이래 저래 사람들이 찾아와서 소자보를 써달라고 하면 써주고. 어디 가서 청소하라면 청소하고 정치적인데 휘말리지 않아서 좋긴 좋았다. 그러다 보니 누구에게 피해를 준적도 없다. 내 주위에 사람들은 맨 우파 아니면 지주, 부농이라서 이런 사람들과 가만가만 무리지어 다녔다.

문혁이 터져가지고 그냥 사람들 따라 얼떨결에 북경에 가보았다. 안가면 이상한 것 같아서 그냥 따라갔다. 숱한 고생을 했다. 그때 북경 가서 묵은 곳이 중앙민족학원부속중학(中央民族大学附属中学)이었다.

홍콩에서 한국으로

내가 한국에 온 것은 돈 벌라 온 것인데 내가 이런 결정을 내릴 수 있었던 것도 중국의 당시 사회배경 때문이 아닌가 생각된다. 한국에 와서는 내가 교육 받은 적이 없다. 오직 내가 돈 벌어야 되니까, 어디서나 경제고 돈이고 돈돈돈 했으니까. 문화대혁명이 끝나고 10년 동안 은 그 여파가 있었다. 그 과정에 중국에서도 많은 사람들이 공산당을 욕하고 그랬는데 나는 그게 잘 안 되는 것이었다. 글쎄 공산당이 착오 를 범했겠지만 취지는 인민을 위해 복무하는 것이라고 믿고 있었다. 그러다 보니 개혁개방을 하면서 나는 적응을 못하게 된 것이다. 친구들이 막 장사하고 난리였는데 장사하면 장사꾼 나쁜 놈이 돼 보이는 것 같고, 그 것이 내키지 않았다. 직장 생활을 해야 정직한 사람으로 생각했는데 후에 보니까 생활 자체가 그게 아닌 것이었다. 어려움에 부딪히고 정말 돈이 없으면 생활을 못하고 이러니까 한국을 선택했고 한국에 오게 되었다.

한국과 중국이 수교하기 전인 1989년 말, 1990년 초에 준비해서 한국에 입국했다. 돈을 팔고 가짜 친척방문으로 왔다. 수교 전이라서 홍콩을 경유해서 왔다. 연길에서 떠나서 기차 타고 천진에서 기차를 바꿔타고 광주까지 내려왔다. 광주에서 이틀인가 묵고 버스 타고 심천에 도착했다. 그때에 심천도 통행증이 있어야 되었는데 돈 내고 통행증을 만들어서 들어갔다. 심천에서 한 달 정도 비자가 나오기를 기다렸다. 브로커들이 매일 비자가 나온다고 해서 기다리고 또 기다렸다. 그때는 물품도 많았다. 그때 진짜 산삼 갖고 왔다. 산삼, 녹용에. 그 밀수 집단을 통해서 했는데, 심천에 가니까 그 곳에 밀수 집단들이 돈을 받고 물건을 홍콩까지 넘겨 주는 것이었다. 하여간 돈 많이 팔았다. 약만 3만 원어치 사가지고 연변에서 출발했다. 그때 3만 원이라는 돈이 대단했다. 만원호(万元户)가 부자소리를 들을 때인데 3만 원어치 물건을 해가지고 떠나고, 그리고 그 전체 비용을 다 합치면, 서울까지 도착하니 5만 원 돈이 들어갔다. 홍콩에 와서 또 아흐레 묵었다. 홍콩에서 비자는 인차 나왔다. 홍콩해관에서 검사가 엄격했다. 물건을 많이 가지고 갈 수 없다는 것이다. 그래서 또 정신없이 왔다 갔다 하면서 다른 방법을 찾았다. 건너갈 수 있는 웅담분은 제한이 많았다. 포장을 다 뜯어서 다른 방법으로 챙겨 넣고 결국 김포공항에 내렸는데, 김포공항에서 또 검사가 엄격했다. 개들도 세 마리가 냄새 맡느라고 가방 사이를 왔다 갔다 하지, 딱지 붙은 가방이 많았는데 나는 다행히 큰 탈이 없이 입국할 수 있었다.

한국 생활

그때 당시 한국 공항의 출입국관리 직원들 태도는 좋았다. 그냥 잘 있다가 제시간에 돌아가라고 말 한마디 정도만 해줬다. 그때는 원래 제시간에 가자고 생각했다. 그런데 비자가 3개월짜리지, 가지고 온 약은 다 팔지 못했지, 그러다 보니 불법체류가 된 것이다. 처음에 공항에서 딱 내려서 보니까 머리 노랗게 물들인 사람도 있지, 옷도 마음대로 입지, 참 생소한거야. 이튿날에 서울 시내로 나왔는데 아 글쎄 모두 간판이고 뭐고 조선글로 썼는데 알아볼 수 있어야지, 몽땅 영어발음으로 해가지고, 거기다가 한국 사람과 대화를 하는데 말귀를 못 알아 듣겠더라. 참 그리고 사람들이 순수한 면이 없어진 것 같았다. 내가 2006년에 중국 들어 갔댔는데 그때 중국 사람들도 그렇게 된 것 같았다.

길거리에서 약보따리를 풀어놓고 팔았다. 그런데 약장사 하는 사람들이 너무 많은 것이었다. 비자가 3개월짜리인데 이 기간 동안 약은 다 팔았고, 기한이 끝나면서 남은 일은 돈을 회수하는 일이었다. 다음 날에 돈을 준다고 해서 찾아가면 조금만 먼저 주고, 또 다른 날에 찾아가고, 그 돈을 회수하는데 시간이 오래 걸렸다. 1991년에 길거리에서 약을 파는 것은 금지되고 대신 지하철역에서 팔 수 있었다. 지금의 시청역, 서울역에 그저 조선족들이 길바닥, 지하철역 입구, 통로에 쫙 깔려서 약을 팔았다. 신문을 펴놓고 약을 내놓고 땅바닥에서 장사를 했다. 약 앞에다 이름을 써야 된다. 청심환, 산삼 등. 중국에서 온 사람들이 그때만 해도 여기 친척이 있는 사람들은 경상도 출신의 흑룡강 사람들이었다. 연변 사람들은 초기에 얼마 안 들어왔다. 내가 붓 하나 사서 다니면서 약 앞에 종이에다 이름을 써줬다. 후에 단속이 엄청 심해졌는데 그때는 이미 내 약을 다 판 뒤였다. 나는 장사를 잘 못해서 그냥 급해 보이는 사람한테는 일단 약을 주고 내일이든 모레든 돈을 갖다 달라고 했다. 나는 괜찮았는데 주변에 돈을 못 받은 사람들이 대다수다.

그때 가지고 와서 판 물건들은 산삼, 녹용, 우황청심환, 減肥茶(다이어트 차) 뭐 좋다는 것은 다 있었다. 모두 연길에서 준비했다. 우황청심환이 잘 나갔는데 연길에서 한 곽에 6개짜리가 28원, 30원 정도 했는데 우리는 의약공장에서 직접 받아서 여기서 한 곽에 5만 원씩 팔았다. 그때 환율이 만 원에 중국돈 100원도 더 할 때인데. 그래서 빚은 반년만에 다 갚고 남는 돈도 좀 있었다. 산삼은 뿌리채로 가져온다. 처음에 포장한 채로 밀수 해준 사람들이 안전하게 보관한다. 밀수꾼들도 규율이 쎄서 도중에 삼이 다치면 목이 잘린다. 다 돈 받고 하는 일이라 그런 것 같다. 산삼은 부르는 게 값이었다. 그때는 한국 경제도 참 좋았다. 한창 경제가 호황을 누릴 때니까. 약재를 파는 것도 상대를 잘 만나야 된다. 내가 삼을 팔 때 양복재(복장회사를 운영하는 사람)를 만났는데 한번 오면 큰 가방 하나씩 사가지고 간다. 그때는 통장도 없어서 몇 백만 원을 작은 가방에 넣어서 아랫배에 매고 옷으로 덮거나, 양말에 쑤셔 넣었다. 통장을 우리 이름으로 개설하면 의심도 받았고 몰수당할 수 있었다. 그리고 그때 은행에서 중국에 돈을 송금하는 것도 엄청 제한이 많았다. 돈을 중국에 부칠 때는 그냥 잘 아는 사람이 아닌데도 부쳐달라고 돈을 줘버리고 중간에서 사기당한 일도 많았고, 또 차용증도 없이 그냥 돈을 먼저 대주고 받지도 못하는 일들이 많았다.

단속도 심해지고 약도 다 팔았는데 뭐 어떻게 할 일이 없는거야. 그런데 내가 중국에서 한족 학교를 다녔지, 교편을 잡은 적도 있어서 중국어 과외를 했다. 교재고 뭐고 다 없이 그냥 나절로 교안을 짜서 시작했다. 1992년 수교 후에도 계속 중국어과외를 했다. 중국어를 배워주는 상대는 수준이 달랐다. 한국에 나이 드신 분들은 한자를 다 알지만 읽을 줄 모른다. 그래서 발음을 중심으로 읽는 것을 가르쳤다. 내가 45분 수업하면 2만 원 과외비를 받았다. 그때 식당에서 일해도 한 달 월급이 45만 원 내지 50만 원이었는데 내가 하루에 7~8명을 과외를 해줬기에 식당에서 일하는 것보다 더 벌 수 있었다. 그때 중국에서 고학력 인재들이 오지 않았기에 내가 이렇게 할 수 있었다. 운이 좋았다. 과외를 하면서 또 시간을 내서 다른 일을 하기도 했다. 무역일을 했는데 1992년 수교를 하면서 중국과 한국 문이 열려서 사람들도 많이 들어오고 일감도 많았다. 한국 사람 이름을 빌려서 무역 회사를 했는데 물건을 구입해야 하고 넘겨줘야 하고, 바빠서 1995년까지만 과외를 했다. 한국에서 가죽 잠바, 롱코트, 식용유, 구찝(립스틱) 같은 것을 한 마대에 얼마 하지도 않는 것을 러시아에 가서 팔면 엄청 많이 받았다. 그때는 사람 장사, 무기, 마약 뭐 범죄가 아니면 장사는 거의 다 했던 것 같다.

조선족연합회

조선족연합회라는 것도 장사를 하다가 후에 시작했다. 1995년에 내가 장사를 할 때, 탑골공원 동문에 조선족도 있고 한국 사람도 있고 쭉 앉아서 장사를 했다. 조선족들 중에는 약을 파는 사람도 있었고 건전지, 칫솔 뭐 소상품을 파는 사람도 있었다. 그러다가 지금 조선족연합회 유○○ 회장을 1995년에 만나게 되었다. 같이 그때부터 알고 지냈다. 그런데 2000년부터 단속이 들어와 가지고 그해 4월 1일부터 아예 장사를 못하게 하는 것이었다. 조선족은 장사를 못하게 했고, 한국 사람은 그냥 장사를 할 수 있었다. 그런데 유회장은 이미 한국 국적을 받았는데도 조선족 출신이라고 장사를 못하게 하는 것이었다. 뭐 우리는 그렇다 치더라도, 그래서 유회장이 그때 그런 상황에서 막 울고 난리도 쳤다. 그때는 뭐 조선족연합회를 만들자는 목적도 없었다. 어떻게 이곳을 차지해서 장사를 할 수 있을까 하는 생각으로 시작했다. 그래서 한국 사람은 할 수 있고, 중국에서 온 조선족이 국적가지고 똑같은 한국 국민인데 왜 못하게 하는가 이 시비를 걸다나니 조선족연합회가 만들어진 것이다.

그러다가 교회를 찾게 되었다. 당시 의주로교회라고 있었는데 그곳이다. 처음에는 인권목사인 유○○ 목사를 찾아갔는데 유목사가 앞을 못 보는 것이었다. 그러면서 내가 앞을 보면 같이 다니면서 어떻게 해보겠는데 지금 도울 수 없다는 것이었다. 인천에 있는 다른 인권목사를 찾아가 보라고 해서 유○○ 회장이 전화를 했는데 그 분은 우리가 서울에 있으니까 인천까지 올 필요 없고 서울에 있는 임○○ 목사한테 연락을 해 보라고 하는 것이었다. 임○○ 목사를 찾아갔는데 그때 당시에 황○○ 목사도 계셨다. 임○○ 목사님은 그저 이렇게 아줌마 말만 들으면 안 되니까 현장에 가 봐야 한다고 했고 황○○ 목사님이 우리랑 같이 현장에 가 봤다. 현장에 가보니까 확실히 조선족만 쫓고 한국 사람만 하게 하니까 이게 잘못 되지 않았는가. 이렇게 임○○ 목사하고 인연이 된 것이다.

당시 임○○ 목사님 교회는 거의 부도난 상황이었다. 그런데다 우리가 찾아가니 선교의 목적도 있고 아무튼 우리를 열심히 도왔다. 물론 2005년에 우리가 그 교회에서 나왔지만 초반에는 서로 열심히 일했다. 2003년과 2004년에 그 교회를 중심으로 농성도 많이 했다. 그때 우리의 구호는 조선족도 동포다 였다. 2005년에 그 교회에서 나와서 3월에 지금 살고 있는 홍제동 거처를 찾았다. 그런데 우리가 돈도 없지, 고속터미널에서도 자보고 노숙생활을 한 달 정도도 했다. 겨우 작은 방 하나 찾았고, 또 회원들이 유회장네 집에 가서 모여 자고, 그러면서 한 달 동안 찾은 집이 지금 이 집이다. 당시에는 대림이나 구로쪽에 싼데 가자는 의견도 있었지만 나는 넘어진 곳에서 다시 일어나겠다고 생각해서 그냥 원래 있는 동네에서 자리를 잡은 것이다.

그 교회에 있을 때 우리 회원들이 그저 땅바닥부터 천정 어디나 손이 안 간 곳이 없었다. 그 교회가 참 작은 교회지만 아름답고 아담하게 만들었다. 우리 조선족이 보잘 것 없는데 앞장서서 우리를 도와줘서 정말 고맙게 생각했다. 우리가 지금 여기서 쉼터를 운영하는데 사실 공간이 부족하다. 그때 교회에 있을 때부터 생각했지만 실현하지 못했던 꿈을 여기서 어느 정도 이루어 낸 것이다. 지금 부족한 것은 이 교육장소가 조금 비좁다는 것이다. 교육장소가 좀 더 크면 더 많은 사람들에게 지금 우리가 하고 있는 역사의식 교육, 나는 누구인가를 가르칠 수 있지 않겠는가 생각한다. 더 많은 활동도 할 수 있겠는데 장소가 제한적이라서 어렵다.

단체 생활을 제외하고 개인 생활은 사실 어렵다. 소득이 조금밖에 없으니까. 주로 단체 활동이 나한테는 중요하다. 우리 단체가 처음에 회비를 5천 원 거두었는데, 후에는 1만 원으로 올렸다. 회비를 가지고 사무실 운영을 한다. 회비로 우리 월급은 나올 수 없다. 별로 돈에 대해 크게 관심이 떨어진 것 같다. 애들도 다 크니 그냥 조선족과 관련된 일만 생각나고, 또 한국에서 해결책을 보고 들어가겠다는 생각만 하고 있다. 이미 신용호조부도 시작했는데 유회장이나 내가 돈이 필요해서 시작한 것이 아니라 주변에 갑자기 돈이 필요한 사람들이 많아서 시작한 것이다. 처음에는 개인적으로 돈을 빌려주고 그랬는데 그런 사람들이 많아지고, 또 돈을 빌릴 곳이 제한적이어서 신용호조부를 만들어서 자본금을 어느 정도 모은 다음 돈이 필요한 사람들에게 빌려주고 있다. 이 사업은 2005년부터 시작했다.

2. 문틀목수를 하면서
좋은 한국인 오야지를 만났다[*]

Q씨는 1956년 길림성 매하구시 해룡현에서 태어나 류하현에서 성장하였고 후에 장춘으로 갔다. 부모의 고향은 경북 안동이다. 그는 동포 2세이다. 남한에 있는 친척이 초청하여 한국에 입국하였고, 현재 문틀목수일을 하고 있다. 악덕 오야지를 많이 만났던 다른 조선족들과 달리 그는 좋은 사람을 만났다.

Q씨(중국 국적)

해룡현(海龙县)에서 장춘(长春)으로

문화대혁명에 대해 기억나는 것은 소학교에 다닐 때에는 (같은)조선족이어서 괜찮았지만 중학교에 다닐 때에는 조선과 중국이 관계가 나빠지면서 우리 조선족들이 무시를 당했던 일이다. 통화지구(通化地区) 류하현중학교라는 아주 유명한 조선족 중학교가 있었는데 문화대혁명 때 모두 작살을 냈다. 나는 1960년에 류하현으로 갔다. 해룡현에

---

* 면접 일시: 2011년 11월 6일
  면접자: 최국화

서 태어나 내가 4살인가 5살인가에 류하현으로 갔는데 그때 조선족 학교가 있었다. 문화대혁명이 일어나 소학교는 남았지만 내가 가야 할 중학교가 없어진 것이다. 한족 학교에서 조선족 학교를 없애려고 전부 박살을 냈다. 하여 고등학교에 갈 때는 학교가 없어져 중국 학교인 류하1중(柳河一中)에 다녔다. 문화혁명이 일어나지 않았더라면 계속 조선족 학교를 다녔을 것이다.

조선족 학교를 다니다가 한족 학교를 다니니 당연히 불편한 점이 있었다. 언어가 따라가지 못했다. 더군다나 문화대혁명이 시작되자 학교에서는 공부라는 것이 없어졌다. 중국으로 말하면 11차 정치활동과 맞춰 역사나 정치는 구추백(瞿秋白), 이립삼(李立三) 같은 사람을 따랐고 문화대혁명 시절에는 항상 류소기(刘少奇)를 비판하면서 진보자료를 항상 보았고 강청(江青)을 비판했다. 그 뒤에 등소평(邓小平)이 일어나서 이런 상황이 좀 나아졌다. 학교를 다닐 때에는 맨날 대자보만 쓰고 나쁜 분자들을 데리고 투쟁이나 했다. 안 하면 반동분자로 몰리고 정치사상에 문제가 있다고 했다. 그때 학생이라고 해도 수학이고 어문이고 이런 과목은 둘째치고 정치가 제일 첫 자리에 놓일 때여서 정치사상이 좋아야 좋은 학생이라고 할 때였다.

일은 1주일에 적어도 두 번은 해야 했다. 농촌에 지원을 가거나 학교에 밭이 있으면 거기에 가서도 일을 해야 하니 무슨 공부가 제대로 되었겠는가. 하여 학교를 다닐 때에는 재미있는 시간이 없었던 것 같다. 그러다 보니 공부도 제대로 못 하고, 놀다가 19살에 학교를 필업(졸업)했다. 내가 필업할 때에는 대학시험이 없었다. 공부를 아무리 잘

해도 대학에 가지 못하고 그때는 무조건 하향(下乡)을 가야 했다. 2년 동안 하향을 갔다가 21살에 공장에 들어갔다. 내가 그때 들어갔던 공장은 오금공장(五金厂)이라고 했는데 별난 것은 선반이랑 용접이랑 다 할 수 있는 종합상점 같은 성격의 공장이었다. 그 공장에서 공인으로 일하다가 내가 젊고 사상각오가 높다고 하여 단지부서기(团支部书记)도 해보았고 주관국단위(主管局团委)에서 공장장(厂长)으로 임명하여 몇 년 동안 일을 했다. 그때는 사상각오가 높아 사람을 이끌고 일을 했다.

그러다 1992년에 장춘으로 갔다. 장춘으로 갈 때 우리 딸이 류하현에서 1학년에 다니고 있었다. 1학년에 다니다가 장춘에 가보니 장춘의 조양구에 조선족 학교인 조양소학교(朝阳小学校)가 있었다. 내가 있던 곳이 서교로(西郊路)였는데 조양소학교와 버스로 두 정거장 거리였다. 하여 아이를 그 학교에 보냈다. 딸이 류하현 소학교 1학년에 다니고 있는 것을 떼여 장춘에 데리고 갔던 것이다. 장춘에 가니 그 소학교 교도주임이 황씨였는데 장춘에 있던 우리 삼촌이랑 동창생이어서 나한테 더 잘해주었다. 우리 딸이 류하소학교에 있을 때 보던 조선어문과 한어교과서는 연변교재였다. 그때 소학교에 다니던 애들은 거의 연변교재로 공부했다. 그런데 장춘시내로 오니 아니었다. 조선어문은 장춘에서도 연변교재를 사용하고 있긴 하지만 한어는 시내를 따라가려고 한족 학교의 교재를 그대로 썼다. 딸이 공부를 따라가기 힘들어 할 것이라는 교도주임의 말을 듣고 1학년이었던 딸을 유치원부터 다시 시작하게 했다.

나는 장춘에서 한 회사의 식당을 관리하는 일을 했는데 2002년에 이 회사가 부도나면서 건축 회사에 들어가 교량건축, 거기서도 전기관리를 담당했다. 나는 종류에 따라 엔지니어 자격증을 여러 개 갖고 있다. 장춘에서 이런 일을 하다가 2005년에 한국에 왔다.

한국 입국과 목수

할아버지 세대나 부모님은 한국에서 태어났다. 큰 형님도 그렇다. 내가 7남매 중 다섯째이다. 큰 형님이 아직 살아있다면 올해 78살인가 76살이 되었을 것이다. 나와 19살, 20살 차이가 난다. 나는 부모님이 여기에서 태어났기에 2세가 된다. 부모님 고향은 경북 안동이다. 내가 예전에 아버지 고향에 가보았는데 옛날 고향집이 아직도 있었다. 2005년에 산소에도 가보았고 모두 둘러보고 왔다. 아버지와 할아버지 산소는 중국에 있지만 아버지의 할아버지는 산소가 여기에 있다. 1940년대 일제시대에 중국에 갔다가 문이 막혀 돌아오지 못하고 갈라졌다고 들었다. 내 말투에는 여러 사투리가 많이 섞였는데 처갓집이 전라도여서 전라도 말투도 있고 경상도 말을 쓰기도 한다. 가끔은 또 연변말도 한다.

2005년에 처음 한국에 왔다. 여기 둔촌동에 우리 6촌 형님이 있는데 5촌 아재, 그러니까 우리 아버지한테는 4촌이 되는 분이 나를 초청해주었다. 나는 계속 중국에서 일할 생각을 하고 한국에 올 마음도 별로 없어 나올 준비도 하지 않고 있다가 5촌 아재가 여기에서 친척들도 다 찾고 했으니 차라리 한번 나올 수 있으면 나오라고 초청해주어 나오게 된 것이다. 3년짜리 친척방문 비자를 받았다.

처음에는 안산 정왕동에서 살았다. 두 달 정도 그쪽에 있다가 외국인등록중이 나오기 전에 내가 취업교육을 받아야만 현장에서 일을 할 수 있었는데 임시 먹고 살기 위해 아는 친구를 통해 전라도 여수에 가서 두 달 가까이 지냈다. 친구가 예전부터 나는 손재간이 좋아 현장을 다녀도 일을 잘할 것이라며 다른 사람이 파이프를 재면 나는 밴딩을 하라고 했다. 그러다가 취업교육을 받으라고 하여 양천구청에서 공부를 하고 부산으로 갔다.

3년 만기가 되기 전에 무릎이 골막염에 걸렸는데 여기는 일이 불편한 것이 아니라 의료비가 너무 비싸 할 수 없이 장춘에 가서 수술을 받고 집에서 1년 가까이 지냈다. 3년 만기가 되니 다시 5년짜리 비자로 바꾸어주었는데 올해 지나서 2012년 2월 1일이면 5년 가운데 3년이 만기되어 그때면 중국에 가야 한다. 갔다 와서 다시 2년 동안 일을 할 수 있다. 지금 가지고 있는 비자는 재입국을 하여 H-2-D 비자이다. 아내는 1년 전에 한국에 왔다. 한국어능력시험에 합격이 되었지만 추첨에서 탈락이 되어 C-3 비자로 들어왔다가 D-4로 변경하여 9개월 동안 연수를 받고 공덕에서 취업교육을 받고 H-2로 바꾸었다.

나는 현장에서 목수일을 했다. 실내에서 문틀목수일을 했는데 내장목수일과 같은 것이고 지금까지 같은 일을 하고 있다. 우리 할아버지도 목수였는데 옛날에 대한민국도 없고 북한도 없고 여기가 조선이었을 때 목수였다. 할아버지가 돌아갈 때 나는 13살이었다. 나는 중국에 있을 때 원래 목수가 아니었다. 철근 같은 것을 만지고 용접이나 선반기 같은 것을 다루는 일을 했다. 지금 여기에서 일을 해도 한번 손이 가면 뒤끝이 없게 한다. 하여 우리 오야지가 나에 대한 인상이 좋다. 내가 일을 하면 뒤에서 다시 하지 않아도 되고 오히려 우리 오야지가 일을 제대로 못해 나한테 욕을 먹는 경우가 있다.

우리 오야지는 지금 강서구청쪽에 살고 있다. 내가 왜 집을 이쪽에 잡았냐면 원래 살던 집은 목동역에서 얼마 멀지 않은데 집사람이 온 후에 원래 살던 집주인이 월세를 20만 원에서 30만 원으로 올려버렸다. 하여 지금은 남부시장 안쪽으로 가있다. 우리 오야지가 일하러 같이 다닐 때 내가 가지고 있는 연장들을 오야지 차에 챙겨 같이 데리고 다닌다. 2005년부터 목수일을 하고 있는데 다른 일은 못하기 때문에 계속 같은 일만 했다.

목수일이 재미있다기보다는 내 몸이 안 되고 또 내 성격에 다른 사람이 하는 일이 내 눈에 차지 않는다. 성질 급하고 중국 사람들이 말하는 것처럼 너무 직설적이다 보니 보기 싫은 것은 나는 무조건 말을 해야 한다. 말을 하게 되면 상대방은 싫어하기 마련이다. 또 대부분 내가 데리고 일을 하면 했지 내가 다른 사람 손아래에서 일을 한 적은 거의 없다. 다른 사람한테 지적당하는 것을 싫어한다.

지금은 문틀목수를 하면서 혼자 일을 하는데 하나를 하면 돈을 계산하여 준다. 일하기 싶으면 하고 일하기 싫으면 앉아 쉬는 것은 내 자유이다. 다리도 수술을 하니 관절이 나빠 오래 서 있지 못하기에 자유가 많은 이 일을 선택하는 것이다. 내가 몸이 안 좋아 쉬고 싶은 날을 제외하고 목수일이 그렇게 쉬는 날이 많은 것은 아니다. 일이 쫓기지 않는 상황에서 자유시간이 많을 뿐이다.

신체가 예전에 비해 따라가 주지 못하여 지금은 수입이 적다. 일하는 만큼 수입이 많아지는 것이다. 또 일이 없는 경우도 있는데 지금은 경제가 안 되고 아파트가 잘 팔리지 않아 (일하는) 현장이 적다. 어떤 때에는 20일 내지 한 달 동안 일을 나가기도 하는데 정해진 것이 없다.

일을 찾는 것은 오야지가 한다. 찾게 되면 오야지가 사람을 서너 명씩 데리고 전국을 일주한다. 문틀이거나 문짝 하나에 2만 원이 넘는다고 하면 문 세우는데 얼마, 마감틀을 할 때 얼마, 문짝을 달면 얼마 이렇게 오야지가 개수로 계산하여 우리한테 주고 그 나머지가 있으면 오야지가 차지하는데 일이 끝나면 또 다른 일을 찾아 다닌다. 나는 일거리에 대해서는 큰 걱정은 하지 않는다. 한 현장이 끝나면 다른 현장으로 옮긴다.

주로 서울에서 일을 하지만 예전에는 지방에도 많이 갔다. 전라도 여수, 광주, 목포, 부산 등 여러 곳에 갔었다. 한국의 8도는 거의 다 다녔다. 그런데 작년부터는 지방에 내려가면 경비가 너무 많이 깨지기 때문에 잘 가려고 하지 않는다. 차라리 서울에서 일을 찾으려고 한다. 오야지는 나와 동갑인데 사람은 좋다. 전라도 사람인데 절대 다른 사람한테 피해를 줄 사람은 아니다. 다른 현장에서는 오야지가 돈을 떼어먹고 달아나기도 하지만 나는 좋은 사람을 만난 것이다. 가끔 오야지네 집에 가서 같이 술을 마시기도 한다.

일하러 갈 때 못주머니랑 망치랑 사가지고 갔다. 연장은 스스로 챙기고 현장에서 돌아올 때에는 오야지가 실어다 주거나 또 자기네 집에 가져다 놓았다가 다른 현장에 가져다 주기도 한다. 내가 각도기, 마루노꾸, 대패, 타카, 실타카랑 산 돈이 200만 원도 넘는다. 한꺼번에 사는 것이 아니고 필요할 때 사면 된다. 마감틀 할 때에는 연장을 좀 많이 사용한다. 연장은 가끔씩 사게 되는데 최고 비싼 것이 38만 원이다. 27만 원, 15만 원짜리도 있다. 평소에 2만 원, 몇 천 원짜리는 종종 사게 된다.

중국과 한국의 차이

중국에는 3년 만기가 되어 2009년에 한번 간적 있다. 지금은 김포 한강신도시에서 일을 하고 있는데 일이 끝나게 되면 12월 중순쯤 될 것이다. 그때 한번 집에 갔다가 우리 딸을 만나보고 오려고 한다. 집에 누구도 없으니 잘 가게 안 된다. 장춘에 있던 집은 이미 없앴고 류하에 원래 있던 집은 장춘으로 가면서 처리했다. 장춘에는 집이 없었는데 회사에서 준 집에서 살다가 딸이 대학교에 가고 내가 여기에 나와 집이 없어졌다.

지금 돈을 모아 집을 사려고 준비를 하고 있는데 딸이 대학교를 다니고 있는 대련은 아니더라도 류하에서 집을 사려고 해도 4천만 원 정도는 있어야 된다. 딸이 공부를 계속 하려고 하니 내 마음도 끝까지 밀어주고 싶다. 왜냐하면 나중에 나한테 원망스럽다고 하지 않고 자기가 잘 되면 더 좋은 것이다. 안 되어도 후에 애한테 원망은 받지 않을 것이다. 지금 같아서는 그렇게 해주고 싶다. 경제가 좋으면 생각도 하지 않고 무조건 된다고 하겠지만 경제가 안 되니 이래 저래 고려하는 문제들이 많은 것이다.

사회적으로 보면 한국은 환경이 깨끗하고 질서가 좋다. 차들도 앞뒤 순서가 제대로 되어 있고 버스를 타든 다른 차를 타든 사람들이 인사성이 밝고 노인을 존경하고 어린이를 사랑한다. 일자리 같은 것도 자기 능력이 되고 힘이 되면 얼마든지 찾아 할 수 있다. 일을 하면서 돈 나오는 것을 보면 재미도 있다. 중국에 있으면 돈도 적게 나오고 사람들이 너무 많아 돈 벌 일자리도 없다.

이런 것과 비하면 한국이 좋은데 물론 한국도 나쁜 점이 있다. 한번 아프기라도 하여 병원에 가게 되면 의료보험이 있는 것과 없는 것의 차이가 엄청 크다. 눈약(안약) 한 병 사려면 3천 원이 드는데 5천 원짜리도 있다고 알려준다. 5천 원짜리가 3천 원짜리보다 효과는 더 있을 것 같아 그것을 달라고 요구하면 안 된다고 주지 않는다. 물론 처방을 가지고 가야 하는 것도 있겠지만 우리는 병원에 갈 시간이 많지 않다. (병원은) 일요일에도 쉬고 토요일 오후에도 쉬는데 내가 현장에서 일이 끝나면 저녁 7시, 8시가 된다. 그때면 또 병원에서도 이미 퇴근을 한 뒤가 된다. 내가 스스로 처방을 내려 좋은 약을 먹으려고 하는데 그렇게 못하여 불편하다. 중국에서는 내가 돈만 있으면 달라는 대로 준다. 그리고 음식이 습관이 안 된다. 여기에서 평생 살아온 사람들은 입맛에 맞아 제 맛으로 먹지만 우리는 맛이 없다. 이것은 서로 습관이 달라 그렇다 생각하고 다른 것은 크게 불편한 점이 없다.

국민연금 같은 것은 없다. 왜냐면 그런 것을 받으려면 회사에 다녀야 하거나 현장일을 할 경우에는 현장에서 해주어야 한다. 한 현장에서 3개월이 지나야 적지만 보험 같은 것을 받을 수 있는데 예약이 잘 안 되고 또 회사에 다니려고 해도 나이가 많다고 받아주지 않는다. 회사에 다니게 되면 대부분 산재보험과 같은 보험은 다 해준다. 그런데 우리 현장 같은 경우에는 그런 것이 없다. 아무 것도 못 한다.

한국 생활

비자기한이 끝나 중국에 가게 된다면 다시 나오고 싶은 생각은 있어도 그때 형세가 어떻게 변할지 잘 모르겠다. 중국에 있으면 나 같은 나이가 되면 일자리는 이미 끝난 상태이지만 한국에서는 내가 일할 수 있는 만큼 할 수 있다. 지금 내 비자 5년 기한이 다 끝나게 되면 여행비자로 3개월 동안 다시 한국에 올 수 있다. 그렇게 되면 나는 3개월만이라도 오려고 한다.

어떤 사람들은 차라리 만기가 되어도 가지 않고 불법체류를 하려고 하는데 나는 그렇게 생각하지 않는다. 여태까지 있었는데 여행비자면 여행비자로 나오고 왔다 갔다 하면 되는 것이다. 내가 불법이 되면 공부하려는 우리 딸한테 부담을 주는 것이다. 나는 불법체류를 하는 것이 너무 싫다. 지금 자유롭게 마음대로 다닐 수 있는데 불법체류를 해서 뭐하겠는가. 불법은 숨어 다녀야 하고 단속을 피해 다녀야 한다. 그딴 짓은 절대 하면 안 된다.

일하면서 돈은 일당이 아닌 월급으로 받는다. 월급은 총회사에서 돈을 주어야 하는데 지금 두 달 동안 1전 한푼 주지 않았다. 이번 일을 받은 업체가 부산의 제조업체인데 경제가 안 좋다 보니 여태 오야지한 테 돈을 주지 않고 있다. 오야지도 돈을 못 받으면 나한테 돈이 오지 않는다. 예전에는 그렇지 않았다. 이전에는 남산, 세오, 한화 이렇게 세 업체가 있었는데 이 업체에서 돈이 나오지 않아도 다른 업체에서 돈이 나왔기 때문에 돈이 밀리는 경우는 없었다. 최근 2년에는 일이 그리 많지 않아 한 업체의 일만 하다 보니 회사의 경제가 좋아야 월급을 제때 받을 수 있다. 우리 오야지가 절대 돈을 떼어먹을 사람이 아니고 시간이 되면 돈을 통장으로 입금을 해주었기 때문에 그래도 나는 돈을 주지 않는다고 하여 신고를 한 적이 없다.

월급이 밀려 아내가 버는 돈으로 생활한다. 안 되면 오야지한테 미리 가불이라도 해달라고 한다. 하여 버는 족족 쓰고 저축을 못하고 있다. 기본적인 생활이 되어야 일을 나갈 수 있다. 교통비, 담뱃값, 먹는 것, 집세, 물세, 도시가스 이런 것들을 다 계산하면 한 달에 적어도 100만 원은 있어야 한다.

한국에 동창들이 많다. 현장에서 일하는 친구도 있고 회사에 다니는 친구도 있다. 한 친구는 류하에서 1학년부터 중학교까지 같이 다니다 필업하고 문화대혁명 때 고중이 없어져 갈라진 친구이다. 여기 친구들이 지금 고향에 있는 친구들보다 더 많다. 전화만 하면 같이 모여 1년에도 동창 모임을 두세 번 한다.

한국 음식은 여러 명이 먹기 힘들어 대림이거나 신도림이거나 구로거나 가산디지털단지쪽에 가서 중국 음식을 먹는다. 여러 가지를 시켜 같이 먹고 노래방에 가서 좀 놀다가 헤어진다. 친구들을 만나게 되면 반갑다. 현장에서 일을 하면서 보면 나 같은 경우 말투가 그래도 한국말을 이 정도 하면 잘하는 편이다. 한족들은 처음부터 말을 배워 더듬더듬 하는데 그들이 말하는 것이 답답한 것이 아니고 내가 듣는 것이 답답하여 그냥 중국말로 대화를 한다. 중국말로 하면 내가 단번에 알아듣고 쉽게 이해를 한다. 같은 민족이라 하더라도 중국에서 자란 애들을 보면 3대가 되면 조선말을 모르는 애들이 많다. 자기 신분 때문에 말을 안 하는 경우도 있지만 나는 돈을 벌러 온 처지는 같으니 서로 잘 지내기를 원한다.

장래 희망

한국의 서울과 지방은 비슷하다. 서울은 사람이 많다. 내가 보기에는 지방이 사람이 적어 더 좋은 것 같다. KTX도 있고 여기 김포공항에서 부산까지 가려면 15만 원이면 갈 수 있고 버스도 여러 곳으로 가는 것이 많아 교통이 편리하다. 다만 돈이 없어 잘 다니지 못한다.

서울이나 시골이나 크게 차이는 나지 않지만 우리 오야지한테는 이제 돈 그만 벌고 시골에 가서 살라고 했다. 우리 오야지의 고향은 전라도 함평인데 시골에는 개인주택도 있고 앞뒤에 채소밭을 하고 자가용도 있어 1주일에 한 번씩 장 보러 나오면 얼마나 좋은가. 인간들이 많고 복잡한 서울에서 왜 사는지. 나는 중국에 가도 시골에서 살고 싶다.

젊었을 때는 잘 몰랐는데 나이가 드니 그래도 고향으로 가는 것이 좋다고 생각된다. 류하는 내가 태어난 고향이고 우리 딸의 고향이다. 옛날 살던 곳이라 더 정이 있다. 시내 생활을 해보니 복잡하다. 여기는 그래도 환경이 달라 괜찮다. 시장이 가깝고 교통버스가 많고 질서가 좋다. 1년에 한 번씩 비자연장을 하고 있지만 출입국관리사무소에 다니는 것이 불편하지는 않다. 찾아가게 되면 서비스태도가 좋고 미리 인사도 해주고 모르는 것이 있으면 잘 알려준다. 이런 방면에서는 확실히 중국보다 낫다. 중국은 두 마디만 물어도 짜증부터 낸다.

딸이 한국에 공부하러 오게 되면 세 식구가 같이 살게 된다. 중국 사람들이 많이 모여 있는 안산이나 가리봉, 대림쪽에 가보면 담배꽁초를 버리고 침도 마음대로 뱉어 길거리가 더러워 눈에 거슬리는 것이 많다. 나는 담배를 피워도 불을 끄고 꽁초는 주머니에 넣어 함부로 버리지 않는다. 어디 가서 쓰레기통이 보이면 버린다. 환경도 여러 군데가 다 제 나름이다. 좋은 환경은 여러 사람이 다 같이 지켜야 되는 것이고 중국처럼 도처에 쓰레기를 버리면 안 된다. 내가 지금 사는 곳에서도 월, 수, 금 쓰레기 버리는 날에만 정해진 저녁 시간에 쓰레기를 버린다. 얼마 하지도 않는 봉투를 50ml, 30ml, 10ml 여러 가지로 사서 지정된 곳에 정해진 시간에 버리기만 하면 된다. 중국처럼 온데 봉투를 버려 바람만 불면 휘휘 날아다니게 하지 말고 쓰레기를 분리하여 가져다 버리면 얼마나 좋은가. 한국은 아무리 바람이 불어도 그런 일은 없어 살기 좋고 돈 벌기에도 좋다.

나는 이 동네가 조용하고 중국 사람들이 적어 안산이거나 대림쪽
보다는 좋다. 가리봉, 대림동, 신도림, 안산에 가게 되면 거의 다 중국
사람들이다. 같이 만나 얘기를 하다 보면 다 동향이라고 기뻐하면서
소주 한잔 같이 하게 된다. 비 오는 날 밖에 앉아 술을 마시다가 성질
급하면 싸움질 하고 돈만 쓰는데 재미가 없다. 술을 마시고 싶으면 혼
자 적당히 마시면 얼마나 좋은가. 사람은 환경을 따라가기 마련이다.
나는 지킬 것은 지켜야 한다고 생각한다. 우리 딸은 어릴 때부터 밖에
서 팥빙수나 꼬치를 먹어도 쓰레기를 아무데나 버리지 않았다. 쓰레기
통이 멀리 있어도 거기까지 뛰어가서 버리고 왔다. 이런 습관은 어려
서부터 머리에 들어있어야 한다. 버스를 타게 되면 담배를 못 피우게
되는데 그럴 때면 나는 가끔 사탕을 먹는다. 어떤 사람은 창문을 열고
사탕종이를 버리기도 하지만 나는 주머니에 넣었다가 집에 와서 꺼내
버린다.

3. 유학생에서 흑룡강신문 한국지사장으로[*]

경상도에 친척이 있는 박진엽은 한중수교 이전 친척초청의 방식으로 한국을 방문 하였다. 흑룡강성 할빈시 방정현 태생인 그는 대학을 졸업하고 흑룡강신문사에 분배받았다. 2000년 흑룡강신문사 한국특파원으로 나와 강원대학교에서 유학생활까지 겸해 하였다. 현재는 흑룡강신문사 한국지사장이다. 이념적 갈래가 선명한 한국의 매체와 달리 그는 '공생과 화합'을 원칙으로, 중국 정부의 목소리, 동포들의 목소리, 한국의 우호인사들의 목소리를 전달하고 있다.

박진엽(중국 국적)

흑룡강신문 한국지사장

내가 소학교 2학년에 다니고 있을 때 중국에서 문화혁명이 일어났고 고중을 졸업할 때 문화혁명이 끝났는데 1968년이 가장 험악한 시절이라 할 수 있다. 그 시절에 나보다는 아버지가 많이 고생을 했는데 우파로 몰려 연루가 되었다. 문화대혁명 후반에는 추천을 받아 대학교에

---

[*] 면접 일시: 2011년 10월 18일
면접자: 최국화

가는 사람들이 있었는데 나는 아버지가 투쟁을 받았기에 원래대로 하면 대학교에 못 갈 번 했다. 그런데 마침 등소평이 다시 올라오면서 대학입시제도가 회복되어 나는 시험을 보고 대학교에 진학했다. 문화혁명 시절에는 빈하중농(貧下中農: 빈농과 하중농의 총칭, 중국농촌의 계급구분에 의해 농촌에서 생산수단인 토지 혹은 농기구에 대한 소유권이 없거나 완전하지 않고, 자신의 노동으로 생계를 유지하는 농민. 빈농과 하중농은 신민주주의혁명에서 주요한 계급역량이었다)이 되어야하고 공산당 말을 잘 듣고 사상이 빨갛지 않으면 대학교에 못 갔다.

나는 대학교를 졸업하여 배치를 신문사에 받았기에 그때부터 이쪽 일을 한 것이다. 나는 지망을 신문사로 했는데 내 지망대로 분배를 받았다. 그 당시는 선택의 권리가 기본상 없었고 조직에서 어디로 가라고 하면 반드시 가야 했는데 싫다고 반대할 수 없었다. 나는 어릴 적부터 글 쓰는 것을 좋아했고 대학교에 다니기 전부터 한국에서는 리포터라고 하는 통신원을 6, 7년 정도 하기도 했다. 젊었을 때는 신문 만드는 것이 너무 좋았고 또 재미도 있었다. 이제는 나이가 들어 그런지 취재 다니는 것이 싫어지고 예전처럼 부지런히 다니지도 못하지만 언론은 사명으로 해야 하는 것이기에 조직에서 그만두라고 하기 전까지는 내가 맡은 바 일을 성실히 할 것이다. 지금 보면 거의 30년 가까이 신문 관련 일을 했다.

직장 생활을 시작하여서는 본사보다는 대부분 외곽에서 일을 많이 했다. 1993년에 북경지사가 설립될 초창기에는 그곳에서 일을 했다. 초반이라 어렵기는 했어도 젊어서 힘든 줄 몰랐다. 그 당시 중국은 아직 완전 개방이 되지 않은 상태여서 정부 차원에서 보면 지방에서 중앙에 들어가 언론을 한다는 것은 허용되지 않았고 공식적으로 등록을 할 수도 없었다. 하여 정부의 허가 없이 등록은 하지 않은 상태에서 특파기자 형식으로 지내면서 지사를 운영했다. 지금은 인터넷을 통해 퍼져 나가 막지 못하기에 오히려 역으로 자주 나가 중국 좋은 말을 하고 많이 알려지기를 원하고 정부에서도 허용한다. 감추려고 하면 다른 곳에서 중국을 욕하는 보도만 나가 그럴 바에는 좋은 말이라도 몇 마디 더 하게 지사 설립을 반대하지 않는다.

나는 1990년 초반부터 한국 나들이를 시작하였다. 한번도 안 와본 사람이라면 몰라도 나는 자주 왔다 갔다 하여 눈에 띄게 놀랄만한 변화는 크게 느끼지 못하겠다. 부모님 모두 경상도 출신인데 친척들이 경상도 쪽에 많이 있고 삼촌들은 지금도 대구쪽에 있다. 하여 나는 한중수교 이전에 이미 친척방문을 통해 여러 번 한국에 왔었고 유학 생활도 한국에서 했고 지금은 파견근무로 와 있다.

2000년부터 2004년까지 한국 특파원으로 나와 4년 동안 한국에서 지냈다. 여기에서 주요하게 동포 관련 기사를 정리하여 본사에 보내주었다. 그 당시 유학 생활을 함께 했는데 신문방송학을 전공했다. 강원대학교 신문방송학과 언론학 석사논문 제목은 "한국 신문의 중국 조선족 관련 보도 분석 – 한중수교 전후 10여 년간 4개 중앙지의 보도내용을 중심으로"이다. 국회도서관이거나 학교 도서관 홈페이지에서 검색 가능하다.

그때와 지금을 비교해 보면 한국 전반적인 사회는 제외하고 동포사회만 보았을 때 동포정책이 많이 좋아졌다는 것을 알 수 있다. 그때 비자, 체류자격 문제 때문에 불법체류자가 많았고 지하철을 타려고 하면 시도 때도 없이 경찰이 나타나 불법체류자들을 잡아 간다고 난리였는데 도망을 가다 넘어져 다리 부러지는 동포들도 많았다.

불법체류였을 때는 잡힐까 두려워 늘 불안해하면서 경찰이 떴다 하면 바로 숨어 다녔고 지금은 정책이 좋아져 심리적으로 안정을 찾았지만 대신 환율 때문에 수입은 크게 나아지지 않았다. 90년대 초반에는 5만 원이면 인민폐 500원이었는데 지금은 10만 원을 벌어야 인민폐 500원 정도 된다. 20년이 흘렀지만 힘든 일은 계속 하고 동포들의 수입에는 큰 차이가 없어 동포들에게는 치명적인 타격이다.

또 동포를 왜 동포로 안 보냐면서 싸움도 많이 했는데 (덕분에) 지금은 정책이 많이 좋아졌다. 이전에 인천공항에 내리면 통관할 때 동포라고 하면 무조건 짐을 다 풀어헤쳐 검사를 받아야 했다. 나도 한번 걸린 적이 있는데 너무 화가 나 관련 직원과 말다툼을 한 적이 있다. 사실 내 짐은 크지도 않았고 또 안에 별로 든 것도 없었지만 공항직원이 동포라는 이유로 나를 부르더니 짐을 풀어보라고 했다. 내 옆으로 바로 일본사람들이 지나갔지만 그들의 큰 짐은 그대로 통과시켜주었다. 나는 동포인데 내 짐 검사를 하느라 하지 말고 저놈 오랑캐들 짐이나 검사를 하라고 욕까지 할 번 했다.

2000년에 유학 생활을 시작하면서 동포 단체도 만들어 보았고 유학생네트워크를 처음 시작하였다. 그때 한양대, 숭실대에 다니던 유학생들이 많이 나섰는데 사회 청년들이 지원을 좀 했지만 학생들은 돈이 별로 없고 또 몇몇 골간들이 졸업을 하면서 네트워크가 유지되지 못했다. 후에 2003년에 다른 젊은 유학생들이 지금의 재한조선족유학생네트워크를 한다고 나섰다. 우리는 또 대림동에 사무실을 하나 잡고 조선족유학생네트워크 인터넷 사이트도 운영했고 사회 사람들과 함께 조선족협회 단체 운영도 했다. 불법체류 동포들에게 합법적으로 일을 할 수 있는 환경을 마련하라고 동포들을 대신해 목소리를 내주었고 정부를 상대로 많이 싸웠다.

하지만 그때 같이 일을 했던 사람들이 불법체류자가 많아 나중에 모두 잡혀가는 바람에 무산되고 말았다. 그때 우리가 했던 일은 한국 사회에서도 민감한 문제였는데 나는 유학생 신분이라 서류 같은 것을 꾸며주고 협회의 규장을 정해주고 기본 틀을 잡아주는 일을 주로 했다. 우리 사무실에 외사과 사람들이 수시로 드나들면서 무슨 일을 하는지 감시를 했다. 2000년에 처음 한국에서 일을 하고 유학 생활을 했을 때는 경제적으로나 정서적으로 많이 불안했었다. 그러나 지금은 안정이 되고 이곳에 정이 많이 들어 정착을 했다는 생각이 든다. 사실 나는 처음에 한국 소주를 못 마셨는데 3년이 지나니 지금은 오히려 중국 술을 못 마시겠다. 음식도 김치랑 된장찌개만 있으면 되고 술도 한국 소주면 된다.

얼마 전 동포들을 대변하여 그들의 입장을 표명하는 보도를 신문에 실었다가 한국 법무부와의 마찰이 있었는데 우리가 한국 신문이었으면 감히 그렇게 하지 못했을 것이지만 외국 언론이라고 바로 한국 정부에서 중국 언론 때리기에 들어갔다.

한국이 88올림픽을 치르고 '한강의 기적'을 이루어내면서 지금까지 발전한 과정과 중국이 문화대혁명을 끝내고 개혁개방을 거치면서 현재까지 발전한 과정을 비교해 보면 내가 처음 한국 나들이를 시작했을 무렵 한국과 중국의 경제 수준은 20년 정도 차이가 나고 문화 수준은 50년 정도 지나야 따라잡을 수 있다고 생각했는데 비슷하게 맞아떨어진 것 같다. 아직도 중국은 서비스 질이 떨어지고 문명 정도는 많이 뒤떨어져있고 도시와 농촌의 빈부격차가 점점 심해지고 한국보다 물가 상승이 훨씬 심한 것 같다. 한국은 경제와 문화가 거의 비슷한 보조로 발전했는데 중국은 경제만 발전하고 문화는 뒷걸음질 치는 형편이다.

반면 한국인들을 보면 반도기질이 많은데 대륙적 기질을 좀 배웠으면 하는 생각이다. '쟁개비(냄비)' 수준인데 선천적으로 보면 치명적인 약점이라 할 수 있다. 중국 사람들은 표면으로 보면 자신이 무슨 생각을 하고 있을 때 상대방은 어떤 궁리를 하는지 짐작을 하면서도 겉으로 절대 드러내지 않지만 한국 사람들은 잘 참지 못하고 바로 속내를 뱉어 버린다. 민족적 열근성인 것 같은데 화가 나면 앞에서도 얼굴이 검으락 푸르락 하는 반면 중국인들은 허허 웃는 척 하면서 우선 불리한 상황을 피하기에 크게 보면 외교적 문제를 다루는 부분에서 한국이 중국을 이기기 힘들다. 동포들도 한국인과 같은 핏줄이기에 이런 기질적인 약점이 있긴 하지만 그래도 중국 생활에서 어느 정도 단련되어 중국인의 대륙적 기질을 좀 배웠다.

흑룡강신문 한국지사 설립 배경

흑룡강신문 한국지사는 중한수교 이후 1993년에 이미 공식적으로 설립되었다. 그때 이미 문화관광부(현 문화체육관광부)에 정식 등록을 하고 중국본사에서 부총편 한 분이 파견을 나와 신문을 발행하기 시작하였는데 1997년까지 지속적으로 신문을 발행하면서 지사를 운영하였다. 하지만 중국이 개혁개방을 하면서 시장은 개방하였지만 언론은 개방을 하지 않았기에 중앙지거나 중앙급 언론은 해외 진출이 가능했지만 성급은 해외 진출이 불가능했다. 흑룡강신문은 성급 신문인데 중앙정부에서 알게 되면서 신문 발행은 통제를 받았다. 안 되는 일을 했기에 신문 발행은 중단되고 대신 지사는 사무실만 남은 채로 운영되다가 3년 전인 2009년부터 다시 신문이 발행되기 시작하였다.

중국에 있는 200만 동포 가운데 50만 명 정도가 흑룡강성에 있었는데 거의 전부 해외와 연해 도시로 빠져나가다 보니 신문을 꾸려봐야 읽어 볼 독자군체가 없어졌다. 예전에 한국에 30, 40만 명 정도 되던 중국동포들이 지금은 50만 명 정도 된다. 하여 동포들을 상대로 신문 발행을 할 수 있는 마지막 보루가 한국이 아니겠냐고 판단이 되었고 한국인들의 중국에 대한 관심이 높아지고 한국에 있는 동포들도 고향 소식을 알고 싶어하고 중국에 대한 정보를 얻고 싶어하는 정황에 비추어 한국에 진출하여 한국인들에게는 중국정보를 주고 동포들에게는 고향정보를 주어 한중 간 연대성을 강화하기 위하여 신문을 발행하기 시작한 것이다.

게다가 흑룡강신문은 중국에 본사가 있어 일간지를 발행하기에 한국측 정보도 중국에서 동시에 내보낼 수 있다. 또 중국에서 일어나는 일도 지사를 통해 바로 한국에 알려질 수 있다. 이런 취지 하에 나는 한국에 파견을 나왔다. 2009년에 신문을 새로 시작하여 작년까지만 해도 대표자가 한국인이었는데 지금은 본사에서 총괄적으로 책임을 지고 직원 3명을 한국지사에 파견했고 2010년에는 대표자도 중국인으로 바뀌었다. 한국지사가 새로 시작되어 3년째 되는데 사실 힘들기는 마찬가지이다. 신문 발행은 이윤 창출이 주요 목적이 아니기 때문에 경제적으로 힘들어도 사명감으로 이끌어가는 것이다. 본사에서도 어느 정도 지원을 해주고 있고 투자도 얻어내고 어려운 여건을 헤쳐나가야 한다.

흑룡강신문 한국판의 장점

사실 개혁개방 전에는 조선족들이 수전농사를 했기 때문에 중국 사람들보다 경제 생활 형편이 좋았다. 한전은 수전에 비해 수확이 안 되었기에 조선족들이 훨씬 더 잘 살았다. 그리고 한국으로 나올 수 있는 물꼬가 트이면서 조선족들의 삶의 질이 향상되기 시작하였고 경제적인 면에서는 얻은 것이 많았다.

하지만 동시에 사회적인 안정, 가정파탄, 자녀교육문제 등 문제들이 함께 제기되었다. 동포들은 지금까지 몇 차례의 이주 및 대변동 과정을 거쳤는데 멀리서부터 현재까지 보면 해방 전 이주 과정, '8.15'해

방 후, 1960년대 북측으로의 이동, 1980년대 연해 도시로의 이주, 1990
년대 한국으로의 이주 등 과정을 거치면서 이제는 어느 정도 각자 정
착점을 찾아가는 것 같다.

한중수교 이후 첫 몇 년에는 비자발급이 어려워 한국에 오기 위해
서는 위장결혼, 불법체류, 밀항 등 방법을 사용했지만 20년이 지난 지
금은 귀화를 하여 한국 국적을 취득하기도 하고 자유왕래를 할 수 있
어 많이 안정적이 되었다. 다만 한 가지 문제점이 있는데 조사를 해보
면 다시 고향으로 돌아가고 싶다는 동포들이 많지 않다. 본인들이 가
지고 있는 토지는 거의 한족들한테 도급 주었고 중국에 가도 별로 할
일이 없기 때문이다. 중국에 간다고 해도 고향이 아닌 연해도시에 집
을 사서 그곳에서 정착하여 살고 싶어 한다.

조선족이 집결되어 있어야 학교가 생기고 자녀들도 조선족 학교에
다닐 수 있는데 지금 자녀들은 우리(조선족) 학교에 다니지 못하게 된
다. 흑룡강은 촌, 동포단체 현임 간부들이 나서서 땅을 지키는 일을 전
문 하고 있지만 비자 만기가 되어 어쩔 수 없이 가는 사람들을 제외하
고는 그래도 아직은 한국에서 돈을 버는 것을 선호하는 동포들이 많
다. 앞으로 5년, 10년 후에 중국이 경제적으로 더 발전한다면 상황이
어떻게 변화될지 모르겠지만 현재는 조선족사회도 새 정착점을 찾아
가는 과도기여서 좀 더 지켜봐야 할 것 같다.

흑룡강신문은 중국에서도 많이 알려져 있고 신문의 브랜드를 이미
확보하였는데 흑룡강신문 자체는 이미 56, 57년의 역사를 가지고 있
다. 하여 중국동포들이 이전부터 많이 알고 있는 신문이고 한국 기업

이 중국에 진출하고 동포들이 연해도시로 갈 때부터 타 신문사보다 먼저 중국의 각 지역에 지사를 세우고 신문을 자체적으로 발행했다. 북경에는 1993년에 지사를 세워 후에 신문 발행을 동시에 진행했고 그 후 심양, 대련, 상해 등 지역에도 지사를 세웠고 1999년에는 청도지사를 설립하였다. 심양과 청도지사는 지금도 주간지를 발행하고 있다. 한국 기업들에 많이 알려져 있고 지사가 많아 다른 신문에 비해 우세가 있었다.

신문 경영을 놓고 보면 흑룡강신문은 정부신문이기에 사실화 되지 않은 기사는 취급하지 않고 글 한 편이라도 굉장히 신경을 써서 보도를 내보내야 한다. 다른 신문들을 보면 개인들이 마음대로 글을 써내기도 하지만 우리 신문은 중국 정부의 목소리를 내고 동포들의 목소리를 내고 한국의 우호인사들의 목소리를 내게 하는 등 정통성을 추구하면서 신문의 기본적인 룰을 지키는 것을 원칙으로 한다. 개인이 운영하는 신문을 보게 되면 일반인들이 너무 제 멋대로 글을 올린다는 생각을 가끔 한다. 그리고 한국의 언론을 보게 되면 보수신문은 진보적 언론을 때리고 갈래가 선명하다. 흑룡강신문은 '공생과 화합'에 신경을 쓰는 동시에 알고 싶은 정보들은 모두 제공해 주는 장점이 있다.

흑룡강신문 한국판은 현재 주간지로 발행되고 중국에서는 일간지와 주간지 형식으로 발행된다. 한국의 동포 관련 언론은 기본상 격주로 발행되는 부분이 많고 월간지로 발행되는 경우도 있다. 주간지로 발행하려면 기사 확보가 중요한데 우리는 다른 신문에 비해 우세가 있다. 중국의 본사를 통해 본사에서 취급하는 기사는 기본적으로 함께 사용할 수 있고 또 중국 관련 기사는 현지에서 본사 직원들이 직접 취급해준다. 한국 관련 기사는 여기에서 지금 일하고 있는 직원들이 직접 확보를 하고 있어 다른 신문들은 인터넷을 통해 베껴 쓰기를 많이 하지만 우리는 중국본사와 한국지사에서 확보한 기사들을 서로 공유할 수 있다. 본사뿐만 아니라 청도와 같은 여러 개 지사들과도 연락을 취하기에 기사원천은 충족한 셈이다. 한편 인터넷신문도 운영 중에 있다.

현재 흑룡강신문 한국지사는 편집부, 광고부, 여행사, 행정사무소 등으로 구성되었다. 한국지사는 동포자녀의 모국 견학을 조직하기도 하였는데 동포자녀들이 한국에 있는 부모들을 만날 수 있게 통로를 개척하였고 그들이 한국에 체류하는 동안 모국의 역사와 문화를 체험할 기회를 마련하기도 했다.

그리고 이제 10월말, 11월초부터 중국 중앙TV방송 CCTV 산하기구인 CNTV 한국방송을 흑룡강신문사가 이미 독점 계약을 체결하여 방송 오픈을 준비 중에 있다. 이렇게 되면 기사량은 더 문제가 되지 않을 것이고 흑룡강신문의 대외이미지도 향상시킬 수 있다. 이미 한국인 아나운서를 채용하여 본사에서 일을 시작하였다. 흑룡강신문의 운영 방침을 놓고 보면 한국지사로 파견될 때 흑룡강성정부의 위탁을 받았기에 대외로는 흑룡강성정부의 홍보창구로 활용되고 있고 한국에서는 한국의 모든 정보를 흑룡강성에 알리는 역할을 담당하고 있다.

흑룡강신문 한국판의 발전 방향을 보면 본사와 지사의 정보공유체계를 유지하는 전제 하에 CNTV와 결합하여 오프라인으로는 신문 발행을 하고 온라인으로는 CNTV 한국어방송을 진행하는 것을 토대로 모든 정보를 내보낼 것이다. 지금 CNTV 아나운서는 한국인인데 이후 CNTV 본부를 한국에 세우려고 한다. 한국에 CNTV 본부가 세워지게 되면 한국에 신문방송학을 전공하러 온 동포들을 채용하는 것도 필요하게 된다. 현재 이미 본사와 조율하여 한국에서 공부하는 젊은이들을 채용하는 것을 검토하고 있다. 그들은 중국과 한국에서 모두 생활하고 공부한 경험이 있기에 많은 도움이 될 것이라 판단된다.

중한 언론 시장의 차이

중국에서는 독자들을 상대로 발행되는 신문을 거의 대부분 유료 주문을 받고 있다. 처음에는 순수 동북지역의 조선족을 상대로 하다가 한국 기업이 중국에 많이 진출하면서 독자군체에 한국인들이 포함되기 시작했다. 한국에서 발행되는 신문을 놓고 보면 유료화를 실현하기 힘들다. 여기서 정부부서에는 무료로 우편배달해주고 있고 단체거나 기업체에도 대부분 무료로 보내주고 있다. 독자군체를 보면 대통령실에도 보내주고 있고 동포들 상대로는 역시 거의 무료로 한다. 자체 유료는 일부 겸하고 있다. 독자는 한국인이 30%, 동포가 60% 정도 차지한다. 무료 배포를 많이 하고 있기에 독자층 확보는 되지만 신문사 운영에는 어려움이 생긴다. 사실 기타 동포 관련 언론들도 유료화를 실현하기 어렵기에 운영이 힘들기는 마찬가지이다. 아직은 동포들의 인식이 신문에 대한 유료화를 받아들이지 못하는 것 같고 돈을 주고 사서 보라고 하면 안 보는 경우가 많다.

본사에서 지원을 어느 정도 해주고 있기는 하지만 현지 신문사는 광고수익으로 운영 경비를 많이 충당한다. 그런데 요즘 광고도 많이 줄어 어렵다. 작년 7월, 8월, 9월에는 학원광고들이 많아 괜찮았는데 지난 6월부터 광고들이 급작스레 50% 가까이 줄면서 상황이 어려워졌다. 어떤 언론사들은 신문지면을 줄이거나 발행부수를 줄이거나 하는 방법으로 지탱하고 있다. 지금이 신문사들에는 고비인 것 같다. 이 고비를 잘 넘겨 경영 문제가 호전된다면 기존 방침을 유지하면서 신문 부수를 늘이고 독자들을 더 많이 확보할 가능성은 있다.

흑룡강신문은 정부 차원의 신문이기에 어렵다고 하여 폐간되는 경우는 발생하지 않을 것이다. 우리는 현재 상황에서 내부 구조조정을 통해 새로운 경영 방침을 확정하고 광고 외 별도의 부대적인 소득 창출과 외부의 지원을 쟁취하여 계속 유지시켜 나갈 것이다. 길림신문이 지금 한국에 들어올 준비를 하고 있다고 하지만 경쟁사가 하나 더 생긴다고 생각하지는 않고 각자 신문마다 운영 방침이 있어 우리한테는 큰 영향이 없다고 판단되며 오히려 함께 성장할 수 있는 동반자라고 생각된다. 게다가 흑룡강신문의 지도층은 이전부터 다른 신문사에 비해 늘 한 보 앞장에 섰고 남들보다 사상이 많이 개방되어 있었다.

연변일보도 한국지사를 설립한 적이 있지만 1호 신문을 발행하고 바로 폐간되었다. 사실 연변일보가 많이 커야 되는데 연변일보는 위로부터 당보라고 너무 지침을 많이 세워 독자군체에 맞지 않는 딱딱한 내용의 기사 보도가 위주여서 너무 틀에 짜여 있었다. 하지만 흑룡강신문은 좀 대담하게 그런 틀을 깨고 전략 모색을 잘하여 독자들이 보기 좋아하는 내용을 주로 다루었고 일간지 형식으로 발행을 했을 뿐만 아니라 지사도 많아 빨리 성장할 수 있었다.

길림신문이거나 료녕조선문보는 일간지가 아니고 격일간지 아니면 1주일에 두세 번 발행이 되고 독자군체가 크지 않기에 신문 발행 부수도 상대적으로 적다. 양적으로나 질적으로나 비교가 안 되고 흑룡강신문의 행정급은 청급간부(厅级干部)이고 다른 신문은 처급간부(处级干部)에 속한다. 그리고 흑룡강신문은 동포정책 같은 문제를 다룰 때 시리즈 보도를 많이 했고 동포들의 관심사를 집중적으로 다루어 독자들의 사랑을 받을 수 있는 신문을 꾸리는데 초점을 맞추었기에 호응을 많이 얻은 것 같다.

중국 언론을 보면 보도 내용이 홍보를 위주로 정면적인 고려를 많이 하는 반면 한국 보도는 다른 사람을 꼬집기를 많이 하는 것 같다. 우리 시야로 볼 때는 많이 다르다는 것을 알 수 있다. 그러나 한국 신문은 이미 오랫동안 그렇게 다루어왔기 때문에 응당 그래야 하는 줄 알고 사건사고를 보도하는 부분이 많아도 이미 그것에 적응이 되어 있는 것 같다.

언론인의 입장에서 보면 사회관심사, 사실보도, 독자들의 관심문제를 다루는 것이 맞는데 중국은 땅이 넓다 보니 모든 사건을 전부 보도 내용으로 다루지는 못하고 전형적이고 전국적인 면을 많이 고려하는 반면 한국은 크고 작은 일들을 너무 많이 취급하려다 보니 오히려 보도가 엽기적으로 흘러버리는 경우도 있다. 중국은 보도를 내보내면서 대외적으로 얼마나 사회적 효과를 일으킬 수 있는지, 그 부분에 대해 얼마나 책임을 질 수 있는지, 사실의 진실성은 어느 정도인지, 정면적이든 반면적이든 독자들이 접했을 때 어느 정도 감수를 느낄 수 있는지를 전부 고려한다. 그 중에서 사실효과를 제일 우선 고려하는데 혹 역효과를 줄 여지가 있으면 반드시 재고를 한다. 흑룡강신문 한국판 역시 이런 점을 감안하여 우리가 감당할 수 있는 범위 내의 내용을 다룬다. 한국은 그것과는 관계없이 무조건 먼저 보도를 내보내고 본다. 우선 터뜨리는 것이 중요하지 결과가 어떻게 되든 상관하지 않는 경향이 있다.

4. 앞으로 계속 한국에서 살아야 될 것 같다[*]

> J씨는 1985년 길림성 연길시에서 태어났다. 외가친척이 한국에 있어 그 연고로 한국 국적을 취득하였다. 한국에서 취직도 해보고 자영업도 해 본 경험이 있다. 한국에 처음 왔을때는 중국에 엄청 다시 가고 싶었지만 지금은 식구들이 모두 한국에 있고 본인도 한국 생활에 적응하였다.
>
> J씨(한국 국적)

가족

나는 1985년에 연길에서 태어났고 소학교는 연길시태평소학교, 중학교는 연길시13중을 다녔다. 고중은 연길에 있는 예술학교를 다니다 바로 대학시험을 봤다. 예술학교 때는 전공이 아나운서였다. 예술학교는 2년 다니다가 대학 입학시험을 봤기 때문에 남들보다 1년 빨리 연변대학교 조문계(朝文系:조선어문학과)에 들어갔다. 연변대학교 조문계를 간 것은 그 과를 졸업해야 방송국 들어가기 쉽고, 중등전문학

---

[*] 면접 일시: 2011년 11월 31일(1차), 2012년 1월 27일(2차)
　면접자: 강미선

교를 나온 사람보다 대학교를 나온 사람이 회사에서 단계가 올라갈수록 직위랑 상관없이 월급이 높고 직급이 높기 때문이다. 대학교를 다닐 때 가족들은 이미 먼저 다 한국에 들어와서 살고 있었다. 나도 학교를 휴학하고 한국에 와서 생활하다 한국 국적을 신청했는데 생각보다 국적이 빨리 나왔다. 여동생도 그때 같이 한국에 들어왔고 고등학교 2학년부터 한국에서 다니다가 수능을 봐서 한양대에 갔다. 한양대를 2년 다니다가 중간에 일본의 대학으로 편입했고, 지금도 일본에서 대학을 다닌다. 부모님들도 현재 일본에서 동생과 같이 살고 있다. 나는 지금은 이모랑 이모부랑 같이 살고, 가까운데 할머니, 할아버지 다 계신다. 이모는 지금 한국분이랑 결혼하셨다.

국적 취득 계기

내가 한국 국적을 가진 것은 외할머니가 1990년대에 한국 국적을 가지게 되었기 때문이다. 할머니께서 1990년대에 호적을 찾았는데, 외증조할아버지가 한국 사람이었고, 외증조할아버지의 가족들이 부산에 살았기 때문이었다. 우리 외할머니의 고모 등 친척 모두 부산에 계신다. 예전에 외증조할아버지와 가족들은 지금의 연변지역에 살고 있었다. 외증조할아버지가 성격이 되게 안 좋다고 소문났다. 연변지역에서 전쟁이 나서 피난하고 사람들이 도망갈 때, 외증조할아버지는 자주 집에 안 들어왔다고 한다. 가족들은 다들 집에 있었는데 혼자 집에 없었고, 그래서 집에 있는 가족들끼리만 챙길 것을 챙기고 도망갔다. 그때는 가족들이 장난으로 외증조할아버지가 하도 성격이 안 좋고, 평소에 애 먹이고 했으니까 그냥 장난으로 쟤를 두고 가자고 자주 그랬던 때에 진짜 두고 도망 왔고, 그 일로 외증조할아버지는 가족들과 평생 헤어지게 되었다. 그래서 외증조할아버지는 그때 중국 땅에 남게 되었고 나머지 사람들은 남쪽으로 다시 건너와서 한국 사람이 되었다.

외증조할아버지는 연변에서 결혼했고 우리 외할머니는 연변에서 태어났다. 1992년에 외할머니와 외증조할아버지의 가족들과 연락이 닿아 외할머니가 처음으로 한국에 입국해 부산의 가족들을 만나게 되었다. 부산 가족들은 외할머니께 한국 국적 해주겠다고 했으나 외할머니는 사실 국적이 뭐고 이런 것을 잘 몰랐다. 그래서 한국 국적 가지면 중국에 다시 못 가는 줄 알고 거절했다. 외할머니는 그냥 한국에 올 수 있게만 해달라고 해서 외할머니와 어머니는 친척초청으로 계속 다녔다. 그 뒤로 외할머니는 계속 다니다 보니 한국 국적을 가져도 괜찮다 싶어서 취득을 하기로 했다. 잇따라 절차에 따라 외할아버지도 국적을 취득했고 그 밑에 자식들도 엄마부터 시작해서 모두 국적을 가지게 되었다. 이렇게 하여 나도 따라서 한국 국적을 가지게 되었다.

한국 생활

나는 2003년 12월에 한국에 와서 한두 달 놀다가 취직했다. 이듬해 3월부터 6월까지 작은 회사에 다니다가 그 회사가 부도나서 첫 달 월급 한번만 완벽하게 타보고 회사에 있던 직원들이 법원에 고소를 해서 나머지 월급을 받았다. 그리고 8월쯤 국적을 가지고 엘지전자에 출근했다. 처음에 외국 사람은 안 되고 한국 사람만 된다고 해서 국적을 가진 뒤 거기서 한 2년 다녔다. 2004년 엘지회사에 다닐 때는 부담도 없고, 그냥 벌면 다 내 것이었다. 수원에서 살면서 직장 다녔다.

2008년에 중국에 들어갔다가 다시 한국에 왔다. 2008년에 중국에 간 것은 다니던 학교 졸업증을 받기 위해서였다. 2003년 한국에 오기 전에 이미 연변대학을 다니고 있었다. 연길에 더 있고 싶었는데 그때 베이징올림픽을 할 때라 외국 사람들은 비자 연장을 안 해주고 무조건 다 나가라고 해서 다시 한국에 들어왔다. 2009년 겨울쯤 그동안 모았던 돈으로 네일아트 가게를 차렸다. 가게는 천호동에 있는 미용실 안에 세를 내서 차렸고 7~8개월 동안 하다가 접었다. 마이너스는 안 되었지만 수입도 별로 높지 않았다. 그 후 반년 정도 놀다가 다시 약국을 한 2년 넘게 다녔다. 현재는 한 성형외과병원에 출근하고 있다.

일찍 엄마가 한국에 다녀서 어렸을 때부터 한국에 대해서는 잘 알고 있었다. 그때는 아직 한국에 못 와봤으니까, 그냥 엄마가 여기 와서 돈 잘 벌어다 주고 잘 먹여 주어서 한국에 대해 환상이 있었다. 거기 가면 다 좋고 다 잘살고, 그런데 내가 커서 여기 와봤을 때 그게 아니었다. 반대로 얼마만큼 일하면 그만큼 한 걸 가질 수 있다. 나는 한국이 제일 좋은 점이 내가 노력한 만큼 얻을 수 있다는 것이다.

음식이라든지 이런 생활 습관은 예전에 고향에 있을 때나 여기에 왔을 때나 별로 차이가 없다. 그냥 내가 적응력이 빨라서, 사람들이 하는 것을 따라하니까 거기에 대해선 별로 부담은 없었다. 오래 있다 보니 한국 국적으로 인해 생활이 바뀌었다고 느껴지지는 않는다. 그런데 한국 국적이 있기 때문에 똑같은 중국 사람이었어도 옛날에 회사 다닐 때도 혜택을 더 받았다. 그래서 그때는 좋았던 것 같다. 보험 혜택 같은 것도 좋았다. 아무튼 똑같은 중국 사람인데 그냥 국적 하나만 바뀌었을 뿐인데 좋았던 것 같다. 이젠 여기 오래있다 보니까 식구들도 다 여기 있고 하니까, 이제는 중국쪽은 생각 안 하게 된다. 한국 국적이 있어서 한국에 살아야 한다고 생각한 것이 아니라 사람들이 다 여기 있어서 그냥 한국에 살게 되었다.

회사를 다니며 나를 소개할 때는 내가 원래 중국 사람인데 어떻게 돼서 한국 국적 가졌다고 말해줘도 사람들이 묻는 질문은 하나였다. 그래서 국적이 어디인가였다. 내가 한국이라고 하면 사람들은 그럼 우리나라 사람이지 라고 했다. 그때는 사람들이 나의 한국 국적 취득 경로에 대해 잘 몰랐고, 그리고 회사에 나 같은 사람이 없고 다 한국 분들이었다. 그때는 회사에 유일하게 외국인이 또 하나 있었다. 그 사람은 중국 한족인데 한국 사람한테 시집와서 한국 국적을 가지고 회사에 들어왔다. 그때는 그 사람하고 나만 중국 사람이었고, 자세한 사정을 말해줘도 사람들은 결국 다 한국 사람이라고 인정했다. 가끔 어떤 사람들은 내 부모가 한국 사람인데 나를 중국에 가서 낳아서 이렇게 된 줄 아는 사람도 있었다. 아무리 설명해줘도 사람들은 잘 이해하지 못 했다. 그래서 처음부터 나는 줄곧 한국 사람으로 인정받아 왔다.

요즘에는 사람들에게 나를 소개할 때 나는 먼저 중국 사람이라고 말하고, 국적은 한국이라고 말한다. 그래서 사람들이 어떻게 해서 그런지 물어보면 그냥 거기에 대해서 말은 해주지만, 그렇게까지 물어보는 경우는 드물다. 요새는 하도 외국 사람 많으니까 옛날처럼 물어보지는 않는다.

사람들이 나를 한국 사람이라고 생각하는 데에 대해서는 혜택을 받을 경우도 많으니 나쁘다고는 생각하지 않는다. 옛날에 회사 다닐 때 한족 사람들이 연수로 오는 경우가 많았다. 그런데 그때는 이 사람들은 외국 사람이고 연수라는 이유만으로 월급이 백만 원도 안됐다. 그래도 중국 사람이라서 백만 원이고, 베트남이나 필리핀 사람들은 70만~80만 원밖에 받지 못 했다. 이 사람들은 연수로 와서 막노동밖에 못 했지만, 우리는 또 사무직에 있을 수 있는 차이도 있었던 것 같다. 이런 경험 때문에 나는 한국 국적을 취득한 것이 나쁘다고 생각하지 않는다.

예전에 고향에서 배웠던 것과는 완전히 다른 일을 하고 있어서 예전의 경험은 지금 별로 도움이 되지 않는다. 일단 처음 한국에 왔을 때 우리 동네 군자에는 중국 사람이 별로 없었다. 그런데 요즘에는 나가면 중국 사람이 옛날보다 많아졌다. 예전에 회사 다니던 사람하고 연락은 하는데, 주말에 서로 만날 수 있는 상황은 아니다. 가끔은 한 달에 한번 정도 일 하는게 괜찮은지 안부전화 물어본다.

개인 사업

　나는 한국에 와서 네일아트를 가끔 받아봤다. 받아보니까 재미있는 것 같아서 취미삼아 학원 다니면서 배워 자격증을 땄다. 2009년 겨울쯤 인터넷으로 찾아서 천호동 로데오거리에 네일아트가게를 차리고 7개월쯤 했다. 전철 타고 천호동에 내려서 나가면 건물 한 채가 있는데 그 건물을 들어가면 일층이 다 미용실이었다. 공간도 크고 또 미용실 원장님이 그 자리에서 오래 했기에 자기가 단골고객이 많아서 손님을 나한테 넘겨도 자긴 상관없다고 말했다. 동대문 밀리오레처럼 쇼핑할 수 있는 큰 거리는 아닌데 조그맣지만 뭐나 다 있는 쇼핑거리였다. 쇼핑하는 사람들이 많았던 것을 생각하고 그 가게에 들어가서 시작했다. 나중에 알고 보니 그 위쪽으로 다 유흥업소였다. 거기에 근무하는 사람들이 많았는데 그 사람들은 저녁에 미용실 들러서 머리를 한다. 머리 하면서 같이 왔다가 한 사람이 머리 하는 동안 다른 사람이 기다리고 있는 그런 경우가 많았다. 그러면 원장님이 그 사람들한테 기다리지 말고 네일아트 가서 해라고 하면 잘 들어줬다. 그 사람들은 어차피 오늘 하고 내일 또 지우고 다른 걸 하니까 까다롭게 따지는 것이 없고, 돈이 얼마라 하면 얼마 주고 그랬다.

　가게는 단독으로 혼자 나와 있는 상가가 아니라, 그 미용실 머리방 안에 같이 있었다. 미용실이 다른데 보다 조금 컸는데 그 안에 피부관리샵도 있었고, 내 가게는 전에 다른 사람이 네일아트 했었던 자리였다. 그 자리는 내가 따로 세를 낼 필요가 없었다. 대신 내가 미용실 가게 주인한테 월세로 달마다 20만 원씩 내기로 하고, 전기세나 물세는 따로 나눠서 냈다. 처음에 시작할 때 나는 남들보다 가격을 적게 내고 시작했다. 보증금도 500인가 그 정도 주고 달마다 20씩 주는 걸로 했고 물세 전기세 이런 건 나와 봤자 뭐 한 달에 한 5, 6만 정도다. 집에서 부모님은 내가 혼자 할 수 있으면 해보라고 했다. 나도 처음에 조금 조심스러운 것도 있어서 본전이 안 들어가는 쪽으로 뭐든지 택했다.

가게 하면서 필요한 것들, 네일아트 재료 같은 것들을 골라야 했다. 가게를 하다보면 사람들이 다니면서 자기 제품 써달라고 온다. 네일아트가게에서 핸드크림, 핸드로션 이런 것을 팔기도 하는데 그런 건 내가 본전을 다 주고 들여오는게 아니라 일단은 내 가게에다 갖다 놓고 나서 하나 팔면 본전만 그쪽에 입금 시켜주는 이런 방법으로 시작했다. 그러니까 내가 투자돈이 많이 안 들어가는 걸로 선택했다. 왜냐하면 나도 처음 시작하고 처음 장사란 걸 해보기 때문에 본전이 많이 들어가면 나중에 뽑기 힘들다고 생각했기 때문이다. 뭐든지 난 본전이 안 드는 것으로 시작했다. 어차피 네일아트 매니큐어 같은 것은 하나를 비싸게 사더라도 또 여러 명 할 수 있고, 하나를 사서 하나가 없어지는 것이 아니기 때문이다. 처음에 재료 사는데 한 250만, 300만 들었는데 그건 내가 전에 회사 다니면서 모았던 돈으로 시작했다.

내 네일아트 가게 앞에 오래된 상가도 있었고 큰 길 옆쪽에는 지하상가도 있었는데, 거기 안에는 네일아트랑 그런 집 여러 집 많았다. 수입 상황은 서로 다 비슷한 것 같았다. 어차피 왔다 갔다 하는 손님들도 많았다. 첫 오픈 때에는 손톱 하나 원칼라만 칠해주는데 만 원 받을 걸

절반만 받았다. 후에 가격은 원래대로 돌려놓고 회원권 끊는 방식으로 했다. 만약 10만 원 끊으면 만 원짜리 열 번 할 수 있고 마지막에 서비스로 한 번 더 해줬다. 이런 방식은 남들이 하는 것을 참고했는데 그 동네에 네일아트 가게 다니면서 가격도 알아보고, 회원권 어떻게 끊는지도 알아봤다. 보통 회원권을 몇 십만 원씩 끊는 가게도 있었는데 내 생각에는 손님들이 많이 끊어 놓으면 왠지 불안한 마음이 있을 것 같았다. 그래서 그건 아니다 싶어서 내 가게에서는 제일 높은 회원권 가격을 10만 원으로 맞춰놓았고 열 번 하면 서비스로 한 번 더 해주는 이런 방식이 나은 것 같았다. 그런데 하다보면 10만 원이란 회원권은 사람들이 그게 자기돈 10만 원 있다는 생각을 하지 않는 경우가 많았다. 만약에 오늘 금액을 내고 네일아트 하면 만 원 짜리 한 가지 칼라만 하는 사람들이 회원권으로 끊어 놓은 돈 10만 원 있으면 보통 때와 달리 2만 원 짜리를 아무렇지 않게 했다.

가게 할 때 미용실 있는 사람들이 서로 많이 챙겨줬다. 손님 하나도 서로 공유하고, 도움도 많이 주고 그랬다. 미용실 원장님이 도움을 많이 줬다. 본인이 가지고 있던 손님들도 많으니까 그 분들에게 내 쪽으로 네일아트 하라고 이야기도 많이 해줬다. 점심에 밥 먹을 땐 보통 시켜먹긴 하지만, 가끔 미용실 원장님은 밥을 거기서 해먹을 때도 있었다. 그럴 땐 우리 밥까지 다 해주고 그렇게 잘 챙겨줬었다.

미용실 사람들은 내가 중국에서 온 걸 몰랐다. 그때 그 사람들은 그런 걸 잘 모르고 특히 서로 앉아서 깊게 대화할 수 있는 시간이 없었다. 왜냐하면 그 쪽에 손님 있으면 내 쪽에 없을 때도 있고, 내 쪽에 손님 있으면 그쪽에 없고, 동시에 없을 때에만 우리가 서로 얘기할 수 있었기 때문이다. 그렇게 깊게 얘기하고 오래 얘기 할 기회가 많지 않았다.

손님들 중에는 한국 분들도 있었고 또 중국에서 오신 분들도 있었다. 가끔은 어떤 손님들의 말투를 들으면 교포구나 바로 느껴져 같이 얘기하고 그랬다. 한국 손님들이 가끔 나보고 어디 다른데서 올라왔냐? 이렇게 물어보는 사람도 있었다. 그럼 난 다른데 있었다고 말했다. 손님들이 네일아트 받으면 보통 나한테 궁금한 것을 묻는게 아니라, 자기 고민 있는 것들을 많이 털어놓는다. 내가 손 만져주면서 얘기를 하다보면 그쪽에서 나한테 고민상담 하는 경우가 자연스럽게 되어갔다. 나에 대해 궁금해서 물어보는 사람은 거의 없었다. 자신들의 개인적인 고민을 얘기해 주고 나는 듣는 입장이었다. 왜냐하면, 나는 네일아트에 집중해야 되니 내 이야기를 많이 하고 싶어도 못 하게 되고 들어주게 된다. 손님은 손만 고정하고 가만히 이러고 있으니 심심해한다. 보통 여자들은 남자친구 얘기, 자기 남자친구 어떻게 만났는데 지금 어떤데 어떻게 되고 있다는 이런 얘기 많이 해준다. 그리고 기억에 남는 것은 천호에 성심병원이 있다. 손님들 중 간호사들이 많았는데 간호사는 진한 칼라를 못하고 맨날 하는 몇 가지 칼라가 있다. 연한 칼라만 하고 또 이상한 그림도 못 그리고 딱 원칼라 하나만 하는 경우가 많다. 그 간호사들이 오면 또 환자들 이야기 많이 해준다. 특히 외과에 있는 간호사들은 야간에 응급실에 있으면 겪게 되는 특별한 경험들을 많이 해줘서 내가 경험해보지 못한 이야기를 듣는 것이 좋았다.

네일아트가게 경영 상황을 놓고 보면 마이너스는 안됐지만, 그렇게 많이 벌 수 있는 것도 아니었다. 일반 출근하는 것과 비슷했다. 물론 많이 벌 때는 많이 들어오는 것도 있었다. 그런데 내 것이니까 혼자만 열심히 하는 것이 싫었다. 어느 순간 하다보니까 갑자기 싫어졌다. 한 4개월째부터 싫은 생각이 들기 시작했다. 처음에는 무조건, 여기 그 어떤 사람도 날 모르는데 내가 저절로 쌓아가야 된다고 생각했다. 오늘에 한 명이니까 내일은 두 명이다 이런 식으로 시작할 때는 좀 좋았었다. 그런데 점점 더 하다보니까, 나는 정말 노력을 엄청 퍼부은 것 같은데 결과는 나쁜 결과까지는 아니지만, 내가 노력한 것에 비해서 너무 적게 오니 그런 것이 싫었던 것 같다. 그래서 이건 못하겠다는 생각이 들었다. 아무튼 신경 써야 될 부분들이 너무 많고 또 혼자서 하니까 힘들었다. 손님이 있는 날도 있고 없는 날도 있는데 내 가게니까 손님 없는 날은 나가서 전단지도 뿌리고, 그렇게 항상 혼자서 하는 것이 싫어졌다.

가게를 그만 둘 때는 내가 그 자리에 사람 찾아 놓고 나와야 된다. 보통 한국에서는 계약하면 1년 혹은 2년 이런 식으로 하는데 내가 만기 안된 상태에서 나오게 되면 그 가게 주인이 내 자리에 사람을 찾아 놓을 때까지 계속 월세를 내줘야 된다. 그래서 내가 직접 사람을 찾아 놓고 내 재료까지 넘겨주었다. 그 사람은 인터넷으로 찾았는데 미용 관련 쪽으로 올리는 사이트가 있어서 연락이 쉽다. 가게 끝냈을 때 부모님들께서는 딱히 별 말씀이 없으셨다.

네일아트 가게를 끝내고 거의 몇 개월을 일 안하고 놀았다. 아쉬운 것도 있는 것 같기도 하지만 지금은 그렇게까지는 아쉽단 생각은 안 든다. 그래도 그런 것이라도 한번 해봤으니까 좋다. 내가 경험을 한번

쌓아 봤으니까, 나 절로 가게 하면 어떤 느낌인지, 내 것이라면 어떤 느낌인지를 알게 되어서 아쉬움 같은 것은 없다.

현재 출근하는 병원에서는 일하면서 짜증나고 스트레스 받아도 주위에 사람들이 많고 재밌어서 다니고 있다. 한국애들도 있고, 우리 같은 중국애들도 있다. 병원에서 자주 같이 보고 끝나면 밥도 먹고, 그러다보니 정이 들어서 지금 하는 일이 괜찮다고 생각한다. 아직까지는 지금 직장에 계속 출근할 생각이다. 네일아트 쪽으로 지금은 생각이 없고 그래도 자격증이 있으니 나중에 하고 싶을 때 또 해도 된다고 생각한다. 네일아트 한창 배울 때는 이거 빨리 끝내서 무슨 시험 봐야지, 또 어느 대회 가야지 이런 생각도 많이 했는데 요즘은 안 하고 있으니까 굳이 네일아트 쪽으로 생각을 안 한다.

정착

한국에 처음 왔을 때는 중국에 엄청 다시 가고 싶었다. 여기가 전체적인 느낌이 외국같은 것도 없고 별다른 느낌이 없어서 다시 가고 싶었다. 사실 처음부터 국적 가지려 했던 것도 아니었다. 엄마, 아버지를 보기 위해 온 것이었고 처음에 외국인등록증으로 살았는데 거주하려니 비자연장도 해야 되고 번거로워서 한국 국적을 신청하고 살게 되었다.

중국으로 갈 때는 한국 사람이 중국에 가는 것처럼 비자를 받아 간다. 그 비자는 한 달짜리, 3개월짜리 있다. 한 달 이하는 비자 없이 그냥 갔다 올 수 있다. 그런데 오래 있게 될 때는 한 달, 3개월, 1년 등 여러 가지 비자종류가 있는데 보통 1년짜리 가지고 가서 최대 두 번까지 연장 할 수 있도록 한다. 그런데 내가 처음에 갔을 때 몇 달짜리를 가져 갔으면 나중에 두 번 연장할 때도 처음의 달 수 만큼 몇 달만 해준다.

이제는 앞으로도 계속 한국에서 살아야 될 것 같다. 한동안 내가 여기 살고 있었고, 일하고 있고, 딱히 불만 같은 것도 없다. 또 식구들 도 다 여기 있고 해서 편하고 괜찮은 것 같다. 우리가 원래 살던 곳 중국으로 다시 간다고 해도 여러 가지 애로가 많다. 할머니와 할아버지 도 지금 여기 다 계시는데 노인들은 한번 움직이는 것이 쉽지 않다. 그리고 노인들에 대한 혜택도 여기가 더 좋다. 일단 우리 할아버지, 할머니는 국민연금 다 받고 사니까 일 안 해도 기본적인 생활요금을 다 받고 산다. 할아버지, 할머니는 돈 쓸데도 별로 없고, 가끔 병원에 다니는데 여기서 생활 가능한 기초연금 다 나오니 자식들한테 손을 안 내밀어두 되니 그런 것도 괜찮은 것 같다. 앞으로 당분간 중국은 가게 될 것 같지 않고 거기 가서 산다고 해도 이제 못 살 것 같다. 2008년도에 중국에 다시 갔었는데 딱히 거기에서 살아야겠다는 생각도 확고하지 않았다. 물론 그때는 한국에 살아야겠다는 마음이 너무 강하지 않았지만, 중국에 갔다 오고 1년 지난 후부터 여기서 살고 싶다는 생각이 들기 시작했다.

5. '신용제일'의 원칙으로 여행사를 운영[*]

Y씨는 1968년 흑룡강성 할빈시 연수현에서 태어났다. 아버지가 대구에서 태어나 중국에 갔기에 그녀는 동포 2세이다. 친척의 초청으로 1991년 한국에 입국했다가 중국으로 돌아간 후 1996년 다시 한국에 입국하면서 국적을 취득하였다. 현재 구로구와 영등포구의 중국인 밀집지역에서 여행사를 운영하고 있다.

Y씨(한국 국적)

성장 과정

우리 아버지는 어려서 중국에 갔다고 들었다. 아버지는 동포1세이고 나는 2세다. 아버지 고향은 경상도 대구이고 어머니는 중국에서 태어나셨는데 집안이 평안도 출신인 것으로 알고 있다. 아버지 친척들은 모두 한국에 있다. 나는 아버지 친척의 초청으로 한국에 왔다. 흑룡강 사람들은 한국의 경상도에 친척들이 많다. 국적을 취득한 사람들을 보아도 대부분 흑룡강 사람들이다.

---

* 면접 일시: 2011년 10월 25일
  면접자: 최국화

중국에 있을 때 나는 고등학교를 졸업하고 시골에서 소학교 선생이 되었다. 1년 반 정도 하다가 크게 적성에 맞지 않아 그만두었다. 중국의 학교들은 겨울이면 너무 추워 난로불을 피워야 하는데 그때는 내가 나이가 너무 어려 오래 할 수 없었다. 그러다 심양 사람과 첫 결혼하게 되어 심양에 갔고, 그 곳에서 한국인이 차린 회사에 취직되어 몇 년 일하게 되었다. 선생이었을 때 나도 금방 21살, 22살 되는 어린 아이인데 무슨 애들을 가르칠 수 있겠는가. 그리고 또 마음도 여리고 수줍음도 많고 낯가림도 심해 다른 사람들의 눈에는 잘할 수 있다고 보였는지는 몰라도 나는 적성에 맞지 않는 것 같았다. 지금은 나이가 들어 어느 정도 담대해졌는데 그때는 이것도 하면 안 될 것 같아 겁이 나고 또 저것도 실수를 할까 조심해야 되어 너무 두려웠다.

사실 중국에서 직장 생활을 한 시간이 그리 길지는 않다. 학교를 졸업하고 얼마 지나지 않아 한국에 나왔고 한국에서 생활한 시간만 해도 벌써 20년이 된다. 하여 딱히 힘들거나 재미있는지는 모르겠고 그저 막연하게 그때는 그런 생활을 하기도 했었지 하는 생각만 있다. 아직도 중국말투가 많이 남아있긴 하지만 그래도 한국에서 생활한 시간이 꽤 오래 되니 중국에서의 직장 생활은 그리 기억에 남지 않는다.

GR여행사

나는 1991년 9월에 처음 한국에 왔다. 약장사 바람이 거의 마지막 단계에 들었을 때 초청장을 받아 한국으로 오게 되었다. 2년 후에 중국으로 돌아갔다가 1996년에 다시 초청을 받아 나온 뒤 국적을 취득했다. 그 뒤 여러 가지 일을 하다가 삼성생명의 보험설계사로 일을 하게 되었다. 보험설계를 해주었던 고객은 주로 한국인이었는데 동포들도 어느 정도 있었다. 4년 정도 보험설계사로 일하던 도중 나를 통해 보험에 가입한 한 고객이 여행사를 한번 해보고 싶은 마음이 없는지 물어왔는데 괜찮겠다 싶어 그 고객이 운영하던 여행사를 인수하였다. 우리 여행사를 찾아오는 손님들의 99%가 동포고객이다. 그들에게 취업을 알선해주고 출입국 업무의 편리를 제공해주고 국적 취득을 도와주는 등이 우리가 하는 주요 업무이다.

IMF 시기에도 나는 그리 힘들지 않았다. 어쨌든 내 사업을 하는 것이 아니고 직장 생활을 하는 것이었기에 오히려 그때 수입이 더 좋았던 것 같다. 식당에서 일을 오래 했는데 그때는 나이가 어려 팁도 받았다. IMF라는 것을 전혀 모르고 지냈다. 내 수중에는 돈이 더 많이 들어왔다. 사업하는 사람들처럼 돈을 많이 벌지는 못해도 내가 일하는 선에서 받는 월급보다 항상 더 수입이 많았다.

그 후에 보험설계사로 일을 했다. 한국에서 10여 년 생활하면서 많은 일을 했다. 사기도 당했는데 중국에서 누구를 데리고 나온다고 초청장을 만들어 달라고 했다가 돈을 주지 않은 경우도 있고 증권회사에 다니는 사람이 주식을 해보라고 하여 없는 돈을 탈탈 털어 주식을 하다 손해를 보기도 했다. 다 경험이라고 생각한다. 지금 하라고 하면 아직도 귀가 좀 얇긴 해도 아니다 싶은 건 안 한다. 어떤 때 일이 잘 풀리지 않아 신경이 쓰이는 부분이 있긴 하지만 이제는 한국 생활에 적응이 되어 크게 힘든 일은 없다. 이만큼의 사무실을 가지고 있고 집과 가까운 거리에 있는 직장을 다닐 수 있고 다른 직장인들에 비해 수입도 괜찮기에 지금이 제일 좋은 때이고 그것에 항상 감사하다.

여행사 규모를 따지지 않는다면 예전에 내가 하던 일에 비해 수입이 낫다. 다른 일을 하다가 여행사를 인수하게 되었는데 사실 여행사를 하는데 그리 큰 비용이 들어가는 것은 아니다. 생각보다 적은 돈이 드는데 우리 정도의 사무실을 차리려면 2천~3천만 원 정도 필요하다. 인테리어를 더 멋있게 하면 비용이 더 들지는 몰라도 이 사무실을 차릴 때 권리금으로 어느 정도 사용하고 3천만 원 좀 안 되게 비용이 들어갔다. 대림동에 있는 사무실은 위치가 좋다고 하여 권리금도 비싸고 보증금도 비싸 7천~8천만 원 정도 필요하다.

대림쪽에도 여행사가 있는데 그쪽은 남편이 맡아 하고 구로쪽은 내가 맡아 한다. 여행사를 두 개 가지고 있다. 초반에 여행사를 인수할 때는 하나였는데 지금은 늘려서 두 개가 되었다. 심양에도 지사가 있다. 사실 심양에 있는 여행사와 합작하여 아는 분들과 서로 연락하면서 업무를 보고 있는 것인데 심양에 하나, 청도에 하나, 할빈에 하나 있다.

딱히 규정을 지어 놓고 흑룡강 사람들만 직원으로 뽑은 것은 아니고 어떻게 하다 보니 흑룡강 사람들이 모였다. 직원이 몇 명이나 된다고 그런 것까지 따지겠는가. 물론 고향 사람들과 같이 일을 하고 싶긴 하겠지만 큰 회사나 그런 것을 따지는지 몰라도 우리는 그렇지 않다. 나도 기분 좋을 때만 상대를 좋게 대해주고 성질 건드리면 못되게 굴기도 한다.

업무적으로 각 지역에 책임자가 따로 있다. 심양이나 할빈 같은 경우는 그쪽 여행사의 책임자와 합작하는 형식으로 중국쪽 일은 현지에서 해결하고 한국쪽 일은 우리가 해결하는 방법을 취하여 남는 수익을 서로 나눈다. 심양이나 할빈쪽의 책임자들은 너무 잘 아는 사람들이라 서로 도움을 주면서 일을 같이 하는 것이다. 서로 각자 해야 할 일을 열심히 하면서 아이디어가 생기면 공유하고 교류한다. 한국에 정책 변화가 생기면 바로 바로 메신저로 연락을 주고 받는다. 또 중국에서 그쪽 여행사를 통해 신청을 하게 되면 한국에 나오게 될 경우 우리 여행사를 이용하도록 하게 해준다.

보람

동포들 상대로 진행한 일 가운데 인상에 남는 일은 딱히 없는데 한 가지를 꼽으라면 탕원에 계시다가 혼자 한국에 나와 계시는 할머니 한 분을 만난 적 있다. 그 할머니는 이미 국적을 취득한 상태였다. 할머니는 자기 아들도 데려오고 싶고 딸도 데려오고 싶고 며느리도 데려오고 싶고 식구들 전부 데려오고 싶어하는 것이었다. 심지어 손자, 손녀까지도 데려오고 싶어했다.

할머니가 처음 나한테 찾아 오셨을 때 나는 비용과 한국에 나오는 절차를 차근차근 설명을 해드렸다. 그런데 할머니께서 걱정을 많이 했다. 수속이 잘 안 되어 식구들이 나오지 못할까 두려웠던 것이다. 후에 며느리를 데리고 다시 찾아왔다. 하여 나는 다시 며느리한테도 똑같은 설명을 세 시간이나 해주었다. 설명을 다 듣고 며느리가 그럼 한번 해보겠다고 하여 수속을 진행했다. 그런데 운이 좋게도 그 집 식구 12명을 모두 한국에 데리고 나오게 되었고 12명 모두 영주권을 받게 되었다. 그 집에서는 우리 때문에 다 해결이 되어 운수가 좋았다고 하면서 기뻐했고 우리도 그 집 덕을 많이 본 셈이 되었다. 12명이 한국에 나올 때는 그저 나오는 것이 아니고 모두 비용을 들여 나오기에 그 수속비만 받아도 꽤 좋은 수입이었다. 더군다나 그 집 소개로 입 소문을 통해 다른 사람들이 많이 찾아오게 되었다.

　　우리 고객들은 거의 단골이 위주이지만 얼굴을 보지 못한 고객들도 많다. 울산에서, 천안에서, 대전에서 누구 소개를 받았다면서 전화가 오는 경우도 수두룩하다. 전화를 해오는 분들이 자식이나 손자, 손녀들을 데리고 나오게 되면 영주권이거나 국적 취득을 도와주는 경우가 많다. 이런 일을 하면서 나름 보람을 느끼게 되고 그 분들도 좋아하고 나도 경제적으로 일이 잘 되니 좋은 것이다. 한 집에서 5, 6명씩 나온 사례는 허다하고 12명이 모두 나온 집은 쉽지 않은 것이다. 그리고 보람 있는 것은 또 손님들 가운에서 국적이 나왔다고 기뻐 전화가 오는 분들이 있는데 본인 국적이 나왔으니 아들 국적은 어떻게 해줄 수 없는지, 아들 영주권이 나왔는데 며느리는 어떻게 안 되겠냐고 자꾸 문의전화를 하여 일이 꼬리에 꼬리를 물고 늘어나게 되는 것이다.

신용제일

　일을 진행하다 보면 잘 풀리지 않을 때도 있지만 10명 가운데 8명 정도는 그래도 잘 해결된다고 해주는 사람들이다. 3명 정도는 나를 욕하는 사람도 물론 있겠지만 그래도 10명 중 7, 8명은 믿음이 간다고 말해준다. 나는 되는 일만 된다고 알려주고 안 되는 일은 안 된다고 분명히 말해준다. 일을 진행하다가 안 되면 상대는 손해를 하나도 보지 않게 하고 내가 손해를 보더라도 비용을 돌려주는 편이기도 하다. 손님들한테 믿음은 준 것 같다. 나를 믿지 않으면 자기가 아는 사람들한테 소개를 해주지도 않았을 것이다.

　그리고 나는 절대 상대를 불편하게 하지 않는다. 내 스스로 자랑하는 것이 아니고 손님들이 찾아와도 돈을 뜯기는 사기를 당하지 않게 하기 위해 내가 생각하여 안 될 것 같은 일은 돈을 먼저 받지 않는다. 서류가 되면 나중에 달라고 하고 또 (중국에 있던) 사람이 (한국에) 나오게 되면 그때 돈을 줘도 된다고 말하니 본인들은 나중에 일이 되지 않는다고 해도 당장 손해를 볼 일이 없기에 믿어주는 것이다. 처음 만난 사람한테 그렇게 대해주니 같은 일이 한두 번 반복되다 보면 내가 다른 사람과 많이 다르다는 것을 느끼게 되고 서로 신뢰가 생긴다.

　나도 또 그렇다고 돈을 달라고 재촉을 하지도 않는다. 사람 사이에는 우선 금전적인 것이 우선인 것 같다. 내가 손님들한테 이렇게 진행을 해야 된다고 무작정 100만 원을 내놓으라고 하면 나를 잘 알지도 못하는 상황에서 걱정부터 앞서는 건 당연하다. 하지만 나는 내가 하는 일에 자신이 있기에 일이 다 해결되면 나중에 줘도 된다고 말한다. 서류를 가져갈 때 비용을 줘도 된다는 식으로 말을 하면 처음 만나는 사람들도 당장 돈이 들어가지 않기에 안심하고, 나는 이런 방식으로 다른 사람들의 식구를 많이 데리고 왔다고 알려주어 믿음을 주고, 제일 중요한 것은 진짜로 서류가 완성되었을 때 돈을 받는 것이다. 처음 일을 시작했을 때보다 반년이 지나고 1년이 지나니 달라지는 것이 보였다. 장난삼아 다른 곳에 가면 안 되고 꼭 우리 여행사에 와야 한다고 고집하는 분들도 있다. 그런 분들 때문에 내가 먹고 사는 것인지도 모르겠다.

친절한 서비스

동포들 상대로 하는 여행사들은 거의 다 비슷하다. 굳이 우리 여행사만의 장점을 얘기하라면 내가 나이가 좀 있다 보니 손님들이 찾아오면 편하게 대해준다. 손님들이 물어보는 물음에만 답을 하는 것이 아니라 얘기 중에 손님이 아쉬워할 것 같은 문제들이 나오면 지나가는 말로 넌지시 물어보기도 한다. 손님이 물어보는 문제는 되는 것은 되는대로, 안 되는 것은 안 되는대로 내가 힘이 들더라도 끝까지 설명을 잘해준다.

특히 나이 든 분들이 호적은 한국에 남아 있다면서 호적을 회복하려고 찾아오는데 이런 분들의 서류가 제일 복잡하다. 그래도 나는 어떤 서류를 어떻게 준비해야 되고 어떻게 진행하면 된다고 30분이 걸리든 1시간이 걸리든 그 분들이 알아들을 때까지 설명을 계속 해준다. 그러면 설명을 다 들은 분들은 이제 이해가 되었다면서 속이 후련하다고 한다. 서류 하나 던져주면서 이렇게 준비해오라고 하는 것과 달리 내가 힘이 들게 차근차근 설명을 해주면 나이 든 분들은 좋아한다.

우리한테 찾아오는 손님은 젊은이도 있고 나이 든 분들도 있다. 하지만 내가 지금 잘 못하고 있는 부분이 있는데 한번 찾아왔던 손님에 대한 관리를 잘 하지 못하고 있는 것이다. 고객관리를 잘하면 훨씬 잘 되는데 그렇지 못하다. 10명 가운데 7, 8명은 모두 다 나를 믿고 찾아오는 손님들이라 그 사람들한테 새로운 정보나 새로운 정책에 대해 미리 알려주어야 하는데 바쁘다는 핑계로 이 부분에 대한 관리를 잘 하지 못하고 있다. 몇 년 되지 않았지만 다녀간 사람들이 참 많았는데 좀 아쉽다.

교포들에게는 아직도 순수한 면이 많이 남아있다. 나도 물론 교포들 때문에 먹고 사는 것이지만 그들은 아직도 순수하여 인터넷 사용을 잘 하지 못하고 인터넷 예약이나 메일을 보내거나 팩스를 보내는 것도 모두 비용을 들여야만 한다. 나는 팩스나 복사 같은 것은 돈을 받지 않고 해주는 경우가 많다. 그 대가로 백 원을 받고 천 원을 더 받아서 뭘 하겠는가. 복사하러 찾아온 손님한테 칼라복사를 해줬더니 놀라면서 가격을 물어본 적이 있었는데 내가 괜찮다고 하니 갔다가 다른 손님을 또 데리고 왔다.

삶의 변화

다른 것은 잘 모르겠는데 제일 큰 변화를 꼽는다면 수입인 것 같다. 내가 처음 한국에 왔을 때 받았던 월급이 55만 원이었다. 그때만 해도 55만 원이면 중국돈 5천5백 원이었다. 2년 후에 다시 중국으로 돌아가 직장 생활을 하면서 받은 월급은 중국돈 400원이었다. 10배 이상의 차이가 나는 수입이다. 내가 2년 동안 한국에 있으면서 55만 원씩 월급을 받아 돈을 모았는데 부부가 함께 2천만 원이 좀 안 되게 모았다.

한국에서 돈을 많이 벌었다고 생각되어 중국에 가자마자 흥청망청 쓰기 시작하였다. 그렇게 몇 달 놀다 나니 또 마음이 불안해지기 시작하여 직장을 찾았는데 그곳에서 받은 월급 400원은 내 용돈을 하기에도 모자랐다. 그렇게 1년 동안 직장 생활을 하고 나니 내가 한국에서 벌어온 돈은 이미 다 쓰고 자그마한 사무실에 앉아 400원을 받는 것이 한심했다. 내가 이렇게 살아야 되는지 싶기도 하고 사람이 궁극적으로 일을 하든 공부를 하든 나중에 남는 것은 경제적인 것인데 내 용돈벌이도 안 되고 모은 돈은 계속 쓰게만 되니 이건 아니라는 생각이 들었다.

하여 다시 한국에 나올 생각을 하게 되었는데 그때는 70만 원, 80만 원 정도 월급을 받게 되니 다른 것은 다 제쳐놓고 경제적으로 봤을 때 한국에 나오는 것이 맞다고 생각되었다. 중국에서 장사를 하여 잘 버는 사람도 있지만 배운 것이 도둑질이라고 처음에 한국에 나왔던 습관이 생겼는지 그냥 나오게 되었다. 꽤 많은 월급을 받으면서 그때 벌기도 많이 벌었지만 쓰기도 많이 썼다.

나는 중국에 자주 안 가고 기껏해야 1년에 한두 번 정도 간다. 남편은 사업 때문에 수없이 드나든다. 우리 형제가 4남매인데 형제들과 어머니가 모두 한국에 있어 큰 일이 없으면 사업 외에는 중국에 잘 가게 되지 않는다. 작년에는 남편이 청도사무실을 오픈하게 되어 같이 갔고 올해는 할빈박람회 때 유학설명회 때문에 같이 갔다. 관광하러 중국에 가야 하는데 사실 시간이 나지 않는다.

여행사가 간단한 것 같지만 내가 체크해야 할 부분이 많다. 내가 자리에 없으면 왔던 손님들도 되돌아가는 경우가 많다. 그것 때문에 내가 여행사를 비울 수가 없다. 장가계 같은 곳에 놀러 가야지 하면서도 못 가고 있다. 언젠가는 갈 것이다. 그나마 한국은 가까운 거리라서 마음만 먹으면 떠날 수 있고 집안 식구들이 많아 같이 모여 다니기도 한다. 거의 매일 모일 수 있다. 부모님 고향에는 아직 가보지 못했다. 굳이 가야 할 이유가 없다. 처음에는 큰집이랑 고모네랑 사촌끼리 잘 다녔는데 어느 정도 지나니 생각이 바뀌어 그들도 자신만의 생활이 있고 우리도 우리 생활이 있어 결혼식이나 장례식 같은 큰 일이 아니고는 거의 다니지 않았다. 대신 중국에서 온 사람들끼리 자주 모인다.

예전에 중국에 살면서 잘 만나지 못했던 사람들도 한국에서 다 만났다. 누구 생일이다, 누구 엄마 칠순이다 하면서 만난다. 한국에 있는 동창들이 몇 십 명 정도 된다. 동창 모임도 하는데 우리 중학교 동창생들이 한번 모이게 되면 적어도 30, 40명은 된다. 요즘은 내가 늦둥이 4살짜리 애를 키우고 있어 예전처럼 동창 모임에 잘 나가지 못하고 있다. 남편 동창들도 한국에 많이 있다. 남편도 상지 사람이다. 남편은 아직 국적을 취득하지 못했고 외국인등록증을 가지고 있다. 나는 외국인이랑 살고 있는 것이다. 애기는 유치원에 보낸다. 아침 9시에 유치원 차가 오면 내가 태워서 보내고 저녁 6시면 사무실 앞으로 차가 데려다 준다. 4살짜리 꼬맹이가 이쁘긴 한데 말을 잘 안 듣는다.

앞으로 하고 싶은 일도 많다. 하지만 지금은 현재 하고 있는 업무로 만족하고 사업을 더 크게 확장시킬 생각은 없는데 남편이 앞에서 일을 벌이고 나는 뒤에서 일을 수습하는 역할을 한다. 크게 벌이가 된다기보다 남편이 앞에서 가고 나는 그 뒤를 따른다. 남편이 이미 많은 일을 벌였는데 나까지 나설 필요는 없다.

6. 약장사에서 무역회사 사장까지*

L씨는 1964년 흑룡강성 해림시 신합향에서 태어났다. 그의 가족은 남한에 연고가 있다. 기업 경영에 관심이 많은 가족은 그에게 상업 기질을 심어주었다. 친척초청으로 처음 한국에 방문하였을 때는 조선족 약장사가 한창 많았을 때다. 그는 약을 도매하여 지방에 내려가서 팔기도 하였다. 이후 무역에 관심을 가지고 무역 회사를 설립하고 한국 국적을 취득한 후 본격적으로 한국의 중국인을 대상으로 한 식품 무역을 시작했다. 식품 제조 기업을 인수하여 생산에서 유통까지 망라하는 운영 체계를 만들 예정이다.

L씨(한국 국적)

가족

조상들의 뿌리를 따지면 경상북도 안동 출신인 것으로 알고 있고 부모님은 모두 강원도 울진군 태생이다. 큰 형님과 둘째 형님도 울진에서 태어난 것으로 알고 있다. 내 위로 형님이 5명, 누나 1명이 있고

---

* 면접 일시: 2011년 10월 21일
　면접자: 최국화

나는 막내이고 모두 7남매이다. 누나는 부모님이 중국으로 가는 도중 이북에서 태어났는지 아니면 목단강에서 태어났는지는 정확히 잘 기억이 나지 않는다. 부모님이 1900년대 초반 일제시기에 중국으로 간 것이 아니어서 중국에 가게 된지 상대적으로 기간이 짧고 나는 동포 2세인 셈이다. 우리 집은 독립군 후손은 아니고 그쪽으로 가게 되면 먹고 살기 좋다고 하여 갔다고 했다.

아버지가 중국으로 갈 때 큰 형님, 둘째 형님, 셋째 형님, 누나 이렇게 자녀 4명과 어머니가 함께 갔는데 흑룡강성 목단강시 전력국(电力局)의 电工(전공)으로 취직을 하게 되었다. 나는 그때 아직 태어나지 않았고 자녀 4명 사이에 2명이 더 태어났었는데 죽었다고 했다. 아버지가 목단강전력국에서 일할 때 자녀들이 조롱조롱 많고 게다가 큰집 딸들까지 우리 집에 와 살다 보니 식구 11명이 한 집에서 살게 되었다. 아버지 말에 의하면 그때 애들이 누워있는 모습을 보았는데 모두 갈비뼈가 아롱아롱하여 자칫 굶어 죽일 것 같다는 생각이 들었다고 했다. 하여 농촌으로 옮겼는데 옮긴 곳이 해림이다. 해림 신합촌으로 가게 되었는데 농사를 짓게 되면 그래도 애들 배는 굶지 않겠다 싶어 농촌으로 갔고 나는 그곳에서 태어났다.

나는 해림에서 태어났기에 아직도 그곳에 대해 많은 것을 기억하고 있다. 그때도 그렇지만 지금도 보게 되면 전체 흑룡강성을 놓고 볼 때 세수의 절반은 목단강에서 하고 목단강 세수의 절반은 해림에서 하고 해림 세수의 절반은 신합향에서 하고 신합향 세수의 절반은 신합촌에서 했다. 그 정도로 내가 살았던 신합촌이 유명했다. 다른 곳에 비해 해림이 잘 살았던 편이어서 그렇다.

　그때 사람들은 밤잠도 자지 않고 가을을 하고 탈곡하고, 다들 그때는 정신력이 얼마나 좋았는지 모른다. 대약진 시기 어른들은 심지어 굶어 가면서도 모택동 노래를 부르며 일을 했다. 내가 어릴 적에는 밥 먹기 전에 모주석 할아버지께 고맙다고 외쳤던 기억이 있다. 문화혁명이 끝날 막바지 무렵에 학창시절을 보냈고 개혁개방이 되면서 마을의 변화를 직접 보았다.

　개혁개방 시절 우리 동네는 굉장히 잘 살았다. 촌에서 分红(배당)을 탔는데 한 공(工, 노동량의 단위)에 2원, 3원씩 했고 다른 동네보다 훨씬 잘 살았다. 집체호로 일할 때 토지도 넓고 비옥하기도 했는데 1979년엔가 공산당 11기 3중전회가 끝나고 사람들이 1981년부터 도급하기 시작하면서 상당히 잘 살기 시작했다. 땅을 도급 받을 때 우리 집에는 식구들이 많아 땅을 많이 분배 받아 배 불리 먹을 수 있었다.

개혁개방과 개인 사업

　21살에 고등학교를 졸업하고 대학에 못 가게 되자 집에서는 재수를 하라고 했다. 그런데 나는 재수를 포기하고 돈 벌러 가겠다고 했다. 내가 어릴 때 자란 환경을 보면 늘 집에서 돈 때문에 어렵다고 얘기하는 것을 굉장히 싫어했고 돈에 대한 한이 맺혀 있었다. 머리가 빨리 돌아가다 보니 공부를 더 한다는 것이 부담이 되었고 가족에 대해서도 학비 때문에 손을 내밀게 되고 또 밥도 공짜로 먹는 것 같다는 생각이 들어 솔직히 굉장히 싫었다. 더군다나 옛날 노인네들은 무슨 얘기할 것이 있으면 다른 때 하지 않고 밥 먹을 때 얘기를 꺼낸다. 학교에 갔다 와서 밥을 먹으려고 밥상머리에서 앉았는데 들리는 소리는 거의 다 돈 얘기이다. 금년에 돈, 分红을 얼마 탔는데 몇째 장가 보내줘야 되고 아버지 환갑을 쇠야 되고 또 어머니 환갑을 쇠야 되고 하다 보니 돈이 항상 부족했었다. 그러다 보니 돈을 벌어야겠다는 생각만 자꾸 들었다. 사실 공부도 꽤 잘했는데 대학시험에 몇 점이 모자라 진학을 못했기에 재수하면 능히 대학에 갈 수 있었다. 한번 더 하기만 해도 좋은 대학에 갈 수 있었지만 안 한다고 했다.

내가 대학에 안 가겠다고 하니 셋째 형이 너무 화가 나 왜 형의 말을 듣지 않는가고 했다. 하지만 나는 돈을 벌어야 한다는 생각이 너무 강렬했고 그 생각만 했었다. 형이 대학에 가지 않으면 그럼 무엇을 할 것인지 물어보자 나는 일을 하겠다고 대답했다. 하여 그 당시 꽤 큰 돈인 2천 원을 형이 주면서 1982년에 할빈에 보내줬다. 그 곳에 영지버섯을 재배하는 공장이 있었는데 융자하는 형식으로 들어갔다.

내가 대학시험을 치다 떨어진 놈이라고, 게다가 2천 원까지 들고 가 투자를 했기에 그 곳에서는 꽤 중용이 되어 나는 밑에 공인 100명 정도 거느리고 일을 하였다. 일하는 아주머니들과 직원들이 기본적으로 항상 30, 40명 정도 있었고 일이 많아지게 되면 일꾼들도 60, 70명에서 많게는 100명 정도까지 되었다. 그 곳에서 총경리 밑에서 공인들한테 일도 시키면서 주인 노릇을 한 것이다. 그 회사의 영지버섯 제품은 일본으로 나갔다.

그런데 지금 생각해보면 아마 기술 부족이었던 것 같은데 산소 부족으로 인한 것인지 영지버섯이 원래는 동그랗게 되어야 하는데 사슴뿔처럼 울퉁불퉁하게 자랐다. 영지버섯이 기형이 되어버려 산량도 안 되고 도톰하게 잘 자라야 무게도 나갈 것인데 그렇지 못하여 공장이 문을 닫게 되었다. 곰팡이 가운데서 붉은곰팡이가 최악인데 한번 생기면 균의 바이러스 때문에 그 곳에는 다시 같은 제품을 재배할 수 없게 된다. 그런데 그 공장에 붉은곰팡이까지 생겨 아예 문을 닫게 되자 나는 다시 집으로 갔다. 할빈에서 집에 갈 때는 월급도 제대로 못 받고 투자한 금액인 2천 원에 해당하는 영지버섯을 대가로 가지고 갔다.

그 이후 24살에 대대에서 하는 村办企业(촌판기업)에서 采购员(구매원)을 1986년까지 했다. 우리 신합촌은 상당히 부자 동네였고 형님은 마을에서 회계를 했던 기억이 있다. 하여 어릴 적부터 기업에 관련된 것을 많이 알고 있었다. 신합촌이 다른 동네에 비해 상대적으로 풍요로운 생활을 할 수 있어 촌판기업도 나오고 머리도 남들보다 빨리 돌아 앞서가기도 했다. 그때 신합촌의 촌서기를 셋째 형님이 했었는데 우리 동네는 신생사물을 빨리 받아들인 편이다. 다른 사람들은 먹고 사는 문제 때문에 이런 쪽에 늦게 관심을 가지기 시작했지만 우리는 의식주가 해결이 되었기에 남보다 먼저 개화가 된 것이다. 그때 내가 구매했던 물품은 보일러 같은 것을 만들 때 필요한 자재였다. 그 당시 내 나이가 24살이었는데 고등학교를 졸업했다고 문화수준이 된다고 하여 그 일을 시킨 것 같다.

그러다가 그 일을 그만 두고 농기구 공장을 만들었다. 내 바로 위의 형이랑 셋째 형이랑 나까지 셋이서 1/3씩 지분을 나누어 농기구 공장을 세운 것이다. 농기구 공장을 1년 정도 하여 돈을 많이 벌었다. 다른 사람보다 앞서 가대기, 탈곡기와 같은 농기구가 많이 필요하다는 것을 알고 시작한 것이다. 농기구 공장을 세우려고 했던 것은 그때만해도 딱히 다른 것은 할 줄 모르고 농기구가 다른 것에 비해 많이 간편하고 정밀기계가 아닐 뿐 아니라 농촌에서는 그런 기구들이 모두 필요하다고 생각했었다. 경운기에 달 수 있는 쌍가대기, 쟁기, 탈곡기, 종합탈곡기 같은 것을 만들었다.

우선 모양을 그려 가지고 가면 그대로 만들어 자른 다음 붙이기만하면 되었다. 용접 기술만 있으면 거의 다 되는 셈이었다. 산소를 이용하여 자르는 기술과 도면을 읽을 줄 알면 바로 끝낼 수 있었다. 무슨첨단 기술도 아니고 간단한 것들이어서 금방 다 되었다. 일이 쉬웠을뿐만 아니라 그때 당시 마진도 괜찮았다. 머리가 빨리 터 시장을 볼 줄알았던 것이다.

그런데 막상 기업을 운영하다보니 공부가 많이 부족하다는 것을알게 되었다. 내가 더 배워야겠다는 생각을 하고 있는데 셋째 형님이공장은 내 바로 위의 형이랑 본인한테 맡기고 나더러 다시 대학에 들어가라고 했다.

그때 해림시에는 민족간부가 많이 없었다. 이전에 있던 민족간부들이 연령이 되어 이미 퇴임하고 자리에서 물러났고 그 후진역량이 없었던 것이다. 후임이 없다 보니 민족간부를 양성하여야 하는 위기가 찾아 온 것이다. 그때 내가 만약 대학에 들어가 2년간의 공부를 끝내고 오면 검찰원에 넣어주겠다고 했다. 하여 연변대학에서 2년 동안 공부를 하고 1990년에 졸업하고 나왔다. 그 당시 함께 간부학습을 했던 친구들 가운데 지금 당서기가 된 사람도 있고 학교 교장선생님이 된 사람도 있다. 나는 검찰원으로부터 이미 답복을 받은 상태였는데 공부를 끝내고 집에 가니 또 새로운 정책이 나왔다고 하면서 公检法(공검법: 공안, 검찰, 법원)은 반드시 그 분야의 공부를 한 사람들만 받게 되었다고 했다. 세월이 흐르다 보니 말도 바뀐 것이다. 하여 나더러 교육국에 가서 기다리면서 우선 학생들을 가르치라고 했다. 공검법에 들어가지 못하고 기다릴 바에는 안 한다고 했다. 그러다 얼마 후 결혼을 하고 1991년 4월에 형님이 한국에 왔다 가면서 초청장을 해주어 그 초청장으로 비자를 받아 바로 한국으로 나왔다. 그때 고향을 떠나서부터 지금까지 계속 밖으로 돌아다닌다.

딸은 어릴 적부터 중국에서 학교를 다녔기에 지금도 중국에 있고 내년에 대학교에 들어가게 된다. 나는 한국 국적을 가졌는데 딸이 대학교를 졸업하고 한국에 와서 석사를 할 것인지는 아직 미정이다. 자기 꿈대로 공무원이 되든지 기업가가 되든지 본인이 정하는 것이다. 나는 단순히 일을 하면서 이윤을 남기고 여유가 좀 있으면 나눠 쓰기도 하면서 사는 사람이고 딸은 굳이 내가 하는 일을 하지 않아도 된다. 딸은 우리 후대이기에 나라를 위해 인류를 위해 포부를 크게 가지고 큰일을 하는 큰 그릇이 되어야 하는 것이 마땅하다고 본다. 딸이 외교관이 되겠다고 하여 꿈은 크게 가지는 것도 좋다고 격려하고 지지해준다. 경제적으로 도움이 필요하면 도와주고 어느 정도 자립할 수 있는 시점에 이르면 스스로 하도록 할 것이다. 딸이 원하는 바를 지지하고 강요하지는 않는다. 자식으로서는 이 세상에서 가장 행복한 애가 아닌가 생각한다. 부모가 절대 억지로 공부하라는 잔소리를 안하고 다만 어떻게 되려면 어떤 방법으로 공부를 해야 되고 누구보다 잘 되려면 지식을 많이 알고 끊임없이 노력을 해야 한다는 조언만 해준다. 그러다가 본인이 결혼을 하고 싶다고 하면 그 결정을 따를 것이다. 딸은 세상 편하게 사는 것 같다. 아내는 지금 나의 회사의 감사로 일하고 있다.

약장사

학교를 졸업하고 사촌들이 한국에 있어 1991년에 친척방문으로 처음 한국에 왔었다. 그때는 한국에 약장사를 하러 온 사람들이 꽤 많았는데 나도 한국에 나올 때 약을 좀 들고 나와 팔기도 했다. 그런데 체류 기한이 지나 6개월 정도 불법체류를 하기도 했다. 당시 환율을 놓고 보면 한국돈 만 원이면 중국돈 백 원 정도 되어 꽤 괜찮았었다. 나도 노동일을 한두 달 정도 해보았는데 노동 현장은 일이 힘들고 하루 12시간씩 일하면서 중국돈 만 원을 벌려고 하면 너무 어려웠다.

하여 서울역으로 가 그 곳에서 약을 사서 약장사를 하기 시작했다. 서울역에 가면 약장사가 잘 된다고 하여 그때 조선족 동포들이 많이 서울역으로 밀려들었는데 약을 바닥에 펴놓고 앉아 있는 사람들이 1,

2Km 더 되었다. 그들이 중국에서 가지고 온 약이 진짜인지 가짜인지 잘 모르겠지만 내가 봤을 때는 깔끔하게 포장이 되어 있어 진짜인 것 같았고 또 새로 들어온 사람들이 가지고 왔기에 새 약이었다.

약장사를 하는 사람들이 많아 잘 안 되자 전문 약장사를 하려고 오래 앉아 있는 사람들한테 약값을 중국에서 샀던 대로 싸게 팔고 노동 현장에 일하러 가는 사람들도 있었다. 나는 밑에 지방으로 내려가기도 하고 조선8도를 돌아다니면서 약을 팔았다. 약을 한 가방 넣고 가방값까지 합치니 실제로 15만 원쯤 되었다. 하루에 약을 한 가방 채로 넘기면서 가방떨이를 하기도 했다. 그러다 내가 든 가방에 들어있는 약이 전부 120만 원이라고 했는데 60만 원만 수표를 던져놓고 약가방을 들고 달아나는 사람을 만나기도 했었다. 그때만 해도 지방에는 약이 많이 필요한 때었고 약이 많이 부족했던 때었다.

NQ물산

10개월 정도 한국에서 지내다가 중국 대련으로 돌아갔다. 약장사를 하여 돈을 좀 벌었는데 그때 번 돈 만 달러 정도를 들고 대련으로 가보니 딱 집 한 채 살 수 있는 값이었다. 대련에서 집을 9만 원을 주고 산 다음 식당을 운영하기 시작했다. 그러다 1994년에 무역을 시작하여 1995년부터 한국에 진출하기 시작했다. 1992년 1월 1일부터 식당을 시작으로 그 후 1, 2년간 무역 회사를 운영하기까지 중국에는 수산물

거래처도 많이 생겼고 물건을 사고 파는 룰에 대한 것도 어느 정도 파악하게 되어 다시 한국을 찾아온 것이다.

그때 우리 식당으로 한국인들이 많이 드나들었는데 그 가운데 무역 때문에 물건을 사러 중국으로 왔다 갔다 하는 사람들이 꽤 많았다. 식당을 운영하면서 한국인들이 물건을 요구하면 수출하는데 도움을 줄 수 없어 식당을 그만 두고 무역 회사를 차려야 하겠다는 생각을 가지게 되었다. 하여 1994년에 대련에서 정식 무역 회사를 시작하였다. 대련이 바닷가 지역인 것도 있지만 수산물이 제일 빨리 개방이 되었기에 그때 주로 수산물 관련 무역을 많이 취급하였다.

처음에는 직접 물건을 들고 들어왔다. 그런데 우리가 들고 온 물건을 한국 시장에서 팔려고 하면 들어오는 족족 깨졌다. 시장에서 사겠다고 하여 가지고 가면 품질이 안 좋다고 트집을 잡았다. 시장 상인들은 항상 본인이 가지고 있는 물품 가운데 최상의 물품인 A급의 물건을 늘 한두 박스씩 남겨두고 있는다. 그리고 우리가 가지고 온 물건을 팔려고 하면 본인들이 남겨둔 A급의 물건을 꺼내놓고 비교를 하기에 우리 물건은 항상 밀리게 되어 가격이 깎이게 된다. 한두 번도 아니고 번번이 이렇게 되니 열을 받았다. 또 체류 기간 내에 빨리 물건을 팔고 나가야 하는 상황인데 아무리 체류 기간이 3개월이라고 해도 그때까지 버티려면 체류 경비도 만만치 않게 들어가기에 어쩔 수 없이 손해를 보면서 싼 가격에 넘길 수밖에 없었다. 이런 상황이 반복되니 화가 나 한국에서 직접 회사를 꾸려야겠다는 생각을 하게 되었다.

그때 내가 중국 대련에서 AS식품이라는 무역 회사를 운영하였는데 1996년에 AS식품의 한국지사를 세워 중국 물건의 유통을 시작하였다. 셋째 형이 중국의 B그룹의 회장을 하고 있었는데 그 이듬해인 1997년에 B산업이라는 명의로 5만 달러를 투자하면서 한국에 진출하였다. B산업이 지금의 NQ물산의 전신이 된 것이다. 그때 셋째 형이 직접 한국에 와서 회사를 운영할 형편이 안 되었고 또 그 사이에 B산업의 대표이사, 이사 등 이사진이 여러 번 바뀌었는데 다른 사람한테 맡겨 일을 시켰더니 운영이 잘 되지 않아 2000년에 B산업을 나한테 인수하도록 했다. 하여 AS식품을 정리하고 회사명칭을 NQ로 변경하면서 셋째 형과 내가 NQ의 중국대표와 한국대표로 각자 대표를 맡아 회사를 운영하기 시작하였다.

처음 한국에 물건을 직접 가지고 와서 유통을 했던 것과 한국에 회사를 차려 물품 유통을 진행하는 것은 본질적으로 다르다. 한국에서 회사를 직접 운영하면서 물품 유통을 하게 되면 정상적인 한국 유통시장의 일부분으로 인정이 되어 더 이상 물건의 값을 불합리하게 깎는 장난을 하지 않아 일하기가 많이 편리해졌다. 하지만 외국인투자기업이라고 해도 정책적으로 세금 혜택을 따로 받은 것은 없고 거의 제로에서 시작하였기에 초창기에 힘든 것은 여전했다. 다만 한 가지 장점이 있다면 한국 측에서 중국인들한테 직접 돈을 보내는 것을 꺼려하는데 NQ물산이라는 매개를 통하여 송금을 할 수 있다는 것이다. 계약금을 나한테 맡기고 중국 측에 물건을 의뢰하는 것이고 나는 여기에 계속 있으면서 회사를 운영하고 있기에 어디 도망도 가지 않는다고 믿는 것이다. 중국에 직접 돈을 보냈다가 그쪽에서 물건을 보내오지 않으면 큰 손해인데 나한테 계약금을 맡기고 물건을 받은 후 내가 회사로 송금을 해주면 불편함을 덜 수 있다. 무역시장을 잘 모르는 개인은 은행에서 기계를 이용하여 계좌 이체는 할 수 있어도 해외 송금은 어렵고 시끄럽기에 회사를 통하는 것이 많이 쉽다. 회사를 운영하면 이런 부분에서는 한국인들에게 믿음을 줄 수 있다. 어떤 물건이 필요하다고 하면 내가 회사의 대표자로서 계약을 하고 믿음을 기초로 유통을 한다. 모든 무역은 믿음이 제일 중요하다. 모든 절차를 상대방이 나를 믿을 수 있게끔 체계를 갖추었기에 상대도 나를 믿고 일을 같이 한다.

2005년에 들어서면서 물류 사업을 본격적으로 시작하였다. 중국에서 보내온 물건의 통관 업무를 진행하다 보니 중국 식품들이 보따리로 마구 들어오는 것을 발견하였다. 보따리 채로 들어오기에 제대로 된 물건인지 의심도 들고 시장에서 판매될 때 안전성의 문제도 있고 한국 식품위생 허가 딱지가 없이 돌아다니는 것도 수두룩하였다. 하여 보따리상들을 규합하여 정식으로 한국 식약청에 접수하여 그들의 물건이 허가를 받게 해준 후 통관을 시켜주면 좋겠다는 생각을 하게 되었다. 보따리 1Kg에 천원, 2천 원씩 하는데 내가 그만큼의 수수료를 받고 대신 세금을 내고 물류비를 내는 등 통관 업무를 규합하여 해주게 된다면 그들도 편리하고 매부 좋고 누이 좋은 일이 아니겠는가 하는 생각에 일을 시작하였다.

식품은 한번에 한 400명이 보따리를 들고 들어오는데 몇 컨테이너씩 들어오고 그 양이 만만치 않기 때문에 식품을 물류로 하면 괜찮다고 판단이 되었다. 하여 대련에서 우선 컨테이너 하나에 식품 60여 가지를 규합하여 보내왔는데 식약청의 절차대로 접수를 해보았다. 식품 한 종류에 수수료만 20만 원 정도 했기에 그때 접수 비용도 만만치 않게 들어갔다. 그런데 정작 검사를 해보니 50% 정도 되는 식품이 모두 위생 문제가 있는 제품이었다. 심지어 발암물질이 들어있는 식품도 있고 별의별 희한한 물질이 들어있는 식품도 있었다. 그것을 지켜보면서 이런 식품을 먹고 어떻게 사람이 일을 할 수 있을지 걱정도 되고 이대로 물류 사업을 진행하는 것은 큰 일 칠 것이라 생각되어 이것은 돈도 돈이지만 사명감을 가지고 해야 된다는 생각이 들었다. 누군가 반드시 정규화를 실행하여 한국식품규격에 맞출 수 있도록 도와주는 사람이 있어야 한다는 생각이 들었다. 그 뒤로는 무식하게 한 종류를 1t씩 들여오던 것을 식약청에서 인정해주는 최소 수량인 100Kg으로 바꿔 들여와 식약청에 접수해보고 합격되면 다시 1t씩 들여왔다. 불합격이 된 상품은 바로 폐기 처분하였는데 최소 수량인 100Kg으로 들여왔기에 폐기 처분하는 비용도 적게 들었다. 그렇게 한 가지씩 종류를 늘려 지금은 50~60가지의 중국 식품 완제품을 한국에서 유통시키고 있다. 중국의 소스종류, 삭힌 두부, 韭花酱(구화장), 芝麻酱(깨장), 老干妈(소스의 종류), 국수 등 여러 가지가 있다.

품목을 하나 하나 늘려 지금까지 오면서 보면 그때 정규화를 시작한 것이 참 잘했다는 생각이 든다. 그 때문에 보따리장사꾼들이 농촌이거나 다른 곳에서 세금을 내지 않고 가져오던 비위생적인 물품들도 세관이거나 식약청에서 규제를 하고 정식 허가를 받고 가져오도록 규범화 되었다. 환율의 문제도 있지만 세금을 내고 정상적인 절차를 거처 정식 허가를 받고 통관하여 들어오게 되면 중국 식품의 가격도 따라 올라가게 된다. 환율이 상대적으로 많이 작용을 하는데 우리는 환율에 따라 값을 조정하고 시장에 맞춰 가격을 조절한다. 수입자도 배송비 같은 것을 제외하고 단 얼마라도 남아야 운영을 계속 할 수 있다. 식품은 소모품에 속하기에 한국의 IMF 위기가 발생한 후 사회 전반적으로 다시 경제적으로 일어서려고 할 때에도 우리는 상대적으로 충격을 적게 받았다. 기계 제조업 같은 쪽은 타격을 많이 받아 부도도 많이 났지만 어차피 먹는 것을 취급하는 식품쪽은 그래도 타격을 입지 않았다. 식품과 관련하여 수요하는 사람은 항상 있고 그들이 어떤 물품을 요구하면 환율의 변화에 따라 적당한 가격을 정하고 그들이 합당하다고 생각하면 그 가격에 맞춰 물품을 구해준다. 하기에 우리는 환율의 변화에 가장 민감하다. 처음 사업을 시작할 때는 개인이 아니라 기업체로 들어왔기에 한국에서 D-8 비자를 가지고 있다가 2006년에 귀화를 하고 한국 국적을 취득하였다. 이제는 한국 사람으로 살고 있다.

NQ회사가 추구하는 것

셋째 형이 전통적 기법으로 술을 개발했는데 이미 시음식도 해보았다. 이 술은 취하기 위해 마시는 것이 아니라 건강을 우선 생각하는 영양식 차원에서 개발된 것이다. 아미노산, 광물질, 미네랄 같은 영양물질이 많이 들어있는 점을 이용하여 그것들이 술에 다 녹아 들어갈 수 있게 했고 이미 한국에서도 특허 신청을 해놓았다. 술 맛이 좋고 제품 자체도 괜찮아 이 술을 마시다가 다른 술은 마시기 힘들다. 이 술의 공법을 살펴보면 마지막 단계에 술 알갱이(입자)를 나노화 시키는 과정이 있다. 술을 마시고 이튿날에 속이 쓰린 것은 천5백 배의 현미경으로 살펴보면 위벽에 술 입자가 그대로 남아있기 때문이다. 하지만 이 술은 나노화 과정을 거쳐 위벽에 술이 남아있지 않도록 하여 술의 숙취를 방지한다. 이 술은 빨리 취하고 빨리 깨는 특징이 있다. 물론 원재료를 가지고 다른 사람들도 술을 개발할 수 있겠지만 나노화 과정은 우리만 가지고 있는 기술이고 우리만 현재 그 기계를 다룰 수 있다. 이 술을 한국에 수입하려고 하니 술은 전문적인 식품에 속하는 것이어서 NQ물산으로는 안 되기에 따로 NQ주류라는 회사를 설립하여 술을 수입하여 판매하고 있다.

우리가 취급하는 물건들은 중화요리를 하는 호텔이나 교포들을 대상으로 한다. 80, 90% 되는 주된 소비자는 그래도 중국 소비자들이다. 이미 한국에 50만 명 정도 들어와 있고 앞으로 100만 명 정도까지 늘어날 가능성이 있는 중국인들을 주요 대상으로 한다. 그 가운데 이미 10만 명 정도가 한국 국적을 취득하였는데 4대 보험 같은 보장이 되는 상황에서 잘못된 음식물을 섭취하고 이상한 병에라도 걸리면 한국에도 국가적으로 피해를 주는 일이다. 하기에 건강식품을 제공하여 제대로 된 제품을 먹게 하는 운동을 내가 아니더라도 누군가 반드시 해야 한다. 국민 건강을 위해서는 합격된 상품을 유통시켜야 하는 것이다. 큰돈을 버는 것도 좋지만 먹는 것과 직접적인 연관이 있는 식품업은 제대로 취급하는 것이 당연하다고 생각된다.

지금까지 근 20년 동안 식품을 취급해왔는데 현재 우리의 식습관과 음식에 가장 많이 연관되는 문제가 바로 비만이다. 앞으로 하고 싶은 것은 비만을 없앨 수 있는 웰빙쪽에 신경을 많이 쓰는 것이다. 영양학적으로 음식을 먹고 평소에 계속 먹게 되는 음식에 대해 어떤 방법으로 섭취하는 것이 좋은 것인지 알아내어 비만을 없애고 모든 사람들이 좋은 식습관이 몸에 배여 생활화 하도록 홍보하면 얼마나 좋을까 하는 생각을 했다.

퇴계 이황 선생이 진성 이씨의 7세이고 나는 22세이다. 하여 우리 회사의 기업이념을 이퇴계 선생의 "敬信学林"으로 삼았다. "경신학림"은 서로 존경하고 서로 믿음을 주고 서로 배워 같은 뜻을 가진 사람들이 모여 숲을 이루자는 뜻이다. 기업도 철학에 접목을 시켜 운영하면 훨씬 크게 발전할 수 있다. 단순히 자신만의 이익을 추구하는 것보다 상대방에게 돈을 벌 수 있는 기회를 줌으로써 나도 함께 벌 수 있는 측면을 고려하는 철학이라 할 수 있는데 이렇게 다 같이 잘 될 수 있기를 바라는 철학이 우리 기업의 이념이다. 내 것만 챙기느라 하지 말고 내가 가지고 있는 것에 다른 사람이 가진 재주를 더하게 되면 덩어리가 점점 커지게 되고 많은 사람이 책임감을 가진 기업의 주인이 될 수 있다.

기업인 후배들에게 해주고 싶은 말이 있다. 이익만 추구하지 말고 내가 하는 일에 얼마나 많은 사람들이 동참할 수 있는지를 생각하고 상대방에게 얼마나 좋은 기회를 줄 수 있을지를 우선 고려하면서 일을 추진하게 되면 빨리 성장할 수 있다. 물론 일을 하다 보면 자금 문제도 있지만 일의 정확성을 추구하여 명확한 계획서만 제출하여도 이 세상에 돈을 대줄 사람은 많다. 가능성 있는 아이템을 가지고 일을 해야 한다.

내가 무역을 배우기 시작할 때 나의 스승이 无에서 有를 창출하는 기술을 익히도록 지도했다. 유태인들은 80%가 돈을 빌려주는 사람 즉 투자하는 사람이고 20%가 돈을 빌려 쓰는 사람 즉 머리가 인정이 되어 투자를 받는 사람이다. 처음 시작할 때 돈을 얼마 벌고 싶고 돈을 얼마 벌게 될 것인지를 먼저 생각하지 말고 나중에 사회적으로 얼마나 호응(지지)을 받을 수 있을지를 생각하여야 한다. 사회에서 호응을 받는다는 것은 상대방에게서도 호응을 얻을 수 있다는 것이고 다 함께 살아갈 수 있는 공생의 아이템, 즉 그릇을 잡는 것이 중요하다. 결론적인 것부터 정하고 시작하지 말고 그릇을 정하고 내가 생각하고 있는 바를 꾸준히 추진하다 보면 기회도 많이 생기고 발전 가능성도 커진다.

얼마 전에 한 부부가 나한테 찾아와서 고철 장사를 하고 싶은데 어떻게 해야 하는지를 물었다. 변압기에 들어있는 구리선을 중국에 가지고 들어가면 큰돈을 벌 수 있다고 중국에 있는 아들이 대학교를 졸업하고 들어간 회사에서 이런 정보를 들었다면서 온 것이다. 부모가 한국에 있으니 여기에서 물건을 사서 보내면 자기가 중국에서 팔아 떼돈을 벌 수 있다고 알려주었다 했다. 아주머니한테 무역을 해보았는지 물어봤더니 한번도 무역은 해본 적이 없고 무역에 대한 아무런 지식도 갖고 있지 않았다. 큰 돈벌이가 될 수 있는 아이템이기는 하지만 변압기에 들어있는 구리는 폐기물에 속하는 것이고 변압기에 있는 기름 같은 것은 발암물질에 속하기에 국토해양부에서 개인이 취급하는 것을 금지하는 품목이다. 기본적인 지식도 없이 큰돈 벌 수 있다는 아들 말만 듣고 무작정 나를 찾아와 도와달라고 했다.

내가 유통을 하기에 물품이 드나드는 것은 도와줄 수 있지만 대신 허가를 우선 받아야 하고 또 운영할 자금도 있어야 한다고 알려줬다. 또 이미 전국적으로 이 일을 하겠다고 붙어있는 사람이 2만~3만 명 정도 되는데 이런 장사를 하겠다고 나선 사람들 대부분이 사기꾼인데 이는 황당한 일이다. 나라 차원에서 폐변압기를 회수하여 지정된 곳에 가져다주면 그곳에서 처리하여 구리를 빼고 재활용할 수 있게 만드는데 이는 정책적으로 한정이 되어있다.

그런데 그 아주머니는 누가 한다는 소리를 듣고 직접 가서 보기까지 했다고 하는데 그곳에 200~300t 있기는 하지만 어떻게 모아졌는지는 모른다고 했다. 한전에서 지정한 곳이 아니면 거의 훔쳐다 모아놓은 것이다. 이런 것은 장물이어서 내가 내보내줄 수 없다고 알려줬다. 물론 부모로서 자식이 잘 되기를 바라서 아들 말을 따르려고 하는 것은 이해가 가지만 사전 조사도 없이 사회 경험도 적은 아들만 믿는 것이 사실 황당했다. 아주머니가 너무 들떠있어 기본적인 수입허가, 수출허가, JCIC검사를 받을 수 있는지 확인하고 모든 준비가 되면 그때 다시 얘기하자고 돌려보냈다. 한전에서 1년에 수십만 톤 나오는 것을 취급하게 된다면 돈을 벌 수 있기는 하지만 너무 부풀려 생각하면 안 된다.

나도 너무 젊었을 때 돈을 좀 많이 벌었다고 医道(의도)에 대해 아무 것도 모르면서 교수들과 함께 병원을 차렸다가 망하여 1997년에 여

행 가방 하나를 들고 친구들이 준 새우젓 한 컨테이너로부터 새로 시
작하여 정착을 했다. 내가 무역을 지금까지 하면서 열 번도 넘게 쓰러
졌다 일어서기를 반복하면서 쌓은 이런 경험이 있기에 무역컨설팅에
대해 우리는 상대방이 기분이 나쁠 정도로 솔직한 얘기를 해준다. 무
역을 할 때 환율을 고려하여 어느 선에서 적정하게 책정되어 어떻게
움직여야 할지 잘 판단하여야 하는데 경험이 많다고 자부하는 나도 속
는 경우가 적지 않다. 시장은 단순히 주먹구구식으로 하면 안 되고 장
사는 믿음에서 신뢰를 바탕으로 시작되어야 하고 바른 생각을 가지고
하는 것이 제일 중요하기에 거래처도 함부로 바꾸면 안 된다.

　　다른 사람과 함께 일을 하다 손해를 보게 될 경우 나는 상대방이
손해를 적게 보거나 손해를 보지 않게 하고 내가 큰 책임을 진다. 돈은
다시 벌면 되지만 믿음은 한번 깨지면 다시 회복하기 힘들다. 나는 성
실한 기업을 운영하면서 나눔 경영을 실천하고 싶다. 얼마 전에 인천
시 결식아동들에게 옥수수 200박스를 보냈다. 한창 자라야 할 애들이
먹을 것이 없어 점심시간에 철봉대에 매달려있는 것을 보고 마음이 아
팠다. 좀 지나 식품 공장을 인수할 계획인데 그렇게 되면 식품 가공을
직접 하여 식품 유통의 전반 체계를 갖추게 되는 것이고 또 새 공장에
서 사람을 채용하게 되면 적어도 한 사람의 먹고 사는 문제를 해결해
주어 일자리 창출에도 도움이 된다.

II

산업연수와 기술연수

1. 세 번의 한국행*

Z씨는 요녕성 환인현에서 태어나 신빈현에서 어린 시절을 보냈다. 1992년 한중수교 직후 산업연수생 신분으로 한국에 두 차례 방문하였고 그 뒤 중국에서 대학교를 졸업한 딸이 재외동포사증을 신청해주어 현재 한국에서 생활하고 있다. 10년 넘게 기술직으로 제조업 기업에서 일하고 있다.

Z씨(중국 국적)

만족자치현 속 조선족 동네

나는 환인현에서 태어나 어릴 때 신빈으로 이사갔다. 환인보다 내가 이사를 간 신빈에 조선족이 좀 더 많았다. 환인과 신빈 모두 만족자치현(満族自治县)이다. 아주 어릴 적 기억은 이제 거의 없고 11살, 12살쯤에 신빈으로 이사를 간 기억이 있다. 우리 부모님은 모두 이북 출신인 것으로 알고 있다. 내 위로는 누나 2명 있고 남자형제들은 4명인데 형님 2명, 남동생 1명 있고 나는 남자형제들 중 셋째로 모두 6남매

---

* 면접 일시: 2011년 10월 16일
  면접자: 최국화

이다.

내가 어릴 적 우리 동네에 조선족 학교가 있기는 했지만 환인에 있을 때 살았던 동네는 중국 사람(한족)들이 많이 사는 동네여서 중국 학교(한족 학교)에 다니기 시작했고 그러다 보니 신빈으로 이사를 가서도 중국 학교에 진학을 했다. 내가 중국 학교를 다닌다고 하여도 조선족 학교를 다니는 학생들과 마찰은 없었고 조선족 학생인 친구들도 많았다.

우리 동네에는 조선족 가구가 많이 살았다. 내가 살았던 곳 자체가 조선족 대대인데 신빈에서는 큰 조선족 동네에 속했다. 나는 중국 학교를 다녔지만 우리 동네에 조선족 학교도 있었기에 우리 아들, 딸은 조선족 학교에 보냈다. 중국 학교를 다닌 탓에 조선글을 잘 몰랐는데 후에 우리말을 알아야겠다고 생각되어 다시 배웠다.

남들은 문화혁명에 대한 기억이 있을지는 모르겠지만 나는 그때 너무 어려 잘 모른다. 내 기억에 많이 남는 것은 문화혁명이 끝나고 신빈에서 농사를 짓기 시작한 때부터이다. 우리 집 밭도 다른 집처럼 분배를 받았는데 지금은 개인땅이 된 것이나 다름없다. 그때 식구 수에 따라 1인당 기준으로 1묘반에 달하는 수전(水田)을 분배 받았다. 한전(旱田)은 얼마 되지 않는다. 애들은 노동력이 안 되어도 어른이랑 똑같은 기준으로 땅을 분배 받았다. 주로 쌀농사를 했는데 어떤 사람들은 흑룡강 쪽에만 쌀농사가 잘 되는 줄 알지만 우리 신빈도 쌀농사가 잘 되었다.

내가 마침 중학교를 졸업 하자마자 도급제가 시작되었다. 졸업하고 1년 가까이 집체로 하다가 1985년에 결혼을 하고 분가한 다음 도급을 했는데 그때는 나이가 어려 별로 힘든 줄 몰랐다. 그리고 나는 쌀농사만 한 것이 아니라 인삼 재배를 했다. 1987년인가 1988년쯤에 인삼 재배로 꽤 돈을 벌었는데 2만 원쯤 되었던 것 같다. 그때 2만 원이면 아주 큰 돈인 셈이었다. 쌀농사만 했을 때보다 인삼 재배를 하니 확실히 수입이 많이 늘었다. 하여 쌀농사는 그저 생활비 보태는 것으로 하고 주업은 인삼 재배를 했다. 농사는 거의 아내가 짓고 인삼은 거의 내가 맡았다. 인삼 재배를 한 3, 4년 정도 하다가 한국에 나올 기회가 생겨 한국으로 왔다.

세 번의 한국행

처음 한국에 올 때 산업연수생으로 왔다. 나는 회사와 3년 계약을 하고 지표를 얻어 나왔다. 신빈은 작은 곳이어서 그때 산업연수생을 받을 수 없었고 영구(甼口)에서 산업연수생 모집을 하는데 인원이 남게 되어 나는 그 곳을 통해 한국에 왔다. 중국 측 회사에서 모든 것을 맡아 해주고 한국 측 회사에서는 사람을 받기로 한 것이다. 그런데 나는 계약을 체결한 한국 회사에 3년을 다 있은 것이 아니고 1년 정도 일하다가 돈이 얼마 모이지 않아 그 회사에서 나와버렸다. 다른 곳에서 일하게 되면 돈을 더 많이 벌 수 있기에 다른 곳으로 옮긴 것이다.

내가 산업연수생으로 있었을 때 한 달에 받을 수 있는 돈이 50만 원도 채 안 되었다. 처음에 35만 원쯤 받은 것으로 기억된다. 1992년에 나와 같이 산업연수생으로 나왔던 사람들은 거의 다 그 수준이었다. 그때는 한국 사람들도 한 달에 100만 원을 받으면 많이 받는다고 했다. 지금 생각해보면 시간이 20년 가까이 흘렀는데 35만 원이라고 해도 그때는 생활을 할 수 있는 정도의 수입이었던 같다. 그래도 똑같이 일을 해도 한국 사람들이 버는 것에 비해서는 절반도 안 되는 수준이었다. 우리는 연수생이라 그렇기도 했지만 처음에 합동을 체결할 때 그렇게 하여 어쩔 수 없었다.

내가 3년 계약을 체결하고 1년 동안만 연수생으로 있었기에 집을 담보로 한 押金(보증금) 2천 원인가 3천 원은 없어졌다. 내가 3년 연수생을 마치고 돌아가게 되면 그 돈은 다시 돌려준다고 했다. 그 돈도 꽤 큰돈이었는데 보증금은 못 찾고 버린 셈이다. 1992년에 산업연수생 제도가 시작된 지 얼마 되지 않아 길이 열리자마자 나는 바로 한국으로 나왔기 때문에 비행기 티켓만 사고 보증금을 상대적으로 적게 내고 한국에 올 수 있었다. 그러나 후에 나온 사람들은 브로커들한테 큰돈을 주거나 보증금도 많이 내고 왔다.

처음 한국에 산업연수생으로 왔을 때는 일이 힘든 것도 있고 고향 생각도 나고 했지만 그래도 제일 어려운 것은 정신적으로 힘든 것이다. 처음에는 아무 것도 잘 맞지 않았다. 한국 사람들과 우리는 생활하는 자체가 너무 달랐고 또 하루에 근무하는 시간이 기본 12시간이었다. 그 시간을 채우는 것이 너무 지겹고 시간을 반드시 맞추어야 하기에 처음에 정말 고생을 많이 했다. 중국에서도 일을 하긴 했지만 그것은 개인이 하는 일이라 스스로 일하는 시간을 정하고 쉬고 싶을 때 쉴 수 있었다. 산업연수생으로 일하면서 기술도 좀 배우긴 했지만 그 기술은 크게 쓸모없는 것이라 써먹지 못했다.

두 번째로 한국에 나올 때도 산업연수생으로 왔었다. 첫 두 번 모두 산업연수생으로 왔다가 기한이 지나 불법체류가 되었는데 처음 산업연수생으로 왔을 때는 대구에 있었고 두 번째 산업연수생으로 왔을 때는 안산에 있었다. 안산에서도 3년 산업연수 기한이 지나 집에 가지 않았기에 불법체류가 되어 거의 8, 9년 가까이 집에 한 번도 가지 못했다. 안산에서의 3년 산업연수 기한이 지나기 전에는 마음대로 집에 갔다 올 수 있었다. 다른 사람들은 불법체류가 아니라 하더라도 중국에 한번 갔다 오는 경비 때문에 3년 심지어 5년씩 집에 가지 않는다고 하지만 나는 그래도 기회가 있으면 중국에 자주 가는 편이다.

합법화가 되어 나는 중국에 가서 8개월 쉬다가 올해 3월에 한국으로 다시 나왔다. 2010년 7월 25일에 집에 갔다가 이번에 새로 수속을 밟아 나온 것이다. 우리 딸이 대학교를 졸업하고 신청해주어 이번에 나올 때는 F-4 비자를 받았다. 작은 아들은 아직 대학교를 다니고 있어 안 되고 이미 대학교 졸업을 한 딸이 자격이 된다고 하여 딸이 신청해주었다. 중국에 가기 전에 여기에서 어떻게 비자 신청을 하면 되는지 미리 잘 알아보고 집에 가서는 여행사에 있는 친척한테 부탁하여 비자를 받았다. 내가 3월에 왔는데 얼마 안지나 한국영사관에서 대학교를 졸업한 학생들의 부모들에게 F-4 비자를 내주던 것을 끊었다고 했다. 이번까지 하면 사실 한국에 세 번째로 나오는 셈이다. 1992년에 처음 산업연수생으로 왔고 직장을 옮겨 일하다가 1997년에 IMF가 터지는 바람에 중국에 들어가 2년 동안 있었다. 그 사이 번 돈으로 내가 살던 신빈 동네에 직접 살고 싶은 집을 하나 지었다. 그리고 1999년에 다시 한국으로 나와 작년까지 있다가 작년 여름에 집에 가서 좀 쉬고 올해 3월에 왔다.

내가 했던 일들

한국은 생활하기에 중국보다 좀 힘들다. 이제는 적응이 되어 일하는 것은 괜찮은데 시간 지키는 것이 늘 신경 쓰인다. 작업 시간을 정확히 지켜야 하는데 중국도 한국처럼 하면 사람들이 벌써 다 잘 살게 되었을 것이다. 중국에서는 일할 곳이 마땅하지 않지만 한국은 그래도 일할 곳이 있는 대신 작업 시간이 길다 보니 자꾸 일을 골라 하게 된다.

지금 내가 다니고 있는 회사에서 하는 일은 마루바닥 같은 것을 제조하는 것이다. 기계 작업을 주로 하는데 기술직에 속한다. 기계가 돌아가는 동안 내내 서서 지켜야 하는데 사람이 지키지 않으면 기계 작동이 멈추는 경우가 발생하게 되어 생산 라인이 끊어지게 된다. 기계는 24시간 계속 돌아가고 대신 사람은 교대 근무를 하는 것이다.

나는 제일 처음 생산 부분의 일을 맡아 했는데 제품이 만들어지면 그 다음 부분으로 옮겨져 완제품을 만드는 것이다. PVC가루를 우선 가열하게 되면 밀가루 반죽처럼 되는데 열을 받으면서 반대 방향으로 회전하는 두 개의 회전자 사이로 흘러 보낸다. 그러면 밥상 같은 것의 표면에 씌워지면서 비닐박막이 만들어지는데 그것이 바로 내가 하고 있는 일이다. 나는 지금 2교대로 일을 하고 있는데 지난주에는 야근이 었고 1주일에 한번씩 주간과 야간이 바뀐다. 기계는 연속 작동하고 사람은 12시간에 한 번씩 교대한다. 대신 주 5일 근무이고 일하는 사람들이 서로 편리를 봐주면서 교대로 쉬기도 하고 1시간이 지나면 30분은 쉬는 시간이 있어 그나마 일하는 것이 괜찮은 편이다. 그런데 기계를 지켜야 하는 시간에는 계속 서 있어야 하고 또 자칫 흙이거나 장갑 같은 큰 이물질이 섞이게 되면 비닐박막이 생산되는 과정에 큰 구멍이 뚫리게 되는데 이렇게 하자가 생기면 전부 기계에서 빼내고 다시 가공을 해야 된다. 그래도 이런 하자는 거의 생기지 않는 편이다.

이전에 비해서는 지금 수입은 확실히 많은 편이다. 그런데 한 가지 성질(화) 나는 일이 있다. 똑같이 일을 했는데도 회사에서 한국 사람에게는 돈을 많이 주고 외국인에게는 20만 원 정도 적게 준다. 내가 정당하게 취직을 했고 같은 작업량을 완성해도 일을 적게 하는 것이 아닌데 단지 외국인이라는 것 때문에 계약에 따로 명시된 것도 없이 일부러 한국 사람들에 비해 월급을 적게 주는 것이다. 대신 보험혜택은 있다.

내가 이 회사에서 꽤 오랫동안 일을 했는데 이전부터 이와 같은 상황이었다. 8년 넘게 집에 가지 못했을 때에도 이 회사에서 일을 했고 이번에 다시 나와서도 이 회사에 다시 온 것이다. 사장은 나와 사이가 좋다.

이번에 내가 한국에 올 때는 F-4 비자를 받았는데 알아보니 F-4 비자는 제조업체 같은 곳에서 일을 하면 안 되고 사무직이나 전문직만 가능하다고 했다. 그런데 사장이 나를 사무직으로 회사에 취직을 시켜주어 비록 기계를 다루고 있지만 취업에 문제되는 부분은 없게 해주었다. 이 회사에서 일을 오래 하니 사장도 내 기술을 인정해주고 또 관계(사이)도 좋아 봐 준 것이다. 내가 불법체류로 한국에 있은 시간이 꽤 오래 되어 이제는 합법신분으로 바꾸고 싶어 중국에 가겠다고 하니 사장이 초청장을 만들어줄 테니 가지 말고 여기 계속 있으라고 했다. 불법체류든 상관없이 본인이 나를 고용해주는데 누가 무엇이라고 할 사람이 있겠냐며 그냥 일을 하라고 했다. 그런데 내가 불법체류여서 초청장이 있어도 안 되기에 중국에 갔다가 8개월 후에 다시 왔는데 사장이 원래 일하던 곳에서 계속 일을 할 수 있게 해주었다.

내가 처음 산업연수생으로 대구에 왔을 때는 방직 공장에서 일을 했고 두 번째로 안산에 산업연수생으로 왔을 때 지금 하고 있는 기술을 배워 수원에 있는 이 회사로 오게 된 것이다. 대구나 구미 쪽에는 방직 공장이 많았고 구미는 박정희 대통령의 고향인데 나도 그곳에서 한동안 살았다. 중국에서 하던 일과 전혀 다른 일을 했기에 처음에는 어려웠지만 그래도 3, 4개월이 지나니 일하는 것은 적응이 되었다.

방직 공장에 있을 때 나는 어려운 일인 옷을 염색하는 팀에 들어가게 되었는데 냄새도 심하고 화학 약품 같은 것은 특히 더 심한 냄새가 났다. 나염팀에서 그림을 완제품에 찍어야 하는데 모형 틀에 그림을 만들어 원통에서 천을 돌리면 그림이 천에 찍혀 나왔다. 그것을 또 가열해야 염색한 것이 벗겨지지 않는다. 과정이 복잡했고 하나라도 빠뜨리면 실패다. 원단은 다른 곳에서 가져오는데 원단 만드는 곳은 먼지가 형편없이 많았다.

지금의 회사는 안산에서 기술을 배운 후 내가 스스로 찾은 것인데 그때부터 치면 이 일을 한지도 10년이 넘는다. 나만큼 되면 기계 보는 기술은 A급에 속하는 편이라 초보들하고는 비교가 안 된다. 이제는 척 봐도 어디가 무엇인지 알 수 있기에 내가 불만이 많은 것이다. 기술만 따지면 전문인이라 하지만 월급은 그에 해당하는 대우를 안 해준다. 지금 사장과는 아무리 친분이 있다고 해도 친분은 친분이고 월급은 예외가 없다. 사장 입장에서는 내가 다른 곳에 가면 이 정도의 월급도 못 받는데 본인은 나에게 많이 준다고 생각한다. 사장은 나한테 잘해준다고 생각하겠지만 그래도 너무 짜다. 우리 계통(분야)의 일은 많은 편이라 나처럼 10년 넘게 기술직으로 일한 사람들이 의정부 쪽에 특히 많다.

안산에서 같이 일했던 사람이 수원에 있었는데 그 사람의 소개로 지금의 회사를 찾았다. 안산에서 일할 때 내가 좀 급여를 많이 제기하면서 내가 일한 만큼 돈을 다 주면 나도 안산을 떠나지 않고 계속 한 곳에서 일을 하겠다고 했다. 그런데 안산 공장에서 기계를 관리하는 책임자가 내 말을 들어주지 않았기에 그쪽 회사에서 나와버렸다. 사실 내가 많이 요구한 것도 아니고 다만 내가 일한 것에 대해 적당한 수준에서 받아야 할 돈이라고 생각한 것인데 내 생각과 안 맞았다.

1999년부터 2002년까지 안산에서 3년 정도 일을 했는데 그때 받았던 월급은 70, 80만 원 정도였다. 잔업까지 하게 되면 100만 원을 좀 넘겨 120~130만 원 정도 받을 수 있었다. 말로는 기본 작업 시간이 8

시간이라고 하지만 잔업까지 하면 12시간 정도 일을 하는 것이다. 잔업 시간이 기본 작업 시간의 절반이 된다. 월급만 받아서는 돈을 모으기 힘들고 그래도 잔업 수당까지 합쳐야 수입이 되었다. 지금 수원 회사에서도 기본 월급은 120만 원인가 되는데 잔업 수당까지 합쳐야만 한 달에 200만 원 정도 벌 수 있다. 잔업을 안 하게 될 경우 수입은 바로 절반으로 줄어드는 셈이다.

아내와 함께 한국에서 돈을 벌었기에 그 동안 어느 정도 모을 수 있었다. 나 혼자 벌었다면 그렇게 많이 모으지 못했을 것이다. 지난달에는 여름휴가를 보내면서 며칠 쉬는 바람에 평소보다 월급이 적게 나와 170~180만 원 정도 받았다. 얼마 전에는 집에 갔다 오는 바람에 1주일 쉬게 되어 또 월급이 적게 들어왔다. 기본급을 제외한 수당은 시급으로 계산이 되기에 내가 얼마만큼 쉬게 되면 그만큼 수입이 줄어든다.

그런데 추석이거나 구정 같은 명절에 보너스를 받게 되더라도 한국 사람들한테는 500%를 주고 나는 200~300%를 받는다. 이건 문제있다. 대신 연차는 한 달에 하루를 주고 한국 사람들이 쉬는 시간과 동일하게 우리한테도 쉬는 시간은 보장해준다. 사실 내 정도가 되면 기술도 되고 경력도 되기에 다른 곳에 간다면 230~250만 원 수준의 월급을 받는 것이 정상이다. 그런데 사장이 그래도 나한테는 잘해주는 편이어서 지금 회사의 사장한테는 월급을 올려달라고 말한 적이 한번도 없다. 큰 사정이 생기지 않는 이상 한국에 있는 동안 계속 이 회사에서 일을 할 것이다.

나의 가족

내가 처음 한국에 오기 전 큰 딸과 작은 아들이 이미 태어났다. 큰 딸은 이미 대학교를 졸업하고 작은 아들은 지금 대학교를 다니고 있다. 아들이 내년에 대학교를 졸업하게 되는데 나는 처음에 대학교만 나오면 된다고 했다. 그런데 아들은 대학교를 졸업하고 또 대학원에 진학하겠다고 한다. 굳이 할 필요가 있냐고 말하기는 했지만 그래도 부모로서 아들이 연구생 공부를 하겠다고 하는데 말릴 생각은 없고 자기 능력이 되고 계속 공부할 생각이 있으면 그렇게 하라고 했다. 나는 한국이 별로라고 생각을 하기에 아들이 연구생 공부를 한다고 해도 한국 유학은 오지 말고 계속 중국에서 발전했으면 좋겠다. 젊은 사람한테는 그래도 중국에 있는 것이 나은 것 같다. 한국에 오면 돈이 좀 더 될 것 같아 딸이 나와 같이 이번에 오고 싶어 했지만 내가 반대했다. 딸은 지금 대련에 있는 항공 회사에 취직하여 출근하고 있다. 항공 회사 국제부 한국팀에서 일을 하고 있는데 출근한지 1년 정도 된다. 딸이 서른 되기 전에는 결혼을 했으면 한다. 나는 25살에 결혼을 했다.

내가 좀 미안하게 생각되는 것은 아이들이 어릴 때 한국에 돈 벌러 나오다 보니 자라는 모습을 많이 지켜보지 못한 것이다. 다행히 내가 여기서 열심히 돈을 번다고 아이들도 공부를 열심히 해주어 이 방면에 대해서는 감사하게 생각한다. 다른 집 애들은 대학교에도 가지 못하고 부모들이 곁에 없다고 막 자라는 아이들도 있는데 우리 애들은 착하다. 나도 애들한테 용돈을 넉넉히 주는데 애들이 막 쓰지 않는다면 모자라지 않게 준다. 딸이 대학에 다닐 때 한 달에 2천 원을 썼다.

내가 혼자 생활하면 한 달에 40, 50만 원 정도 생활비를 쓴다. 올해 추석에 집에 갔다 왔는데 가서 1주일 가량 있었다. 아내도 한국에 와 있었는데 나와 같이 집에 갔다가 아직 오지 않았다. 이제 곧 다시 올 것이다. 우리 형제들도 거의 다 한국에 있는데 누나 둘은 중국에 있다. 누나들은 나이가 많은 것도 있지만 생활조건이 좋은 편이어서 나올 필요가 없다. 남자형제들은 모두 한국에 있는데 수원에 다 살기에 시간만 되면 자주 만날 수 있다.

아내는 나와 함께 있다가 중국에 가서 심양에서 집 두 채를 샀는데 그 중 하나는 지금 인테리어 중이다. 이제 한 달 정도 지나면 거의 비슷하게 끝나는데 그때면 아내도 다시 한국에 올 것이다. 애들도 모두 다른 곳에 있기에 혼자 집에 있어도 별로 크게 할 일이 없다. 아내는 아는 사람의 소개로 만났고 우리 부모님이 농사꾼이었기에 나도 처음에 아내와 결혼했을 때 농사를 했다. 아버지는 2년 전에 돌아가셨고 어머니는 올해 86살이어서 내가 보모 한 명을 고용하여 함께 지내게 한다. 친 형제 중 한 분은 심양에서 의사를 했는데도 의사는 자기 병 못 고친다는 말처럼 66살에 돌아갔고 둘째 매형은 원래 사람이 생생하다가 갑자기 급성뇌혈전으로 56살엔가 돌아갔다. 어머니는 그래도 건강하게 장수하다.

사실 심양에 아파트를 사놓긴 했지만 내가 사는 집은 내 손으로 직접 지었다. 나는 지금도 내가 지은 집에서 사는 것이 더 편하다. 한국에 있으면서 건축 일을 한 경험도 있고 집은 내가 원하는 대로 집 짓는 사람을 찾아 돈을 주고 시키면 된다. 친구들 가운데 설계를 하는 사람이 있어 부탁도 했다. 1992년에 처음 한국에 왔다가 4년 정도 지나 집에 가보니 신빈도 많이 발전해 있었다.

장래 소망

내가 태어난 환인도 그렇고 지금 살고 있는 신빈도 그렇고 조선족학교가 아직 남아 있긴 하지만 한국에 나올 수 있는 조선족들은 대부분 다 나왔다. 내가 살았던 동네는 신빈현과 5분 정도 거리에 있는 바로 옆인데 신빈현은 돈이 많아 사람들이 잘 산다. 현 자체에 돈이 많은지 크게 발전되었다. 그 곳 사람들은 무엇을 하여 다들 돈을 잘 벌었는지 심지어 어떤 물건은 심양과 비교해도 비슷하거나 더 비싼 정도이다.

신빈에 무슨 공업이 발달했거나 농업이 발달했거나 그런 것도 아니고, 광산같은 것도 없고 창업을 하는 사람이 있어도 크게 이름난 기업도 없는데 신빈 사람들은 장사도 잘하고 다 생활 형편이 좋다. 적어도 내가 아는 사람들은 다 잘 산다. 한국에 나온 사람도 있고 현지에 남은 사람들은 또 철밥통을 가지고 있어 집에서 출퇴근하는 사람들이다. 내 친구들도 은행에 다니거나 교육국에 다니고 있는데 공무원들 월급이 4천 원씩은 되고 또 대우가 좋다. 신빈도 이제는 집값이 많이 올라 $1m^2$에 4천 원 정도 되는데 공무원 월급만으로는 집을 사기 힘들지만 집은 이미 다 있는 편이고 다른데보다 대우가 훨씬 좋다. 인민은행에 다니는 내 친구는 얼마 전에 회사에서 2개월 휴가를 주어 지금 한국에 휴가 보내러 와있다. 시간이 되면 친구 만나러 갈 것이다.

나는 이제 5년 정도 한국에 더 있다가 비자가 끝나면 중국에 갈 생각이다. 한국에 너무 오래 살고 보니 이제 더 있어도 별로인 것 같다. 고향에 가게 되면 심양에 있는 아파트보다는 내가 지어놓은 집에 가서 살 것이다. 알루미늄 합금으로 다 만들었고 한족식 구들을 만들었다.

이제 고향으로 가게 되면 작은 동네 마트를 열었으면 좋겠다. 내가 농사를 지었던 땅은 지금 다른 사람한테 임대를 주었는데 이전에 집을 지을 때 내 땅이 있는 곳 부근에 지었다. 한국으로 나오기 위해 땅을 판 사람도 있었지만 나는 땅을 버리지 않았다. 아무리 돈이 없다고 해도 땅은 없으면 안 된다는 것이 내 생각이다. 나이가 들면 최소한의 보장이 있어야 된다.

여가 생활

나는 쉬는 날이면 주로 친구들을 만난다. 좀 전에도 전화가 왔는데 안산에 있는 친구한테 놀러 가려고 한다. 멀리 가지는 않고 가까운 공원에 가끔 나가 산책을 하거나 친구들을 따라 고기잡이를 가기도 한다. 낚시는 잘 하는 것이 아니라 그냥 취미로 가끔씩 다니는 것이다. 좀 멀리 나가면 바다가 있어 바다낚시를 해 본 적도 있다.

언젠가 한번 교회에 가 본 적이 있는데 교회는 나랑 안 맞는 것 같아 한번 가고는 그만 두었다. 그 한번도 같은 회사에 근무하는 사람이 교회를 다니고 있어 교회에 나가면 선물도 준다면서 나를 끌고 가는 바람에 따라갔는데 너무 안 맞아 다시는 가지 않았다. 교회에서 노래도 불렀는데 찬송가인가 하는 것이 마치 사람이 죽었을 때 내는 소리인 장송곡처럼 들렸다. 내가 좋아하는 노래가 아니다. 사람마다 다른데 둘째 처형은 한국에 나와 교회에 열심히 다니고 있다. 내가 교회에 나가면 뭐가 좋은지 물어봤더니 사람이 착해진다고 했다. 나는 트로트를 좋아하는데 요즘 젊은 사람들이 하는 노래는 아예 알아듣지도 못한다. 신빈에 있을 때 시내에서 파는 트로트 테이프를 사거나 한국에서 부쳐오는 것을 주로 들었다.

내가 대구, 안산, 수원 등 곳에서 살아보았는데 그 중에서 수원이 제일 나은 것 같다. 안산은 중국 사람들이 너무 많고 쓰레기 같은 것도 지정 위치에 버리지 않는다. 그리고 술 한 잔 들어가면 바로 목청이 높아져 굉장히 시끄럽다.

2. 국적을 취득하니 건설 현장에서 내국인 대우를 해줬다[*]

1966년 길림성 도문시에서 태어난 K씨는 어머니의 직업을 이어 목재소에서 일하였다. 그 뒤 결혼하여 아이가 태어났고 본인은 자영업을 하였다. 궁핍한 삶은 아니었지만 한국에 올 수 있는 기회가 생겨 1996년 산업연수생으로 한국에 입국하였다. IMF로 3년 동안 힘들게 일만 했고 중국에 귀국하였다가 2003년 한국에 재입국하였다. 비자 만기를 앞두고 비자 연장을 고민하다가 귀화하였다.

K씨(한국 국적)

나의 가족

나는 문화혁명이 일어난 해인 1966년에 태어났는데 그때는 너무 어려 그 시절에 대한 기억이 거의 없다. 다만 어릴 적 할아버지의 한쪽 눈이 가짜여서 물어봤었는데 한때 특무로 몰려 한쪽 눈을 잃게 되었고 그것 때문에 아버지가 직장 생활 하는데 많은 어려움이 있었다는 것을

---

[*] 면접 일시: 2011년 10월 2일
　면접자: 최국화

알았다. 그 외에는 문화대혁명에 대한 특별한 기억이 없다.

어릴 적에는 철부지라 별다른 기억은 없고 다른 애들과는 달리 9살에 학교에 간 생각이 난다. 원래는 8살에 학교에 붙으려고 갔는데 그해 66년생 학생이 하도 많아 조선족 학교에 갔더니 2월생까지만 학교에 붙을 수 있고 3월생부터는 안 된다고 했다. 하여 그 이듬해 다시 가기로 했다. 그때 우리 아버지가 중국에서는 한족 학교에 다니는 것이 발전 가능성이 더 크다고 하여 유치원부터 한족 유치원에 다녔다.

고중까지 계속 한족 학교에 다녔는데 몸이 안 좋아 대학교에는 못 가고 고중을 졸업하고 사회에 나와 회사에 다니기 시작했다. 어릴 적부터 중국 학교에 다닌 것이 중국 사람과 의사소통도 잘 되고 직장에 다닐 때 중국인들과 마찰도 없어 더 좋았던 것 같다. 차별도 받지 않았다. 어머니가 목재제재소에서 일하셨는데 퇴직하시고 난 빈 자리에 내가 들어갔다. 1987년에 내가 그 시절 거의 마지막으로 들어갔는데 이후 그런 제도(부모가 퇴직하고 나간 자리에 자녀가 들어가는 것)가 없어졌다. 그때는 중국에 대학생이 그다지 많지 않았다. 불과 몇 년 전에 대학입시가 생겼고 집집마다 자녀들이 집에서 노는 상태였다. 국가적으로 봐도 공무원이 특별히 따로 없었고 지금처럼 시험을 봐서 공무원이 되는 것도 아니고 공무원도 부모의 뒤를 이어하던 시절이었다.

나보다 몇 년 전에 태어난 형님은 시골에 가서 모내기도 했다. 공부를 하다가도 보름 정도씩은 농학기지(学农基地)에 가서 하숙을 하면서 모내기도 하고 가을도 했다고 한다. 아마 운이 좋았던지 내가 학교를 다닐 때는 학생이 모내기를 하지 않아도 되었다. 누나도 모내기를 해봤다고 했다. 그때가 농촌의 선진적인 모델을 배우는 캠페인(学大寨)이 한창일 때다. 나는 소학교에 다닐 때 학교에 텃밭이 있어 거기서 콩 가을을 좀 해봤다. 우리 형제들은 전부 중국에서 공무원 생활을 한다. 누나는 인수보험공사(人寿保险公司)에 다닌다. 부모님도 아직 생전인데 아버지는 중풍에 걸린 지 10년 된다. 어릴 적 내가 살던 동네 다른 집에는 형제들이 서너명씩 되었고 우리는 제일 어린 축에 속했다. 또래 친구들은 적었고 우리보다 서너살 많은 애들이 많았다.

중국에서 살 때 시골에 큰집이 있었는데 이제는 어른들이 다 돌아가고 없다. 하여 큰집에는 못 가고 또 부모님을 우리 집에서 모셨기에 형제들이 명절이 되면 거의 다 우리 집에 모였다. 고모들은 아직 살아 있다. 아버지 형제들은 듣는 말에 의하면 13명이 된다고 했다. 그런데 대부분 어릴 때 돌아가시고 남자 둘, 여자 둘 이렇게 네 명만 남았다. 큰아버지는 나중에 동북전쟁(东北战争)에서 돌아가셨다고 한다. 부모님 몰래 전쟁에 나갔다가 돌아가신 것이다. 큰어머니는 후에 재혼을 했는데 아버지가 큰아버지의 렬군속증(열사군인가족증명서)을 큰어머니한테 혜택을 받을 수 있도록 주었다. 그때 민정(民政)부문에서 돈이 나와 렬군속 대우를 받았다고 했다. 이제 그 큰어머니도 돌아가시고 안 계신다. 지금은 아버지와 아버지의 누나랑 여동생 세 명이 있다. 아버지의 다른 형제들은 아주 어릴 때 홍역 같은 것에 걸려 일찍 돌아갔다. 할머니께서 한번은 제삿집에 갔다가 떡을 얻어오셨는데 그때는 위생 상태도 안 좋았던 때라 아버지 형제 가운데 그 떡을 먹고 죽은 사람도 있었다고 한다. 없이 살 때여서 어디 잔칫집이라도 생기면 부모들이 떡을 얻어 오곤 하였지만 혼이 난 뒤로 우리 할머니는 절대 제삿집에서 떡을 가져오지 않았다. 지금 같으면 다 살렸을 테지만 그때는 질병도 많았고 약도 모자라서 죽었다.

51원과 산업연수

회사를 다니다가 1991년에 길을 하나 사이 두고 거의 같은 동네에서 살다시피 한 아내를 중매로 만나 결혼했다. 고향사람끼리 만난 셈이다. 아내도 나처럼 계속 도문에서 살았다. 결혼 후 1993년에 딸아이가 태어났다. 어느 한번은 딸아이가 아파 병원에 데리고 갔는데 치료비가 30~40원 나왔다. 열이 너무 많이 올라가 입원하였는데 그때 생각해보니 앞으로의 생활이 너무 막막했다. 직장 생활을 할 때 내 월급은 한 달에 51원이었다. 아내의 수입까지 합치면 한 달에 100원 정도 되었다.

때마침 그때는 너도나도 자영업을 시작하던 때이고, 나 자신이 어느 정도 소질이 있다고 생각하여 1995년에 전파사, 즉 TV를 수리하는 일을 시작했다. 필요한 부품들은 연길 전자상가(电子城)에 가면 많다. 해보니까 세 식구가 먹고 살기에는 크게 부족하진 않았지만 한국에 나올 기회가 생겨 한국에 오게 된 것이다.

1996년에 처음 한국으로 오게 될 기회가 생겨 산업연수생으로 경주에 와서 3년 동안 있었다. 1997년에 IMF가 터져 돈도 얼마 벌지 못

한 채 3년 동안 일만 열심히 하다가 중국으로 갔다. 중국에서 다시 전파사를 2년 동안 운영했지만 전파사가 크게 전망이 없어 보였다. 1996년에 한국에 와보니 전파사들이 거의 중고가전제품 고물상으로 변해 있었다. 주어온 고물을 수리하고 재활용하여 파는 곳으로 변한 것이었다. 한국은 고장 나면 수리하는 것이 아니라 버린다. 그때 중국은 경제가 안 되어 버리기 아까운 건 수리해서 다시 썼다. 그때 한국의 상황에 비춰 미래를 보니 전파사가 전망이 없어 보였다. 앞으로는 공장의 서비스센터에서 직접 수리를 해준다는 생각이 들었다. 신제품은 수리가 안 들어오고 고물은 수리를 해도 보드 자체 회로가 여기저기 끝없이 고장이 난다. 전망이 없어 보여 결국은 포기했다.

산업연수생으로 한국에 올 때 친척의 도움을 좀 받았다. 그때 한창 연변의 한 회사에서 직원의 명의로 다른 사람들한테 한국에 나올 기회를 줬다. 그 중 한 사람이 자기 명의를 외부에 팔았는데 친척이 그것을 알고 알려줬다. 하여 친척을 통해 그 사람에게 얼마를 주고 대신 명의를 가졌다. 한국에 올 때 빚을 지지는 않았다. 자영업으로 어느 정도 수입이 있었고 사기 당한 적도 없다. 한국도 상대적으로 순조롭게 왔고 불법체류를 한 적도 없다. 3년이 지나 불법체류를 하지 않고 귀국하였더니 혜택을 받아 재입국도 순조롭게 되었다.

외로운 한국 생활

다른 기회가 생겨 2003년에 한국에 재입국하였는데 2005년에 비자 만기를 얼마 남기지 않고 아내가 불법은 절대 안 된다고 하여 방법을 생각하던 중 귀화하면 된다고 하여 아내와 함께 한국 귀화를 결심하게 되었다. 중국 학교를 다녔기에 한글을 늦게 깨친 탓으로 귀화 시험을 준비하면서 애국가를 외우는 등 애를 좀 먹긴 했어도 순조롭게 귀화가 허락되었다.

처음에 한국에 왔을 때 경주에서 3년 살아보니 시골 같은 경주를 떠나 서울에서 살고 싶어졌다. 그래서 재입국한 후에는 서울로 옮겼다. 서울에 와보니 확실히 대도시인 것이 알렸다. 처음 한국에 오기 전에 부모님으로부터 한국이나 북한에 대해 얘기 들은 적이 없다. 부모님도 한국에 대해 잘 알지 못했고 한국에 와 본적도 없다. 이북에도 우리는 친척이 없고 또 부모님들이 전부 직장을 다니고 있어서 다른 집처럼 북한 장사를 해 본적도 없다. 조선땅에 대해서는 거의 모른다고 보면 된다. 내가 처음으로 한국에 와보고 한국은 이런 곳이라는 것을 알게 되었다. 한국 생활이라 하여 특별히 더 어려운 것은 없다. 삶 자체가 다 어려운 것이다. 산다는 것은 어디서나 똑같다. 그것을 이겨내야만 된다고 생각하고 그래야만 앞날도 있고 성공도 할 수 있기에 그냥 열심히 살았다. 중국에 남아있는 분들은 그래도 명절 때 다 모인다. 컴퓨터(캠)로 보면 설명절에 차려놓고 다들 한자리에 앉아있는 것을 볼 수 있다. 이제는 외로운 것을 잘 모르겠다. 외로움도 즐기면서 살아야 한다. 결혼하고 얼마 지나지 않아 1996년부터 3년 동안 혼자 지냈고 후에 또 2년까지 합쳐 내 생애 5년을 홀로 지냈다. 그때는 그리움에 살았다.

같은 민족이라 하지만 처음 한국에 연수로 왔을 때는 6개월 동안 밥을 못 먹었다. 경상도에 있었는데 그쪽은 일본과 가까워 그런지 음식 문화가 일본과 비슷하여 밥만 빼고 전부 설탕이 들어간 것 같았다. 닭강정도 전부 엿에 버무려서 못 먹을 정도였다. 연길 철남에서 온 사람이 있었는데 그 집에 뽐쁘(펌프)가 있어 뽐쁘질(펌프로 지하수를 끌어올림)을 하여 같이 올라온 흙을 얻어줬다. 그 흙을 뜨거운 물에 담그었다가 흙이 가라앉을 때까지 기다려 그 물을 마셨다. 그 후 소화도 잘 되는 것 같아 밥을 먹을 수 있었다. 수토(水土)가 변하여 밥을 못 먹었던 것 같다.

그 뒤로는 지금까지 음식 때문에 고생은 하지 않았다. 오히려 이제는 중국에 가면 느끼하여 중국 음식이 더 맞지 않는다. 찌개 없이는 밥 먹기 힘들다. 음식만 보면 한국 사람이 다 된 것 같다. 어릴 적에도 조선족이라 그런지 집에서 중국 요리보다는 장물(국)을 많이 먹었다. 된장국을 많이 먹었다. 한국 생활이라 하지만 지금은 딱히 불편한 점은 없다. 중국에 가보니 이제는 먹는 것부터 시작하여 오히려 중국이 더 적응이 되지 않는다. 아내는 어디서나 사는 것은 자기 힘으로 열심히 살아야 하는 것이 맞긴 하지만 딱 한가지 불편한 점이 있다면 사는 곳을 자주 옮겨야 한다는 것이 불편하다고 한다. 중국에는 꽤 큰 아파트를 가지고 있는데 여기 집은 작고 답답해서 불편하다. 너무 큰 집을 바라는 건 아니지만 그래도 옮겨 다니지 말았으면 좋겠다.

한국인으로서의 삶

국적을 취득하니 세금을 내기 시작했다. 하여 원래보다 소득이 적어졌다. 보험의 혜택을 받으니 좋긴 하지만 소득이 줄어드는 건 확실히 알린다. 대신 현장에 나가 일용직을 하기에 귀화를 하여 한국 국적을 가지니 편한 것 같다. 내국인 대우를 해준다. 어떤 현장에서는 외국인들이 일하는 것을 제한하는데 우리는 그런 제한 없이 일할 수 있기에 편한 것 같다. 현장일을 하면서 귀화한 후에는 돈을 못 받은 적이 없다. 귀화하기 전 한번은 일을 다 끝냈는데 중간에서 돈을 줘야 할 사람이 종적을 감추는 바람에 한 푼도 못 받은 적 있다. 어디 가서 해볼 곳도 없고 노동부에 가서 신고를 하려고 해도 오야지한테 이미 돈을 지불한 상태이고 중간에서 돈을 받은 사람이 없어져 방도가 없었다. 요즘은 다 받고 있다. 자영업은 소득은 적어도 소질이 있고 어느 정도 내 일을 한다는 생각에 편하다. 대신 지금의 현장일은 직장이라는 생각에 책임감도 느끼고 일하면서 스트레스도 많이 받는다. 먹고 살려면 스트레스는 이겨내야 하고 앞으로 더 어려운 일이 생겨도 긍정적으로 생각하고 사는 대로 산다. 후회해도 도와줄 사람이 없고 노력하고 헤쳐나가야 한다고 생각한다.

이제 10년 정도는 더 노력하여 노후 준비를 하겠다. 중국에서 살때 자영업을 하고 있어 여행은 거의 못 다녔다. 아내는 중국에서 10년넘게 미장원을 했고 일요일도 없이 일했다. 개혁개방 이후 소수의 사람들이 자영업을 했고 대폭적으로 하기 시작한 건 90년대 후반이다.

그때 자영업은 쉬지 않고 일해야만 하고 계속 자리에 붙어있어야 하는 줄 알았다. 지금처럼 휴식일이 있어야 한다는 것을 몰랐다. 신체가 허락하든 안 하든 상관없이 계속 문을 열었다. 지금은 사업도 휴식이 필요하다는 것을 알게 되었다. 처음 자영업을 시작할 때는 손님을 기다리느라 문을 열고 그 후에는 손님이 많아져서 문을 못 닫았다. 오히려 한국에 오니 쉬는 날이 생겼다. 하지만 한국에서도 많이 다녀본 적이 없다. 일하면서 현장을 따라 제주도에서 40일을 지냈지만 쉬는 날이 없어 관광은 아예 못했다. 여러 지역에 가보긴 했지만 구경이 아닌 일 하러 갔다. 일 때문에 서울은 거의 다 다녔고 전라도 쪽에도 갔었다. 자영업을 하긴 했지만 부를 축적한 것은 거의 없다. 단 월급쟁이보다 먹고 사는데 지장이 없을 정도였다. 부모님으로부터 경제 교육을 받은 적이 없어 그때는 그냥 영원히 벌 수 있다는 생각에 열심히 일만 했고 버는 족족 씀씀이가 커졌다. 지금은 나이가 들어 체력적으로 힘든 경우도 있어 옛날 생각이 틀렸다는 것을 알았다. 외국에서는 부모들이 자녀들한테 재정 관리도 배워준다고 하는데 우리는 그런 것을 모르고 자랐다.

대신 한국에 나올 때 빚은 지지 않았기에 돈을 모으지 못하는 것에 대한 부담은 그렇게 크지 않다. 아내는 오히려 그때가 무서운 것이 없다고 한다. 한창 젊을 때라 오늘 벌어서 다 써도 내일 또 벌 수 있고 돈은 계속 들어온다는 생각에 두려운 것이 없이 돈을 썼지만 지금은 일을 하루라도 못 나가게 되면 수입도 줄어들고 이제는 신체도 예전 같지 않다. 이전에 기술일을 할 때는 일을 하면 할수록 기술이 늘고 손님들도 늘어난다는 생각이 있어 마음속으로도 크게 걱정은 안 되었다. 아내는 식당에서 일을 하게 되면 그것으로 평생 먹고 살 수는 없고 그런 일자리도 나이 때문에 점점 줄어들 것 같다는 생각을 한다. 아직 노후 준비를 못했다. 지금부터 시작하려고 한다. 금년부터 국민연금도 가입하겠다. 아내가 중국에 가 있는 동안에는 혼자 번 돈을 거의 다 썼다. 아내가 한국으로 돌아와 일을 시작한지 한 달도 안 된다. 이제부터 계획을 잘 세워 시작하겠다. 아내가 미장원을 했던 경험이 있어 식당 주방일보다 예전의 기술을 살려 자격증을 따기 위한 준비를 한다. 아내는 지금 헤어자격증을 준비하고 있는데 국적자라서 심사를 받아 합격되면 한국의 저소득층 국비지원금을 받아 돈을 내지 않거나 적게 내고 공부를 하여 자격증을 딸 수 있다.

일이 바쁘다보니 중국에 자주 가지는 못하고 작년에 갔다 왔다. 올해 딸이 대학교에 갈 때는 못 갔다. 지금 도문은 길도 닦고 깨끗해져서 보기에는 좋아졌지만 사람이 없다. 조선족들 대부분이 한국에 나와 있다. 기업도 다 망가지고 유동인구도 적고 살기 힘든 곳이 되었다. 물가도 무지 높아졌다. 작년에 한번 가보긴 했는데 기본 건설이 잘 된 것 같았다. 2006년부터 2007, 2008년 연속 3년 여름에 한번씩 갔는데 매번 갈 때마다 느끼는 건데 제일 크게 변한 것이 물가가 많이 오른 것이다. 이전에는 100원짜리 한 장 들고 나가면 많이 사고도 절반은 남았는데 지금은 산 것도 없이 돈이 없어진다. 서울이랑 거의 비슷한 것 같다. 여기서 벌어서 여기서 쓰는 것과 별반 차이가 나지 않는다. 그리고 중국에 송금을 하게 되면 환율차이 때문에 많이 손해를 보기도 한다.

최근에 아내가 중국에 가 있는 동안 한 달에 100만 원씩 보냈다. 아이가 대학교에 가는 문제 때문에 여러 군데 돈을 쓰다 보니 작년 1년은 힘들게 살았다. 보험, 세금 등을 두루두루 떼고 중국에 100만 원을 보내니 빠듯하여 카드를 긁어 돌려막기를 했다. 어떤 집 자식들은 싫다고 해도 억지로 시키는데 우리 애는 자기가 원해서 하겠다고 하는데 시켜야지 어쩔 방법이 없다. 내가 어릴 때는 부모님이 가진 것이 없고 스스로도 크게 욕심이 없는데다가 환경도 안 좋았지만 지금은 애가 원한다면 부모로서 힘들어도 허리띠를 졸라매고 해주고 싶은 것은 다 해주고 싶다. 그래도 나중에 후회는 안 한다. 우리는 양가 부모님을 모실 형편이 안 된다. 부모님들은 자신들의 퇴직금에 의해 생활한다. 우리가 지원해주는 것은 많이 없다. 오히려 지금도 도움을 받는 편이다.

중국에 있는 친구들이나 부모들한테도 가끔씩 전화하는 편이라 아내가 뭐라고 한다. 나는 통화하기를 싫어한다. 한 달 통화시간이 170분 정도 된다. 얼마 전에 스마트폰으로 바꿨는데 기본통화시간인 300분을 채우지 못한다. 나머지는 국제전화로 쓴다. 친구들은 대부분 중국에 있다. 많은 친구들이 광주쪽에서 무역을 하고 있다. 아내는 400분도 모자란다. 나는 조용한 것을 좋아하는 편이라 거의 오는 전화만 받는다. 그래도 오래 동안 연락이 없던 친구들과 연락이 되면 여전히 반갑다. 가끔 설명절에 전화를 하면 죽었는지 살았는지 알 바가 없다고 욕을 먹는다. 오랜 만에 만나면 즐겁게 논다. 예전에 많았던 친구들도 시간이 지나니 몇 명 안 남았다.

한국에서 새로 사귄 친구는 거의 없다. 직장에서 같이 일하는 사람들은 오늘 내일로 바뀌기에 전화번호를 알고 있어도 연락은 안 한다. 어쩌다 일이 끊겨 먹고 살기 힘들면 연락하여 일거리를 알아보기는 하지만 일부러 불러내어 같이 술을 마시거나 하지는 않는다. 같은 일을 하는 사람들 형편상 같이 술을 마시기도 어렵다. 아내들이 카드는 전부 다 없애버리고 체크카드에 한 달 용돈 10만 원씩만 넣어준다. 하여 돈이 떨어지면 오야지한테서 10만 원, 20만 원씩 가불한다. 월급날이 되면 가불한 돈은 월급에서 감하고 주기에 어차피 이런 돈은 아내들이 모른다. 아내들은 통장에 찍히는 액수만 월급이라고 생각한다. 집에 애들이 둘, 셋 되는데 살림을 하는 입장에서 남편의 수입에 의존하는 아내들도 어쩔 수 없이 쪼개가면서 힘들게 생활한다. 한번 공정을 맡게 되면 일이 끝날 때까지 같은 곳에 계속 머무는 것이 아니라 1주일이면 집에 한 번씩 온다. 보름 미만의 일이면 그대로 있고 아니면 한 달 이상일 경우 보름 정도에 집에 올 수 있다.

자식 걱정

지금은 노후보다는 딸 뒷바라지가 우선이다. 작년 1년 동안 아내는 고3인 딸의 대학시험 준비를 위해 중국에 가 있었다. 오랫동안 떨어져있다가 고3이 되어서 데리고 지내려니까 애와 성격도 잘 맞지 않고 애가 왜 갑자기 공부에도 집중하지 않아 연변1중에서 공부를 꽤 한다고 했는데 입시를 잘못 봐서 원하는 대학에 못 갔다. 처음에 아내가 재수를 하라고 했는데 딸이 싫다고 했다. 외국에서 지내보니 그래도 공부를 하려면 외국에 보내야겠다고 생각하여 아내는 프랑스에 보낼 생각도 했다. 북경전매대학(传媒大学)에 돈을 5천 원 정도 내고 반년 동안 프랑스어를 배우면 프랑스에 유학 가서 학부에 들어갈 수 있다고 했다. 그런데 친척 어른들이 너무 반대를 하여 딸아이가 신심이 없어하다가 결국 프랑스는 포기했다. 딸이 받은 점수로 다른 대학에 입학하긴 했지만 학과가 마음에 들지 않아 그 학교도 포기하고 지금 다시 고3에서 재수한다.

자식은 딸 하나뿐이다. 딸이 하나밖에 없어 함께 살고 싶지만 그건 애가 원하는 대로 해야 할 것 같다. 우리랑 요즘 신세대들은 생각이 너무 달라서 모르겠다. 게다가 딸은 중국이 더 좋다고 한다. 아직 한국에 와보지 못해서 그런지는 모르겠지만 다른 집 애들은 한번 와보고 좋다고 하는데 우리 딸은 오라고 해도 안 오려고 한다. 딸이 고중에 다닐 때 여권까지 다 만들어놓고 비자를 내려고 하니 보호자 없이 미성년자는 안 된다고 하여 급작스레 할머니의 비자를 함께 신청하려다가 방학이 끝나는 바람에 결국 못 오게 되었다. 그때 딸이 삐쳤는지 그 뒤로는 한국에 오겠다는 말을 안 한다. 대학교는 이상적인 곳에 못 갔지만 고중 1학년 때부터 공부를 열심히 해야 된다는 생각이 있어 그런지 방학에도 어디 가는 것을 그리 좋아하는 편은 아니었다. 중학교에 들어간 다음부터 부모와 4년 동안 떨어져있었고 한창 사춘기를 겪을 나이였지만 크게 애먹이는 일 없이 착하게 자랐다.

딸아이가 4살 때 내가 처음 한국에 나오게 되었다. 그때는 눈물도 많이 흘렸다. 딸아이와 같은 나이 또래의 애들만 봐도 눈물이 났다. 일요일 쉬는 날에는 애 생각만 해도 저절로 눈물이 나왔다. 3년 산업연수생 생활을 끝내고 가니까 애가 벌써 7살이 되어 있었다. 애가 11살이 되었을 때 두 번째로 한국에 왔다. 딸은 거의 엄마 손에서 자랐고 나는 그냥 돈만 줬다. 내가 한국에 거의 10년 넘게 있다 보니 아버지 사랑을 적게 받고 자라서 그런지 통화를 해도 나한테 얘기하는 것을 어려워한다. 엄마처럼 편하게 못한다. 부모가 곁에서 지켜주지 못했지만 고맙게도 자기 성적으로 연변1중에 붙었다. 사회에서 노는 애들처럼 다른 생각도 별로 없고 착하다. 다만 부모와 너무 오래 떨어져있어 그런지 애가 심리적으로 좀 나약해진 것 같다. 이번에 아내가 집에 가보니 성격이 좀 많이 변해있었다고 했다. 어릴 적에는 하도 총명하고 다들 잘한다고 하여 7살에 학교에 보냈다. 처음에는 성적이 다른 애들보다 낮으면 한 살 어린 것 때문에 따라가기 힘들어서 그렇다고 약하다는 생각도 했다. 지금도 그런 면이 있긴 하지만 이제는 많이 강해진 것 같다.

딸의 돌잔치는 그냥 집에서 해줬다. 그때는 외국에 나가는 사람들이 적은 편이여서 무슨 잔치라고 하면 사람들이 많이 모였다. 아내와 결혼할 때는 시내에서 살다 보니 마을 잔치는 아니더라도 상은 집에서 받았다. 그때는 식당에서 손님을 맞는 경우가 거의 없었다. 예식장에서 식을 올리지 않고 집에서 어른들을 모시고 전통적으로 했고 식당에서 직장 동료들을 초대했다. 그게 오히려 더 재미있었던 것 같다. 그런데 지금은 전통이 점점 없어진다. 중국에서 하는 것은 전부 다 한족식이다. 관련 일꾼들도 하루에 여러 군데 가려고 식을 대충 빨리 해치운다.

하나밖에 없는 딸의 배우자는 기왕이면 조선족이었으면 좋겠다. 한국 사람도 좋고 다 좋지만 제일 중요한 건 딸이 좋다는 사람이 최우선이다. 시대가 많이 바뀌어 요즘은 다문화시대라고 하지만 조선족이면 좋겠다. 물론 남들은 무조건 어쩌면 안 된다고 하지만 애가 좋다는 대로 해주고 싶다. 상대적으로 넓은 생각을 가지고 아이의 생각을 존중해주는 편이다. 부모가 자식이 잘되길 바라는 건 똑같다.

3. 청도의 한국 회사와 인연이 되어*

현룡천은 1962년 용정시 동불사진에서 태어나 용정의 공장에서 일하다가 청도의 한국 회사에 취직하였다. 회사로부터 기술연수의 기회를 받아 한국에 처음 방문하게 되었고, 이 인연으로 현재에도 한국에서 생활하고 있다. 그는 자신의 첫 한국 생활은 너무 좋았다고 한다. 오래전부터 '꽃망울회'라는 중국의 조선족 청소년들에게 장학금을 전달하는 민간단체에 몸담고 있으면서 더욱 보람찬 한국 생활을 보내고 있다.

현룡천(중국 국적)

기술연수

내가 태어난 동불사(铜佛寺)는 그냥 촌이다. 연길 지나서 조양천이고 그 다음이 동불사, 로투구 이렇다. 우리 동네는 거의 조선족들이 살았다. 조양천, 로투구 같은 곳은 조선족 비율이 거의 70%이다. 나는 전부 조선족 학교를 다녔다. 내가 다녔던 동불사의 소학교는 아직 남아있고 고등학교는 없어졌다. 중학교는 아직 남아있는지 잘 모르겠다.

---

* 면접 일시: 2011년 10월 22일
  면접자: 최국화

학교가 자꾸 없어지는 것이 안타깝기는 하지만 어쩔 수 없는 노릇이다. 우리 조선족사회가 이렇게 방법(대책)없이 무너지고 있다. 내가 '꽃망울회'의 일을 하는 것도 같은 값이면 조선족 학교를 다니는 조선족 아이들이 더 공부를 잘 하게 해주고 싶은 마음에서였다. 그런데 연길도 보면 학교가 점점 줄어들고 있다. 이것이 큰 문제이다. 앞으로 어떻게 될지 모르겠다.

내가 1962년에 동불사에서 태어나 학교를 다니게 될 때는 이미 문화대혁명이 끝난 때였고 학교를 필업(졸업)하고 사회 생활을 시작하였을 때는 중국에서 개혁개방을 시작한 시기였다. 그때 잘 된 회사는 잘되고 못 되는 회사는 방학(부도 직전)을 하던 때였다. 내가 다니던 회사가 방학을 하게 되자 이건 아니다 싶어졌다. 이미 결혼을 한 상태에서 회사가 방학을 하게 되어 생활하는데 문제가 생기게 되었기 때문이다. 하여 신문을 보고 청도로 가게 되었다. 내가 먼저 청도로 갔다가 1년 뒤에 가족을 모두 청도로 불렀다.

학교를 필업하고 나는 공인호구라서 추천을 받아 수리국에 가게 되었다. 그때 수리국 산하에 기업들이 있었는데 용정 같은 경우 그 기업들을 보면 용정중약창(공장), 용정대신저수지, 인삼창 등이 있었는데 나는 이런 곳에서 일하다가 청도에 가게 된 것이다. 신문에서도 개혁개방을 한다고 기사들이 나왔고 먼저 청도로 간 친구로부터 빨리 나오라는 연락도 받았다.

청도는 큰 도시였다. 그때 청도시 인구가 800만이었다. 연길은 20~30만 정도밖에 안 되었다. 그런데 물가가 연길보다 더 싼 것에 놀랐다. 연길보다 수입이 늘었는데 물가가 낮은 것에 놀랐다. 1994년에 청도로 갈 때 연변에서 공무원이나 공장 직원들의 월급이 2백~3백 원 정도밖에 되지 않았다. 청도로 가보니 청도의 원주민들 역시 200, 300원 정도의 월급을 받고 있었지만 합자기업에서 일하는 사람들은 천 원 내지 천5백 원 정도를 받고 일했다. 나는 청도에서 첫 월급을 받고 많이 놀랐다. 내가 용정에서 일할 때 꽤 높은 수준의 월급이라고 받았던 180원에 비하면 청도에서 받은 첫 월급 천2백 원 너무 높은 것이었다. 용정에서의 반년치 월급을 한 달에 받은 것이다.

청도에서 나는 한중합자기업에서 관리인원으로 일했는데 회사에서 한국으로 기술연수를 보내주었다. 산업연수가 아닌 기술연수다. 한국에서 중국에 기업을 차렸기 때문에 기술연수를 파견한 것이다. 1994년에 청도로 갔고 한국에 기술연수로 올 때는 1996년이다. 1996년에 한국 회사에서 기술연수를 마치고 1998년에는 출국하였다.

기술연수 당시 나는 열심히 일했다. 내가 2년 동안 한국에서 배울 때는 잘했다. 그런데 기술연수라고 하여 오게 되었지만 일하는 과정에 위에서는 기술을 배워주라고 하는 반면 직접 차간에서는 상사가 배워주지 않았다. 내 눈썰미로 배워야 했다. 전혀 배워주지 않았다. 요행 기술을 배워 중국에 돌아가 스스로 했다. 회사측에서는 일 잘하는 기술인원이 필요했던지 1년도 채 안 되어 나한테 다시 오라고 했다. 이렇게 한국에 왔다 갔다 했기 때문에 나는 불법체류라는 것을 해본 적이 없다. 정상적인 경로를 통해 왔다 갔다 하여 지금 비자도 순조롭게 변경이 되어 편하게 지낸다. 지금은 F-4 비자를 가지고 있다.

안정된 한국 생활

처음 한국에 나와서부터 지금까지 쭉 한 곳에서만 일을 했다. 그래서 모두 놀란다. 나처럼 한 회사에만 다니는 사람들이 거의 없다. 1996년부터 계산하면 15년이 넘는 것이다. 회사 파견으로 중국에 있는 청도 회사에 네 번 다녀오기도 했다. 대부분 한 동안 일하다 다른 곳으로 옮기는 경우가 있는데 나는 계속 한 곳에만 있으면서 옮긴 적이 없다. 기술을 한번 배우게 되니 계속 한 곳에 있게 되었다. 회사에서 대우도 잘해준다. 기술이라는 것은 참 무서운 것이 내가 배운 다음에는 다른 사람한테 함부로 배워주면 안 된다. 일을 하고 있다가도 다른 사람이 들어오면 나는 하던 일을 중단한다. 내 자리는 내가 지켜야 한다. 내가 힘들게 배웠기 때문이다.

내가 하는 일은 바로 금, 은, 동, 니켈, 파라듐과 같은 귀금속을 분리해내는 일이다. 약품으로 하는데 기계약품투입이 중요하다. 나는 순도만 주요하게 잘 뽑아내면 된다. 같은 금이라도 금의 순도에 따라 99%, 99.9%, 99.99% 이렇게 모두 분리해야 되는데 기술이 있으면 가능하다. 금은 등급에 따라 1, 2, 3등급으로 나뉘게 되고 은 역시 좋고 나쁜 것으로 나뉘게 된다. 금과 은 같은 경우 제일 좋은 등급은 전자제품에도 쓰이게 되는데 특히 항공첨단분야에는 99.99% 순도의 금을 사용하게 된다.

첫 한국 생활은 너무 좋았다. 회사에서 보내주었기에 바로 회사 기숙사에서 생활할 수 있었고 회사에서 먹고 자고 출근하여 내 돈이 들어가는 것이 하나도 없었다. 회사가 중소기업이라 회사에 다니고 있는 동안에는 해줄 수 있는 모든 것은 100% 해줬다. 치약, 비누, 세제 같은 것도 주고 아침, 점심, 저녁을 제공해주고 작업복도 깨끗하게 해준다. 내가 좋은 회사를 만난 것이다. 그런 것에 비하면 엄청 고생을 한 사람들이 많다. 내 친구들을 보면 컨테이너박스에서 잠을 잔 친구도 있는데 내가 있는 곳에 와 보고는 어떻게 이런 곳이 있을 수 있냐며 부러워한다. 아침도 스스로 해먹어야 하는 사람들과 달리 나는 회사를 잘 만났다. 나는 9시 출근, 6시 퇴근 전부 정각이다. 혹시 연장 근무를 하게 되면 시간 외 수당을 받는다.

한국은 자본주의체제이고 청도나 이런 곳은 그래도 아직 옛날 사회주의집단경제제도가 남아 있다. 점차적으로 많이 개방이 되긴 했지만 중국에서 온 조선족들이나 중국 청도에 남아있는 사람들을 보면 아직도 옛날 집단체제 사상이 많이 남아있다. 무엇을 안 해주면 국가를 원망하고 단위가 해체되면 무조건 이때까지 내가 적은 임금을 받으면서도 일을 했는데 왜 안 해주냐고 따지는 사람이 많다. 여기는 자본주의체제라서 중국의 사회주의체제와는 다르다.

중국은 하루가 다르게 변하는 것 같다. 1998년에 중국에 갔을 때 내가 하고 싶은 일을 못하고 다시 회사로 왔다가 2005년에 연길에 간 적이 있다. 나는 원래 연길에 가는 것을 싫어하는데 그때 가보니 굉장히 많이 변해있었다. 청도도 천지개벽을 한 것처럼 많이 변했는데 2005년의 연길은 형편없이(굉장히) 많이 변했다.

평소에 주말이 되면 나는 등산을 자주 간다. 우리 동네 산에도 가고 수도권에 있는 청계산, 북한산, 도봉산 등 곳에 우리 교포들이 다니는 등산팀이 있는데 그들과 함께 등산을 한다. 등산을 자주 다니게 되면 건강해진다. 등산카페를 통해 이들과 알게 되었다. 내 나이에 컴퓨터를 하는 사람들이 드문데 나는 컴퓨터를 통해 이 등산카페를 알았다. 가보면 모두 나보다 젊은 사람들이다. 책을 읽고 등산하는 것 외 주말에 크게 하는 일이 없다. 중국에 있을 때에는 출장 때문에 이우, 광주, 북경, 천진에 가본 적이 있다. 한국에서는 평택, 대구 등 지역에 출장을 다녀온 적이 있고 관광은 경주 불국사만 가보았다. 아직 제주도에도 가보지 못했다.

지금 같아서는 퇴직할 때까지 현재 회사에 계속 다니고 싶다. 퇴직금을 받고 회사를 그만두게 되면 고향인 연변으로 가고 싶다. 청도는 그때 돈을 벌려고 간 것이다. 여기도 마찬가지다. 그때 가봐야 알겠지만 퇴직한 후에 연변에 가게 되면 청도에서 하려고 했던 일을 다시 도전해보려고 한다. 내가 생각했던 일은 언제라도 할 수 있는 것이다. 꿈은 아직 버리지 않고 있다.

꽃망울회

중국에 갔다가 한국 회사에서 다시 오라고 하여 9개월 후에 또 한국에 오게 되었다. 그때가 1999년인데 당시 한국의 모 방송사 프로그램인 '사랑의 리퀘스트' 몇 주년 기념행사라고 연변에서 축사를 보내온 적이 있었다. 연변에도 비슷한 '사랑으로 가는 길' 프로그램이 있다는 내용의 축사를 보낸 것이다. 그것을 보고 시작을 하려고 했지만 그때만 해도 이런 단체가 없어 인터넷 사이트를 뒤지다가 2000년쯤부터 시작된 '꽃망울회'라는 단체를 알게 되었고 그 뒤부터 직접 참여를 하였다. 직접 참여를 하면서 보니 같은 마음을 가지고 있어도 조선족들은 이방인이라서 관심이 있는 사람들이 관리를 할 수 없었고 또 각자 일하는 직장이 달라 중국에서 말하는 단위가 없어 조직 체계가 형성되지 못한 것을 발견하였다. 이런 사람들을 묶는 관리 체계가 따라가지 못한 것이다.

초창기 때 우리가 하고 있는 일에 참여하는 사람들이 꽤 많았다. (한국에) 나와서 일하는 사람들을 보면 모두 흩어져 일하고 있기 때문에 무슨 일이 있다고 하면 교회와 같은 곳에 모이기도 하지만 지금의 우리는 아직 전문적인 조직화 체계를 갖추고 있지 못하다. 관리가 따라가지 못하는데 제일 큰 흠이 사무실이 없는 것이다.

이림빈 씨가 운영하는 '한마음협회'는 지금 참여하는 사람들이 엄청 많다. 왜냐면 한국에 나와 조직(소속)이 없던 사람들이 그런 조직에 나가 활동에 참여하는 것이기 때문이다. 또 그런 곳에서는 체육대회, 운동대회 같은 것을 많이 조직한다. 우리는 이런 조직을 못 만들고 있는데 우리 가운데 다는 아니더라도 1/3의 사람들만 이런 마음이 있으면 체계가 형성될 수 있는 것이다. 체계를 세워 조직적으로 활동을 해줄 사람이 '꽃망울회'에는 아직 없다. 지금도 온라인을 통해 가끔씩 활동을 조직한다.

회사 생활은 특별히 재미있는 일은 없고 조선족 단체들이 모임을 가질 때 놀러 다녔다. 젊은이들이 '꽃망울회'를 한다고 하니 참 훌륭하다고 생각되었다. 젊은이들한테서 들을 수 있는 이야기도 있고 여기에 나와 있는 유학생들과 어울리면서 그들이 하는 이야기와 가지고 있는 생각들이 내 마음에 들어 자주 만나러 다녔다.

내가 지금 '꽃망울회' 이사를 맡고 있는데 후원을 받고 있는 학생은 연변에 제일 많다. 그 다음이 흑룡강성과 료녕성의 학생들이다. 제일 처음 '진달래마을'이 나오기 전에 '꽃망울회'의 후원을 받은 학생들의 비례가 연변, 흑룡강성, 료녕성이 각 1/3씩 차지했다. 그러다 '진달래마을'이 나온 뒤 흑룡강성과 료녕성의 회원들이 줄어들고 관리가 힘들어 연변에 집중적으로 후원하기 시작하였다. 지금은 흑룡강성 4명, 료녕성 2~3명 정도 학생이 후원을 받고 있다.

우리는 주로 생활이 어렵지만 공부는 그나마 괜찮게 하는 학생들을 후원한다. 제일 초창기에는 공부는 못해도 생활이 어려운 학생들을 도와 그들이 학교를 필업할 수 있도록 도와주는 것을 취지로 시작되었다. 나중에 보니 이제는 의무교육이기에 소학교는 다 다닐 수 있는 상황이므로 이제부터는 공부를 좀 잘하는 학생들을 선정하기로 했다.

'꽃망울회'에 가입한 회원들은 다 잘 나가고 잘 된 것 같다. 지금 비록 여기에 오지는 않지만 이미 중국에 간 사람들을 보면 자기 사업을 차리기도 하고 무엇인가 하고 있다.

희망 사항

무작정 한국에 돈 벌기 위해 온 사람들이 제일 안타깝다. 남의 말만 듣고 어디 가서 일하다가 사기를 당하기도 하고 월급도 받지 못하는 것이 안타깝다. 신문 같은 것을 통해 외부 정보를 좀 알아야 하는데 그런 것을 모르고 욕심이 너무 과한 나머지 어디에서 월급을 많이 준다고 하면 그곳에 쫓아가 일하다가 돈을 제대로 못 받는 것이다. 한국에서 일을 하려면 소양과 지식이 어느 정도 있어야 되는데 민주주의국가라고 해도 어두운 면은 있기 마련이다. 일을 하고 월급을 받지 못하는 경우가 많다.

나도 사실 공부를 하고 싶었지만 공부를 많이 못했다. 공부한 사람들의 모임에 다녀보니 역시 공부를 한 사람들은 사회 일반인들과는 다르다는 것을 알았고 유학생들에게 관심을 가지기 시작했다. 지금도 그들과 만나보면 사회 일반인들이 모여 놀러 다니는 것과는 다른 것을 느낀다. 생각, 주요 관심사 전부 다르다. 특히 사회적으로 우리 연령대의 사람들은 문화혁명 때 학교를 필업한 사람들인데 공부를 못한 사람이 많다.

중국에서 농민 생활을 하던 사람들, 공인 생활을 하던 사람들, 공무원 생활을 하던 사람들이 한국에 나와 사는 것을 보면 그들에게도 역시 차이가 존재한다. 이런 부류의 사람들을 전부 만나 보았는데 그래도 젊은 사람들의 말을 좀 들어 욕심을 부리지 말고 큰돈을 바라지 말고 적은 월급이라도 고정적인 직장 생활을 하는 것이 좋다고 생각된다. 중국의 농민공들이나 연세가 있는 분들은 나오자마자 무작정 높은 월급을 요구하는 경우가 많다. 이런 곳일수록 일하는 시간이 끊어지거나 월급을 받지 못하거나 사기를 당하는 경우가 많다. 회사 같은 곳은 월급이 적어도 오랜 시간 동안 꾸준히 다니면 달마다 월급이 나오기에 1년만 봐도 노가다(막노동)보다 낫다. 그것을 생각하지 않고 높은 월급만 바라면 안 된다.

내가 1996년에 지금의 회사에 처음 들어올 때 받은 월급은 비교적 낮은 55~65만 원 정도였다. 그러다 점차 올라 지금은 연봉이 3천만 원 정도 된다. 한국에서 일을 하다가 나이 든 사람들은 거의 다 병이 들고 힘이 들어 출국을 했다. 특히 노가다를 하는 사람들은 5년을 버티기 힘들다. 건설 공장에서 5년을 일하게 되면 병이 들 수밖에 없다. 그러면 중국에 가는데 병이 들어 돌아가면 할 일도 없고 앉아 놀기만 해야 한다. 그나마 건강을 잘 챙긴 사람들은 계속 일을 하겠지만 그게 쉬운 일은 아니다.

나처럼 한 직장에서 꾸준히 일을 하면 신체도 그리 나빠지지 않고 평균적으로 보면 월급도 오른 셈이고 4대보험 혜택도 다 받고 있기에 노후보장까지 되는 셈이다. 한국에서 퇴직금, 국민연금, 의료보험 같은 것은 무시할 수 없다. 이 모든 부분을 나는 회사에서 책임져주고 있다. 내가 이렇게 꾸준히 하는 사이 월급은 거의 5배 정도로 올랐다. 엄청난 차이가 있는 셈이다.

안정적인 수입이 있어 기부를 시작한 것이 아니고 나는 월급을 적게 받을 때에도 이미 동참을 하고 있었다. 예전부터 기부에 관심을 가지고 있었다. 지금 '꽃망울회' 사이트에 들어가서 재정보고를 살펴보면 중국과 한국의 후원금이 꾸준히 들어오고 있음을 볼 수 있다. 관리만 제대로 따라가주면 후원금은 많아질 가능성이 있다. 내가 알고 있는 회원들 가운데 자동이체로 후원금을 내고 있는 회원들이 여럿 되고 가끔 중국에 다녀오면서 중국에서 직접 학생들을 만나 상황을 전해 들은 한국인들이 우리가 하는 것을 보고 잘한다고 하면서 한번에 중국돈 2만 원을 후원금으로 내놓기도 한다. 현장에서 이런 보고를 잘해주면 큰 후원금도 받을 수 있다. 그리고 2, 3개월 전에 연길에 다녀온 어떤 분이 한번에 통장으로 100만 원을 보내온 적이 있다. 이런 회원들에 대한 지속적인 관리가 되지 못하여 후원이 끊어지게 되는 것이다. 내가 제일 개선하고 싶은 점이 바로 관리문제이다.

기쁨과 슬픔

'꽃망울회'의 일을 하면서 내가 제일 많이 보람을 느낀 일은 애를 하나 구한 것이다. 언제 한번은 조선족 애가 한족 집에 가서 머슴살이를 한다는 것을 알게 되었다. 겨울에 맨발바람으로 게사니(거위)를 몰고 다니고 그 집 허덕칸(헛간)에서 자고 그 집에서 버리는 음식물 찌꺼기를 먹는 애가 있다는 소식을 들었다. 조사를 해보니 그 아이는 그 집의 남동생이 결혼 후 애가 생기지 않아 데려다 키운 조선족 애였다. 이 조선족 애는 부모가 이혼하고 버려진 아이여서 오갈 데 없는 처지였다가 한족 집에 오게 된 것이었다.

우리가 그 애를 만났을 때까지 호구도 없는 채 한족 집에서 머슴살이를 하고 있었다. 동네 어떤 분의 제보로 이 상황을 알고 찾아갔더니 확실히 조선족 애가 맞고 또 9살이 되었는데 학교도 가지 못하고 있다는 것을 알게 되었다. 이 애를 구하기 위해 우리가 그때 당시 돈으로 7천~8천 원 정도 모금하였다. 그 애를 한족 집에서 데려오려고 하니 그 집에서 미우나 고우나 자기 집에서 키웠기에 양육비를 달라고 하여 한족 집에 4천 원을 주었고 아이의 호구를 해결하는데 3천 원 정도 들었다. 원래 돈을 들여 호구를 해결하는 것은 안 되는 일이었기에 그저 뒷돈을 주고 그렇게 넘어갔다. 그 뒤 그 애를 고아원으로 보내주었다.

그때 그 아이를 구하기 위해 연변대학과 과기대(연변과학기술대학) 학생들이 뛰어 다니며 도왔고 우리는 여기에서 모금을 하였다. 반년이 지나 연변에 있던 박 선생님이 그 애가 어떻게 지내는지 고아원에 찾아갔었는데 고아원에서 애를 만나보지 못하게 하였다. 고아원에서 애를 어떻게 교육하고 지내게 하는지 외부에서는 모르게 하려는 것 같았다. 중국에서는 언론에도 나가지 못하는 현대판 노예사건에서 우리가 애를 한 명 구한 것이다. 우리 사이트에서 그때 일이 한창 이슈가 되었었다.

그런데 한 가지 안타까운 일이 있다. 소학교 1학년부터 우리가 5년 동안 후원해주던 아이가 집에서 밖으로 나가 얼어 죽은 일이 발생했다. 그 집은 부모들이 문제였다. 이 아이는 부모가 아닌 고모네 집에서 살았는데 어렵게 살다 보니 애가 쏠락거리기(말썽부리기) 좋아했는데 그러다 동네 다른 집에서 물건을 훔친 것이 발각되었다. 집에서 욕을 먹고 쫓겨났는데 집 나간 후에 금방 애를 찾으러 나가야 되는데 애를 제때에 찾지 않아 애가 허허벌판 논밭에 엎드려 얼어 죽은 채로 발견되었다.

한 달이 지나서야 애를 찾아 나섰는데 그때는 이미 애가 논밭에서 쥐에게 뜯기고 까마귀에게 뜯긴 상태가 되었다. 그것도 현지에 있는 박 선생님이 애 찾으러 다니라고 재촉해서야 찾은 것이다. 때문에 관리소홀이 문제라는 것이 발견되었다. 한 달에 한번씩은 애들과 연락을 가져야 하는데 그렇지 못하다. 박 선생님이 그 집에 찾아가 애가 집을 나간 상황을 전해 듣고 파출소에 신고를 했고 파출소에서 명동에 알려 명동 사람들이 애를 찾아 나섰는데 발견되었을 때는 이미 논밭에서 죽은 상태였다. 이 일로 엄청 충격을 받았다. 우리 가운데 특별회원이 후원하던 애였다. 연변쪽에는 이 외에도 별난 일이 참 많았다.

자식 농사

2005년에 연길에 간 이유는 아들의 대학시험 준비 때문에 연길에 갔었다. 원래는 집에 1년씩 가 있지 못하게 되어 있는데 대학시험을 앞둔 아들이 학교에서 성적이 맹꼴(꼴등)이라서 어쩔 방법이 없었다. 연변1중에 붙을 때에는 좋은 성적으로 붙었는데 반에서 성적이 맹꼴이라는 소리에 바삐 준비하여 1년 동안 집에 가있어야 되겠다고 생각한 것이다. 1년 동안 집에 가 있으면서 거의 매일 아들과 싸우다 시피 하여 겨우 대학에 붙게 하였다.

그때 나는 다른 방법이 없고 이 회사를 그만두더라도 가야 된다고 했다. 애를 대학에 붙이고 봐야 할 일이지 애가 대학에 가지 못하면 내가 어떻게 해야 되는지 모르겠다고 하자 회사에서도 휴직 허락을 해주었다. 무엇보다도 자식 농사가 잘되어야 한다. 웬만해서는 1년씩 휴직 기간을 주지 않는데 좋은 회사라 그런지 허락을 해주었고 또 내가 기술직이라 기술인원을 놓치고 싶지 않아서 편의를 봐준 것 같다.

아들은 지금 대구에서 학원에 다니고 있다. 중국에 일이 생겨 가야 되면 회사에서 휴가를 준다. 1년에 쓸 수 있는 연차가 열흘인데 2년 이상이면 하루씩 추가된다. 3년째부터는 11일, 4년째부터는 12일 이렇게 된다. 나는 이제 회사에서 일을 한지 오래 되어 연차를 1년에 20일씩 사용할 수 있다. 나는 내가 쉴 수 있는 날을 다 사용하지도 못한다.

III

위명여권

1. 남조선은 못 사는 동네라 생각했었다*

1949년 화룡현 팔가자(八家子)에서 태어나 화룡에서 중
학교를 다녔다. 농촌호구에서 공인호구로 바꾸고 도시
의 공장에서 일했는데 공장이 파산되면서 생활이 어려
워졌다. 남조선은 못사는 동네라고 전달했던 신문기사
와 달리 90년대부터 한국에 갔다가 돈 벌어서 돌아와
잘사는 주변 사람을 보고 그의 생각은 바뀌었다. 브로커
를 통해 위명여권을 받은 그녀는 입국하여 불법체류가
되었다가 2008년 재입국을 하여 현재 한 가정에서 두
아이를 보고 있다.

L씨(중국 국적)

가족

나는 1949년 8월 14일 팔가자에서 태어났고 화룡에서 초중까지
다녔다. 형제 관계를 보면 내가 제일 크고 아래에 남동생 3명 있다. 동
생들은 다 중국에 있는데 2명은 공무원이고 나머지 1명은 현재 단동에
서 북조선 무역을 하고 있다. 그리고 아버지도 예전에 고향의 소학교

---

* 면접 일시: 2011년 11월 20일(1차), 2012년 1월 20일(2차)
　면접자: 최영춘

에서 교장을 하고 계셨기 때문에 중국에 있을 때 고생을 거의 하지 않았다. 형제들 중에서도 지금 나만 이렇게 살고 있고 나머지 동생들은 다 잘 살고 있다.

내가 어릴 적에는 문화대혁명이 터지기 전인데 북경에 모주석 만나러 가기도 했다. 당시 초중 2학년이었는데 마지막 접견이어서 특별한 선발 조건이 없었고 가고 싶은 사람들은 다 갈 수 있었다. 그래도 북경으로 가려면 돈이 있어야 하니까 집에 돈이 있는 애들이 대부분 갔다. 그리하여 먼저 차를 타고 장춘까지 갔다가 장춘에서 다시 기차 타고 북경까지 갔는데 기차에 사람이 너무 많아서 화장실도 갈 수 없는 상황이었다. 그렇게 1박 2일 동안 기차를 타고 북경에 도착하니 온몸에 기운이 빠질 지경이었다. 북경에 도착해서 어느 한 경찰학교에 있었는데 접대를 잘 해주었다. 당시에는 농촌에서 좁쌀을 먹을 때였는데 그래도 북경에서는 우리들에게 입쌀을 주었고 숙소 환경도 아주 좋았다. 북경에서 20일 동안 머물다가 나중에 모주석을 만났는데 사람이 너무 많아서 제대로 보지도 못했다.

그러다가 문화대혁명이 터져서 아버지가 소학교 교장이고 지식분자라는 이유로 투쟁을 받았고 집 식구들도 따라서 많은 고생을 하였다. 당시 살고 있던 집의 벽에는 대자보로 채워졌다. 아버지가 교장으로 계시던 그 소학교의 전임 교장이 태극기를 보관하고 있었는데 인계할 때 그 것까지 같이 인계 받았다. 물론 아버지는 인계 받은 물건 안에 태극기가 있는 것을 모르고 있었다. 그 이유로 남조선 특무라고 모함 받았다. 당시 아버지가 투쟁을 받았기 때문에 나를 어느 조직에서도 받아주지 않았고 날마다 피해 다니기 바빴다. 나는 반에서도 홍위병에 제일 먼저 가입했고 제일 잘 나갔었는데 갑자기 아버지가 투쟁을 받게 되니 어린 마음에 아버지가 차라리 일반 농민이면 좋았을 것인데 괜히 교장을 하셔서 이렇게 고생을 하고 있다고 아버지를 원망하기도 했다.

문화대혁명에 대해 다들 모택동 때문이라고 하는데 나는 모택동은 나쁜 사람이 아니라고 생각한다. 한국에 와서도 예전에 일하던 가정집의 할아버지가 예전에 경찰로 계시던 분인데 하루는 중국 얘기를 하시다가 모택동의 나쁜 말을 하셨다. 처음에는 그러려니 했는데 계속 그 얘기를 하시니 화가 나서 모택동이 중국을 해방하고 가난한 사람을 해방시켜줬기 때문에 중국이 지금처럼 잘 살고 있는데 왜서 모택동을 욕하냐고 한마디 했더니 그 할아버지가 오히려 아줌마가 무엇을 아는가 하고 화를 내시는 것이었다. 그렇게 그 할아버지와 한 판 싸우고 혹시 그 할아버지가 내가 불법으로 있는 것을 신고할까 봐 그 집에서 나왔다. 나는 지금도 모택동은 나쁜 사람이 아닌데 문화대혁명은 잘못된 것이라고 생각한다.

문화대혁명이 끝나고 아버지도 다시 교장으로 복직하셨고 나는 어머니와 남동생과 함께 농촌에서 일을 하였는데 당시 일하던 대대가 수입이 좋아서 돈도 많이 탔다. 때문에 가정 형편은 좋은 편이었고 당시 촌에서도 제일 좋은 집에서 살고 있었다.

한국에 오게 된 계기와 과정

나는 용강으로 시집을 와서 채대에서 일을 하였고 남편은 학교의 선생님이었는데 바로 개혁개방을 할 시점이었다. 개혁개방을 하기 전에는 집체로 같이 일을 하고 같이 나누다 보니 사람들도 일을 제대로 하려 하지 않았고 생산량도 얼마 되지 않았다. 그런데 개혁개방을 하면서 모두 개인의 땅으로 나눠주었기 때문에 생산량도 많아졌고 수입도 따라서 증가하게 되었다. 개혁개방의 좋은 점을 바로 느끼게 되었다. 당시만 해도 나는 농촌호구로 있었는데 아버지가 복직하게 되자 서류를 만들어 가지고 공인호구로 바꾸고 도시로 이사하였고 농사일을 그만 두고 공장에서 일하게 되었다.

그렇게 공장에서 일을 하다가 그 공장이 파산되어서 여기 저기 다니면서 가정집 일도 하고, 호텔에서도 일했는데 모은 돈으로 집을 사고 나니 600원밖에 안 되는 월급으로 생활하기 어려워서 돈 벌려고 2003년에 한국행을 결심하게 되었다. 한국이라는 나라를 알게 된 것은 신문을 통해서이다. 당시에는 남조선이라고 불렀는데 신문기사에 따르면 한국은 못 사는 동네라고 생각했었다. 그런데 90년대부터 주위의 사람들이 한국에 갔다가 돈 벌어서 돌아와서 잘 사는 모습을 보고 한국이라는 나라가 중국보다 잘 살고 한국에 가면 돈 벌 수 있겠다고 생각을 바꾸고 한국에 오기로 마음을 먹었다.

그리하여 아는 친구한테 부탁을 했더니 이틀이 지나서 그 친구로부터 며칠 후에 바로 심양으로 떠나야 된다고 연락이 왔었다. 당시 나는 팔가자에 있는 본가집에서 회칠을 하고 있었는데 전화를 받고 부랴부랴 모든 일을 제치고 주변 사람들에게 연락을 해서 돈을 마련하였다. 당시 한국에 오면서 중국 돈으로 7만5천 원을 썼는데 나는 그렇게 많은 돈이 없어서 밤새도록 뛰어 다니면서 하룻밤 사이에 그 돈을 다 마련하였다.

당시 한국 비자는 브로커들이 다른 사람의 이름으로 된 여권으로 받은 3개월짜리 비자이기 때문에 아무한테도 얘기하면 안 된다고 해서 형제들에게도 알리려고 하지 않았다. 그런데 아들이 내가 이렇게 한국에 가면 언제 돌아올지도 모르니까 그래도 할머니께는 알려 드려야 되지 않냐고 해서 어머님께 알려드렸다. 그랬더니 형제들이 다 알고 떠나는 날에 기차역에 배웅하러 나와서 이것저것 물어보는데 그래도 알려 주지 않았다. 그렇게 연길에서 기차 타고 심양에 도착하여 브로커들을 따라서 한 가정집에 도착하였는데 그 집안에는 서른 명 정도의 사람들이 기다리고 있었다. 알고 보니 그 사람들도 모두 나처럼 한국에 돈 벌러 가는 사람들이었는데 그 사람들 중에서 한 명씩 보내는 것이었다. 거기에는 20날~1달씩 있는 사람들도 있었는데 브로커들이 나를 보더니 내일 바로 출발하자고 하였다. 그리하여 여권상 사람의 나이와 맞게 머리를 하얗게 칠하고 광주로 떠났다.

광주에서 출국 수속할 때 가지고 있는 여권이 다른 사람 이름에 다른 사람 사진이라서 조마조마하고 있었는데, 다행히 공항 사람이 나를 보지도 않고 출국 도장을 찍어 주었다. 광주에서 한국까지 비행기로 4시간 정도 걸리는데 4시간 내내 너무 속을 조이면서 이 생각 저 생각

굴리다 보니 그 4시간이 40시간처럼 느껴졌고 비행기에서 내릴 때 허리가 아플 지경이었다. 한국에 도착한 후 입국 심사할 때도 가짜 여권이 걸릴가봐 조마조마하고 있었는데 다행히 한국 측에서도 나의 얼굴을 보지도 않고 그냥 도장 찍어주었다. 도장을 받고 공항을 나오니 다리에 힘이 풀려 그냥 아무 생각 없이 그 자리에 주저 앉았다. 그렇게 우여곡절 끝에 한국에 도착하게 되었다. 지금 생각 해봐도 난 운이 좋은 것 같다. 당시 여권의 사진이 나의 사진이 아니었기 때문에 아무리 비슷하게 화장을 한다고 해도 꼭 티가 날 것이고, 또 그때 여권에 본인의 사진을 붙이고 와도 들통이 나서 중국에 돌아간 사람들도 많았었다.

2008년에 정책 때문에 중국에 돌아 갈 때도 운이 계속 따라주었다. 당시 나를 포함하여 4명이 같이 상해로 가는데 출국 심사할 때도 공항 사람이 본인 맞는가라는 물음에 그냥 아무 생각 없이 맞다고 대답을 했더니 말없이 도장을 찍어 주었다. 그런데 일행 중 한 아줌마는 여권에 본인의 사진을 붙였음에도 불구하고 가짜 여권임이 발각되어 출국거부를 당하였다. 그리하여 그 아줌마는 본인의 이름으로 여권을 다시 만들고 80만 원 벌금을 하고 15일 후에 중국에 돌아갔다. 집으로 돌아간 다음 당시 나의 나이가 61살이어서 나의 이름으로 여권을 만들고 H-2 비자를 받고 다시 나오게 되었다.

한국 생활

처음 한국 올 때 불법이라서 숨도 크게 못 쉬고 살았다가 5년 후에 중국에 돌아가면 불법을 합법으로 인정해 주는 정책이 있어서 중국에 돌아갔다가 다시 비자를 신청해서 한국에 왔다. 원래 나 같은 사람들은 다시 올 수 없었는데 그래도 운 좋게 기회가 돼서 오게 되었다. 지금은 합법적으로 H-2비자를 받고 한국에서 생활하고 있는데 이제는 나이도 되고 하니까 F-4비자를 신청하려 한다. 이제 중국에 돌아가면 더 이상 일을 하지 않고 손녀나 보면서 가끔씩 한국에 놀러 오려고 F-4 비자로 바꾸려고 한다.

한국에 처음 왔을 때, 아들이 한국에 아는 사장이 있어서 대구에 있는 찜질방에서 2달 있으면서 월급 120만 원씩 받았다. 그런데 그 찜 질방이 경기가 좋지 않아서 결국 서울에 올라와서 모텔에서 방 청소하는 일을 2달 했다. 당시 모텔에서 흑룡강 아줌마와 나 둘이서 하는데 그 아줌마가 먼저 했으니까 당연히 나보다 우세가 있고, 또 너무 시끄러워서 그 일도 그만 두었다. 때마침 아는 사람 소개로 의정부 근처에 애를 보는 집이 있어서 그 집에 가서 4살짜리 애를 봐줬다. 낮에는 애를 유치원 보내고 시간이 남으니까 놀러도 다니고 한 달에 100만 원씩 받으면서 2년 동안 했다. 그런데 그 집에서 애 엄마가 애를 버리고 도망갔었다. 내가 애를 잘 봐줘서 그런지 애기가 엄마가 없어도 울지 않았다.

지금 일하고 있는 집의 큰 애가 5살이고 작은 애가 7개월 되는데 말을 듣지 않는다. 그렇다고 다른 사람의 자식을 욕할 수도 때릴 수도 없다. 한국 사람들이 애를 키울 때 욕을 거의 하지 않는다. 중국에서는 애가 잘못하면 제때에 단속을 하는데 한국의 어머니들은 말을 하지 않고 애들이 원하는 것을 다 해주기 때문에 나는 가정부의 입장으로서 애들을 보는 것이 너무 힘들다.

내가 한국에 나오면서 중국 돈 7만5천 원이란 빚을 안고 왔기 때문에 그때 받은 월급은 달마다 빚을 갚느라고 한 달 전화비 2만 원만 빼고 사장이 직접 중국에 보냈다. 그러다 보니 손에 돈을 쥐고 있은 적도 없었고 월급을 받는 느낌이 어떤지도 몰랐다. 쉬는 날이 없이, 일년에 설날 당일만 쉬고 매일 가정집에서 일을 하고 있으니까 돈 쓸 일이 거의 없었고 또한 당시 불법으로 있다 보니 중국에 전화도 편하게 못했기 때문에 핸드폰 요금도 얼마 들지 않았다. 나는 중국에서도 큰 고생을 하지 않았기 때문에 처음 한국 와서 이렇게 돈 벌고 있으니 진짜 많이 힘들었지만 내가 올 때 빚을 지고 왔기 때문에 그 빚을 벗지 못하면 집 식구들이 다 망한다고 생각하고 열심히 돈만 벌었다. 그렇게 돈을 벌어서 빚을 다 갚으니 숨이 탁 트이는 기분이었다. 빚을 다 갚은 다음에는 아들한테 돈을 보내서 아들이 중국에서 집을 사고, 그 후 환율이 내려가자 한국에 저축하여 두었다가 조금씩 보내 주었다.

2008년에 중국에 갔을 때 다시는 한국에 돌아오지 않으려고 했는데 다시 생각해 보니 중국에서 할 일이 없었다. 일을 하지 않고 그냥 돈만 쓰려고 하니 그 것도 아니었다. 그리하여 다시 마음을 다잡고 한국 비자를 신청해서 한국에서 일을 하게 되었다. 그래도 두 번째 나올 때는 처음처럼 빚을 지고 나온 것이 아니었고 또한 합법이기 때문에 처음에 나올 때처럼 마음고생을 하지 않았고 돈만 바라보고 살지 않았다.

지금 한국에 친척들도 많다. 그래서 설이면 친척들 같이 모이곤 하는데 예전에 중국에 있을 때와 비교도 안 된다. 중국에서는 친척들이 모여서 밤을 새면서 노래도 하고 춤도 추면서 노는데 한국에서는 설이 되면 모이지만 힘들게 돈 버느라 그런 기분도 나지 않고 모이면 힘든 얘기만 하기 때문에 명절이라도 명절 같지 않다.

그리고 여기에 지금 친척이 많다고 해도 다 사촌들이고 나의 친 형제들은 한국에 한 명도 없다. 비록 사촌들이라서 먼 친척들도 아니고 잘 대해 주는데 그래도 왠지 허전한 느낌이 들 때가 많다. 예전에 남편이 한국에 와서 일하면서 2년 동안 같이 있었을 때가 좋았는데 지금은 남편은 중국에 돌아갔다. 나는 외로움을 많이 타는 것 같다. 처음 한국에 왔을 때도 서울이 아닌 대구에서 일을 하다 보니 주위에 아는 사람이 한 명도 없고 집 생각도 많이 나고 하니까 얼마나 울었는지 모른다. 지금은 사람들이 한국에 나온다고 하면 여기서 공항으로 마중 가는 사람이 있고 집까지 맡아주는 사람도 있는데, 나는 모든 것을 혼자서 이겨내야 했으니 참으로 힘들었다.

지금까지 한국에서 생활한지도 거의 10년이 되어가는데 제일 힘들었던 점은 먹는 것이다. 가정집에서 일을 하다 보니 아무리 부잣집이라도 먹는 것 때문에 많이 힘들었다. 그것과 비교하면 중국은 완전히 부자라고 할 수 있다. 가정집 주인들이 잘 대해 주고 먹으라고 하는데 솔직히 먹을 것이 없다. 예전에 공덕의 한 집에서 가정부로 있었는데 그 집도 남편이 치과를 운영하고 있어서 한국에서도 잘 사는 집이었다. 하루는 갈치를 구워 먹게 되었는데 나보고 많이 굽지 말라고 하는 것이었다. 갈치 한 점을 구우면 애기 아빠가 먼저 한 쪽을 먹고 반대쪽은 애가 먹고 나면 내가 먹을 것이 뭐가 있겠는가. 그 동안 한국에서 너무 먹지 못해서 2008년에 중국 갔을 때에는 거의 매일마다 고기를 먹은 것 같다. 지금은 너무 먹지 않아서 오히려 고기를 먹고 싶은 생각이 없다. 여기 나와서 가정집에서 일하는 사람들을 보면 모두 먹는 것 때문에 고생을 많이 한다.

가끔씩 채소를 사라고 주인이 봉투에 5만 원씩 넣어준다. 그런데 애가 혹시 병이 들면 내가 애를 업고 병원에 가야 되는데 그 돈을 쓰고 나면 채소를 살 돈이 없다. 그래도 한 달에 5만 원씩 맞추려고 머리를 굴려서 장을 본다. 주인이 돈을 줄 때는 항상 돈을 다 쓴지 오랜 시간이 지난 후이다. 돈을 쓸 때마다 장부에 기록을 다 하고 있기 때문에 그 장부를 보고 돈을 미리미리 챙겨 주었으면 좋겠는데 계속 며칠 지난 후에 주니까 내가 조절해서 쓰는데 너무 힘들다.

지금 와서 돌이켜 보면 힘들 때마다 귀인이 나타나는 것 같다. 예전에 한 식당에서 하루 동안 일을 하였는데 설거지가 너무 많아서 힘들어 하는 것을 보고 그 사장님이 나를 다른 곳에서 쉬운 일을 찾으라고 하시면서 하루의 일당보다 더 많은 돈을 주셨고 차로 전철역까지 태워주시면서 아줌마 꼭 성공해서 돌아가라고 하셨다. 다른 사람들은 몇 달씩 일을 해도 마지막에 돈도 제대로 못 받고 나왔는데 나는 지금까지 돈을 받지 못한 적이 없다. 또한 가정집에서 일을 하면서도 지금까지 집주인한테서 구박을 받지 않았고 잔소리도 들은 적이 없다. 내 주위의 친구들을 보면 집 주인의 잔소리 때문에 스트레스를 받고 음식을 먹어도 자기들끼리만 먹고 완전히 머슴으로 취급 받는 사람들도 많다. 거기에 비하면 나는 참 운이 좋은 것 같다. 또한 한국에 있으면서 나는 한국에서 구경할 곳을 거의 다 구경하였고 이제 제주도만 남았다. 한국에서 처음으로 애기를 볼 때, 그 집에서 주인들이 휴가철이면 여행을 다니는데 갈 때마다 나도 데리고 같이 가곤 했다. 내가 애를 잘 보니까 나를 데리고 가면 그 사람들도 놀기 편해서 나를 데리고 가는 것 같다. 덕분에 한국의 이곳 저곳 많이 다녔다.

여기서 일하는 사람들이 모두 그렇듯이 한국에서 일주일 동안 일하고 쉬는 날만 오면 나는 날아다닐 것만 같다. 쉬는 날에는 특별히 하는 것도 없지만 평소에 일을 할 때 워낙 주인들의 눈치를 많이 보고 이것저것 다 맞춰주다 보면 쉬는 날이 얼마나 좋은지 모른다. 그래서 쉬는 날만 되면 나는 계속 먼저 예정 시간보다 일찍 나온다. 물론 주인집에서는 돈을 주는 입장이라서 좋아하지 않을 수 있겠지만 그래도 나는 모른척하고 일찍 나온다.

어떤 사람들은 한국에서 그냥 살고 싶다고 하는데 나는 돈을 벌고 있기 때문에 한국에 있지 계속 집 생각나고 먹는 것 때문에 한국에서 살고 싶은 생각이 없다. 중국에서는 먹고 싶은 것을 다 먹고 하고 싶은 것을 다 하고 살고, 또 한국보다 좋은 집도 있으니까 살기 편한데 한국은 그렇지 않다. 내가 처음 애를 보는 집에서 식당을 운영하고 있었는데 아침에 애를 유치원에 보내고 나면 할 일이 없어서 가끔씩 식당에 가서 일을 도와주었다. 당시 식당에 한국 아줌마 한 분 계셨는데 무슨 일이 있어도 사장님하고 직접 얘기를 못하고 내가 일을 잘하고 말을 잘해서 사장님이 나를 좋아한다고 자꾸만 나보고 얘기해 달라고 하는 것이었다. 나는 처음에는 무엇 때문에 본인이 직접 얘기를 못하는가 하고 생각하고 있었는데 나중에 알고 보니 한국의 직급관계 때문이었다. 나는 중국에서 아무리 높은 간부라고 해도 할 말은 다 하면서 살았는데 한국 사람들은 자기 사장님에 대해 하고 싶은 말도 못하고 사는 것이 참으로 이해가 안 간다.

물론 한국이 깨끗하고 사람들도 소질이 높고 말도 잘하고 예절도 바르다. 내가 지금 보고 있는 애기가 금방 말을 배우기 시작했는데 부모님들이 아침에 출근할 때면 배꼽인사를 꼭 한다. 그리고 혹시 엘리베이터에서 어린 애들과 부딪쳐도 꼭 인사를 한다. 이런 예절 교육은 중국이 한국으로부터 배워야 된다고 생각된다. 그런데 남편이 중국에 계셔서 그런지는 모르겠지만 나는 한국에 애착이 가지 않는다. 이제는 나이도 많아서 손발도 말을 듣지 않고 일도 점점 하기 힘들어지고 돈도 어느 정도 벌었기 때문에 중국에 돌아가면 가끔씩 한국에 놀러 오는 경우를 제외하고는 돈을 벌기 위해 한국에 오지는 않을 것이다.

2. 나는 지금까지 계속 불법으로 있다[*]

C씨는 1983년 길림성 훈춘(琿春)에서 태어나 남편과 같이 용정에서 10년 동안 생활하다 다시 훈춘으로 갔다. 가정의 경제 상황이 나빠져서 1996년부터 국경무역인 러시아 장사도 해 보았다. 중국 해방 이후 만주에서 친일파 숙청을 할 때 남한으로 내려온 삼촌을 통해 한국과 중국이 수교했다는 사실을 알게 되었고, 러시아 장사도 잘 되지 않아 한국인 브로커를 통해 위명여권으로 한국에 입국하였다. 불법체류 자진출국 프로그램이 있었지만 중국에 들어갔다가 다시 나올 수 없을 것 같아 지금도 불법체류 상태로 생활하고 있다.

C씨(중국 국적)

나와 가족

나는 1957년 훈춘에서 태어났다. 1983년에 남편이 용정으로 조동되어서 용정에서 10년 있다가 1993년에 다시 남편 따라서 훈춘에 돌아갔다. 그리고 줄곧 훈춘에 있다가 가정의 경제 정황이 좋지 않아서

---

[*] 면접 일시: 2011년 11월 19일(1차), 2012년 1월 10일(2차)
　면접자: 최영춘

1996년에 러시아에서 2년 반 동안 장사를 했다. 지금은 서울에서 남편하고 딸하고 사위와 함께 살고 있다. 동생이 2명 있는데 지금 모두 한국에 있고 여동생은 식당 일하고 있고 남동생은 회사를 다니고 있다. 한국에는 2004년 4월에 왔는데 당시 3개월 친척방문비자로 머리를 바꿔서 왔고 지금까지 계속 불법으로 있다. 그리하여 쉬는 날에도 어디를 다니지 못하고 계속 집만 있었다.

내가 소학교 3학년 다닐 때 중국에서 문화대혁명이 일어났다. 나는 어려서 몰랐는데 웃학년 오빠들이 와서 너희들이 어떻게 해라고 하니까 나는 처음에 그냥 따라서 했다. 당시에 무슨 조직이었는지도 모르고 그냥 저녁이면 모여서 연출하였다. 내 생각에는 문화대혁명도 처음에는 좋은 의미에서 나온 것 같다. 모여서 노래하고 당에 충성하는 춤도 추었고, 경로원에 다니면서 노래도 해주고 춤도 추었는데 4학년에 올라가니까 패싸움이 일어났다. 그런대로 공부는 대충 했고 방학이면 모여서 방학숙제도 하고 소조공부도 하였다. 소학교 5학년 때 봄이면 농촌에 가서 기음을 매고 볏모도 했고, 4계절 계속 농촌에 지원을 내려갔다.

여기서 생각나는 에피소드가 하나 있는데 내가 소학교 때 일이다. 그때 오전에는 忆苦思甜(쓰라린 과거를 회상하고 오늘의 행복을 생각하다)을 했고 오후에는 지식분자를 타도하는 운동을 했다. 어느 날 나를 가르치던 한어 선생님을 타도하라고 했다. 그 한어 선생님이 목에 패말를 걸고 교실에 들어 왔는데 너무 불쌍하게 여겨졌다. 공부도 잘 배워주고 마음도 착하고 애들도 잘 관심해 주었는데 도대체 무엇을 잘못 했기에 이렇게 타도를 해야 하는지 알 수가 없었다. 어떤 애들은 눈물을 흘리고 있었고 나는 당시 울었는지 기억이 나지 않는다. 결국 그 선생님은 투쟁을 받다가 죽었다. 지금도 당시의 기억이 생생하다.

당시에는 세 개의 파가 있었는데 827은 무기로 행세를 했고 조반대군(造反大军)은 지식분자들을 타도하고 연군(联军)은 그런 지식인을 보호해 주는 파였는데 나중에는 연군이 모든 바가지를 썼다. 당시 나의 어머가 연군이었다.

문화대혁명 시기에는 다 같이 못사니까 잘 사는 것을 부러워 한적도 없었고 맨날 감자에 옥수수를 먹어도 내가 못산다는 불만도 없었다. 문화대혁명이 끝나고 개혁개방을 하자 어머님도 출근하고 나와 동생들도 출근을 하니까 생활이 자연히 좋아지게 되었다. 개혁개방을 거쳐서 경제적으로 많이 좋아졌지만 인심은 오히려 문화대혁명 시대보다 못한 것 같다. 지금은 밖에 나가도 사람을 믿을 수 없고 자신의 모든 것을 헌신해서 중국혁명을 해야 하는가의 고민도 생겼다. 예전에는 공산당 따라서 혁명을 한다며 몸을 던졌고 단위에 나가서 일을 하는 것도 사회를 위해서 일을 하는 것이라고 생각했다. 그런데 지금은 충실하게 나를 위해서 일을 해야지 남을 위해서 일을 하면 살길이 없다고 생각된다. 총체적으로 보면 개혁개방이 백성들로 하여금 잘 살게 해주었지만 반면에 사회가 너무 무섭다고 느껴진다.

러시아 장사

1993년에 남편 따라 훈춘에 돌아갔을 때 남편 한 사람의 월급이 가정의 주요 수입이었고, 애가 중등전문학교에 다니고 있었기 때문에 경제 상황이 어려웠다. 남편은 직장으로부터 아파트를 탔는데 돈이 부족해서 일부 돈은 다른 사람으로부터 빌린 것이었다. 그러나 당시의 가정 형편으로는 빚을 갚기가 쉽지 않았다. 그리하여 그 집을 다시 팔고 그 돈으로 셋집을 맡고 나머지 돈으로 러시아에 갔다.

러시아에 갈 때 3개월에 한 번씩 왔다갔다하는 비자로 장사를 시작했다. 처음 러시아를 갈 때 아는 사람이 동녕(东宁)까지 데려다 주었고 동녕에서 러시아로 갔다. 나하고 친구 한 명이 같이 동녕까지 갔는데, 도착하자 우리를 데려다 준 사람이 돈 500달러를 빌려 달라고 했다. 500달러면 당시 내가 가지고 있는 전부의 돈이어서 빌려 줄 수 없는 상황이지만 나는 러시아에 대해 아무 것도 모르고 그 사람이 없으면 한 발도 나갈 수 없기 때문에 어쩔 수 없이 빌려 주었다. 다음날 아침 9시, 계획대로 해삼위(블라디보스토크)로 떠나야 하는데 돈 빌려간 사람이 돈을 주지 않았다. 후에 알고 보니 빌려간 사람이 돈을 쓴 것이 아니라 당시 우리가 든 집에 세를 내준 사람이 쓴 것이었다. 그리하여 거기에서 말시비 붙었는데 나는 이 돈이 없으면 한 발도 앞으로 갈 수 없기 때문에 그 돈을 내놓으라고 말해서 결국에는 내가 그 돈을 받았다.

그 날 해삼위에 도착했는데 말도 알아들을 수가 없고 어디가 어디인지도 알 수 없었다. 그리하여 우리를 데려다 준 사람이 아는 사람을 통해서 러시아 사람의 집에서 셋집을 구해서 하루 밤을 지냈다. 다음 날 일어나 보니 러시아에서 도착비자를 받아야 되는데 그 비용이 500달러라고 했다. 그런데 이 비용에 대해 우리를 데려다 준 사람이 사전에 아무런 얘기도 하지 않았다. 내가 가지고 있는 전 재산이 500달러라서 도착비자를 맞고 나면 일전도 남지 않게 되었다. 나중에 알고 보니 200달러면 충분한 것이었는데 사기 당한 것이었다.

그렇게 도착비자를 받고 나니 돈이 하나도 없어서 그 사람하고 얘기 했더니 그 사람이 50달러를 빌려 주었다. 그 돈으로 며칠 살다가 어느 날 장마당에 갔는데 내 딱친구를 거기서 만났고 그 친구가 100달러를 빌려주었다. 그 돈으로 우쑤리(우쑤리스크)에 새 상품을 사러 갔다. 당시 돈도 얼마 없으니까 큰 물건은 못 사고 장갑이나 목수건 같은 작은 물건을 가지고 장사를 시작 했다. 장사를 시작한 첫날, 바닥에 물건을 놓고 종이로 가격을 표시해서 매대를 만들었는데 눈보라가 몰아쳐서 물건들이 다 날아가 버렸다. 날아가 버리면 또 하나 둘씩 주어 오고 다시 배정하였는데 그날따라 장사가 유난히 잘 되어서 가져온 물건을 전부 팔았다. 내가 러시아 말도 모르니 옆에서 사람들이 도와주었다. 러시아에서 좋은 사람들을 많이 만났다. 이렇게 장사를 시작해서 3개월 만에 돈을 좀 벌어서 수분하(绥芬河)에 갔다.

수분하에서 남편을 만나서 돈을 주고 나는 또 거기서 물건을 해서 다시 러시아로 돌아갔다. 그런데 지금 와서 생각하면 내가 그 때에는 어떻게 다녔는가 싶다. 한마디로 정말 기적이었다. 당시 내 덩치보다 더 큰 가방을 4~5개씩 끌고 다녔다. 돈이 있었으면 비싼 물건 하나만 하면 물건이 크지도 않고 많은 돈을 벌 수 있었는데 당시에는 돈이 없어서 작은 물건만 하니까 무겁고 부피를 많이 차지했다. 그렇게 기차 타고 우쑤리에 가서 다시 버스를 타고 해관을 다니면서 짐을 검사 다 맞았다.

그렇게 러시아에서 2년 반 동안 있으면서 돈을 벌었는데 마지막에 러시아 루블 값이 떨어졌다. 나는 살면서 누구한테 해를 끼치지 않고 죄를 짓지 않고 사는데 그 것도 하늘이 도와줘야지 하늘이 도와주지 않으니까 어쩔 수가 없었다. 예를 들어 내가 당시 물건 한 가방을 50만 원에 외상으로 가져왔다고 할 때 이튿날 아침에 보니 250만 원이 되었다. 물건도 예전의 5배 가격으로 팔아야 하는데 가격이 갑자기 오르니까 사는 사람들이 없었다. 그리하여 남은 물건들을 포기하고 러시아 장사를 그만두고 집으로 돌아왔다.

러시아에 있는 동안 감옥까지 갔다 온 경력도 있었다. 러시아에서 3개월 비자를 맞고 장사를 하였는데 당시 비자가 여행비자라서 장사를 하면 안 되는 것이었다. 그래서 잡혀서 감옥까지 갔다. 그 사람들이 장마당에까지 와서 나를 잡아다가 법원에 가서 재판까지 받았다. 재판을 받고 감옥을 가는 도중에 나를 호송하는 경찰들이 돈을 주면 나를 풀어준다고 해서 내가 돈을 주고 풀려 나왔다.

러시아의 생활하고 지금의 한국의 생활을 비교하여 보면 러시아에서는 사람이 체력이 따라가야 되고 물건이 제때에 나가야 되고 또한 매대를 매일 맡아서 해야 하니까 혼자서 머리를 써야 된다. 한국에서는 자신의 힘으로 일을 열심히 해도 다른 사람들의 스트레스를 받는다. 한국에서는 정신적 스트레스를 많이 받는 편이다. 나는 개인적으로 러시아가 훨씬 좋다. 인간 관계, 사람, 환경을 비교하면 러시아가 훨씬 좋고 사람들도 훨씬 성실하다.

또 하나의 다른 점이라면 러시아는 자신의 힘으로 벌어서 쓰고 다른 사람한테 상냥하게 해야 팔 수 있고, 한국의 경우에는 다른 사람의 돈을 받고 일하는 상황이라서 마음가짐이 많이 다르다. 둘 중 하나를 선택하라고 하면 나는 러시아에서 살 것을 선택하겠다. 러시아는 공기도, 환경도 훨씬 좋다. 한국 사람들은 같은 민족임에도 불구하고 우리들을 많이 무시하는데 러시아 사람들은 그렇지 않다.

한국을 알게 된 계기와 입국 과정

1992년에 한국과 중국이 수교하였다는 사실을 당시에는 몰랐고 한국에 있는 삼촌을 통해서 알았다. 삼촌이 예전에 일본의 경찰학교에 다녔는데 중국이 해방되면서 친일파들을 모두 타도하자 삼촌이 두만강을 건너서 북한으로 도망갔다. 그 후의 과정은 잘 모르겠는데 나중에 남한에 정착하였고 38선이 생기게 되었다. 어느 날 그 삼촌으로부터 편지가 왔다. 그래서 한국과 중국이 수교하였다는 사실을 알게 되었다.

러시아에서 장사를 해서 처음에는 돈을 벌었지만 나중에는 러시아 국내의 문제로 장사가 안 되기 시작하였고 결국 얼마 남지 않게 되었다. 그리하여 다시 한국에 가서 돈을 벌려고 내 이름으로 비자 신청을 여러 번 하였지만 모두 거절당했고 결국에는 주위의 한국 수속을 해주는 사람한테 부탁을 해서 가짜 여권을 가지고 오게 되었다.

그 사람한테 부탁을 한지 얼마 안 지나서 한국 비자가 내려 왔다는 연락을 받고 그 사람과 같이 장춘에 여권을 가지러 갔다. 원래는 2일이면 여권이 나온다고 했었는데 도중에 탄로나서 24일 걸렸고 떠나는 날에 공항에서 그 사람으로부터 여권을 받았다. 여권을 가지고 비행기에 올라가서 혹시나 해서 여권을 펼쳐 봤더니 여권상의 사람이 외지 사람이고 한국 비자를 두 번 신청했다가 거절당한적 있었다. 한국 측에서 무엇을 물어 볼지 모르니까 이런 정보를 미리 외워 두었다.

인천공항에 도착하자 그날따라 우리를 마중하기로 한 사람이 잡혔다. 당시 나하고 다른 두 명이 한 조였는데 공항출입국사무소에 잡혀 심사를 받게 되었다. 나는 이제는 잡혔구나 하고 생각하고 있었다. 심사를 시작하였는데 심사하는 사람이 내 여권을 보더니 아줌마 국적이 한국이네요 라고 하였다. 그 얘기에 나는 깜짝 놀랐다. 만약에 그 사람이 아줌마 국적이 어디예요 하고 물어보면 난 당연히 중국이라고 대답했을 것이다. 나중에 알고 봤더니 그 여권상의 사람이 한국에서 태어나서 중국에서 생활한 사람이었던 것이다. 나는 얼굴색도 안 변하고 맞다고 거짓말을 했다. 그랬더니 그 사람이 왜 한국에 오지 않고 계속 중국에 있었냐고 물어보자 내가 일부러 그런 것이 아니고, 여권의 뒷부분을 보면 알겠지만 나도 한국에 오려고 두 번이나 신청했는데 거절당했다고 말했더니 그 사람은 내 말을 믿었다. 그리고 내가 애기 때 부모님이 업고 중국에 왔는데 나중에 부모님이 돌아가시고 한국에 친척이 하나도 없고 내 이름이 여권상의 이름인지도 모른다고 했다. 그리고 내가 어릴 적에 자랐던 집이 친척집도 아니고 부모님이 돌아가신 후 다른 사람 집에서 자랐는데 내가 여기 와서 믿을 사람도 없고, 이번에는 온 이유는 한국에 시집 온 조카가 애를 낳았는데 언니가 마침 병원에 입원해 있어서 내가 애를 돌보러 한국에 왔다고 거짓말 했다. 그 사람이 이것저것 물어보다가 마지막에 여기서 얼마 동안 있을 것인가 물었다. 나는 애기 엄마가 일어서면 돌아가고 여기서 오래 있지 않겠다고 답했다. 이렇게 두 시간 동안 심사 받고 마지막에 그 사람이 구경 잘하고 가세요 하면서 도장 찍어 주었다. 이렇게 한국에 입국하게 되었고 나머지 두 사람은 거절당해서 당시 중국에 돌아갔다.

한국 생활

원래 나의 집이 군포에 있었는데 한국에서 불법체류자들이 일단 일이 났다면 군포, 안양이어서 몇 번 단속 받았다. 특히 이번 달은 시험을 쳐서 한국에 들어 온 사람들이 기간 만료되어서 중국에 돌아가야 하는 기간이라서 단속이 더 심해졌다. 또한 딸하고 사위가 한국에 나오게 되자 지금 집으로 이사 왔다.

그 동안 계속 불법으로 있다 보니 엄마가 돌아가시는 것도 못 보고 딸이 결혼하는 것도 못 보고, 딸이 해산하는 것도 못 봤다. 내가 한국에 8만 원을 내고 왔는데 대부분이 빌린 돈이었다. 그때는 환율은 높았지만 월급이 적을 때라서 100만 원부터 시작 했는데 빚을 갚느라고 몇 년이 걸렸다. 그리하여 엄마가 한번 하늘 가면 다시는 못 보는 것을 알지만 갔다가 다시 올 수 없으니 빚은 금방 물었지만 살 집도 마련해야 되고 딸도 시집보내야 되니까 중국에 돌아가지 못 했다.

내가 한국에 온 해에 나와 같은 불법체류자들을 합법적으로 승인해주는 정책이 있었다. 당시 남편이 먼저 한국에 와있었는데 역시 불법이었고, 남편이 진 빚과 내가 진 빚을 생각해보니 중국에 가서 1년 있게 되면 도무지 그 빚을 갚을 수도 없다고 생각했다. 또 그 정책이 처음이라서 갔다가 다시 돌아 올 수 있다는 보장이 없어서 나는 포기하고 남편만 귀국했다가 재입국했다. 남편은 지금 합법으로 되었다.

한국에서 제일 처음에는 평택의 한 하우스에서 일했다. 하우스에서 모두 10일 동안 일 했는데 너무 힘들어서 그만 뒀다. 일을 하다 보니 몸이 힘들고 더 중요한 것은 하우스에서 일 하면서 농약을 치는데 내가 냄새 알레르기가 있고 피부가 민감해서 그 일을 그만 뒀다. 하우스 일을 하면서 비록 많이 힘들었지만 그래도 짜증은 내지 않았다. 한국이 처음이어서 이 정도의 어려움은 당연한 것이고 이보다 더 어려운 부분이 있더라고 견뎌내야 된다는 생각밖에 없었다. 그런데 내 몸이 너무 아파서 더 이상 할 수 없어서 그만 두었다. 나오면서 50만 원을 받았는데 특별한 생각은 없었다. 집에서 일을 안 하다가 갑자기 한국에 와서 일하니까 힘들어서 내가 이 일을 해야 되나 하지 말아야 되나 하는 생각이 들었다. 만약 중국에서 월급을 타지 않고 시골에서 농사를 짓던 사람들이었다면 그 돈이 큰돈이라서 다른 생각이 들 수도 있겠지만, 나는 돈을 받고 기뻐하지도 않았다. 내가 한국에 나오면서 진

빚과 이자를 갚을 생각밖에 없었다.

하우스 일을 그만두고 친척의 소개로 인천의 공사 현장에서 2달 일했다. 당시 120만 원씩 받았고 일하는 환경도 좋았다. 그런데 불법 체류라는 이유 때문에 그 일을 더 이상 할 수 없었다. 사장님도 잘 대해 주었는데 사람들이 올 때마다 나를 가리키면서 저 언니가 사람이 엄청 좋은데 불법이라서 걱정이라고 말하는 것이었다. 그 사장님은 진심으로 걱정되는 마음에 그런 얘기를 한 것인지는 모르겠지만 나는 그런 얘기가 듣기 좋지 않았다. 공사 현장에서 단속이 시작되면 아예 대문부터 닫고 단속을 하기 때문에 어디로 빠져 나갈 수 없다. 그리하여 마지막에는 50만 원만 받고 현장 일을 그만 두었다.

지금은 가정집에서 6년째 일하고 있는데 원래 가정부 일은 내 성격에 맞지 않는다. 나는 식당 일을 좋아하는데 불법체류다 보니 어쩔 수 없이 개인 집에서 가정부 일을 하게 되었다. 개인 집에서 일하다 보면 사람이 지치게 된다. 공기를 못 마시고 밖에 나가서 스트레스를 못 풀고 집안에서 애한테 얽매여 있고, 또 한국의 애기 엄마들이 자꾸 난리를 치니까 너무 힘들었다.

그 동안 수입은 처음에는 빚을 갚느라고 모두 중국에 보냈고, 1년 2개월 만에 빚을 다 갚은 다음 중국에 계시는 어머님이 편찮으시고 또 나이도 있으니까 한국에서 이것저것 사서 어머님께 보냈다. 나중에 딸이 결혼하고 또 애기를 낳는데 돈을 쓰고 나니 얼마 남지 않았다. 그 외에 형제들에게 물건을 사주는데도 많이 썼다. 나는 남을 나누어 주는 것을 좋아하니까 월급으로 동생, 친척들을 챙겨줄 수 있는 것이 제일 행복했었다.

한국 와서 제일 힘들었던 점이라면 한국 사람들이 실속이 없는 것이다. 겉보기에는 모두 친절하고 좋은 말을 잘하는데 돌아서면 다른 얘기를 하고 있다. 그래서 우리들의 진심을 더 모른다. 중국 사람들이 아무리 진심으로 일을 해줘도 그 사람들은 모른다. 중국 사람들이 여기 와서 머리가 텃는데 이 나쁜 습관은 그 사람들이 가르쳐 준 것이다. 그리고 또 한 가지는 나를 자기네 발싸개로 취급하는 것이다. 아무리 어떤 사람이라도 자기가 돈 주고 부려먹는 사람이니까 머슴 취급을 하고, 또 남의 집에서 밥 얻어 먹자니 눈치도 보인다. 그래도 다행이 나는 꽁한 성격이 아니라서 오늘에 힘들어도 툭 털고 내일 다시 일어나서 일을 계속 했다.

장래 계획

내가 한국 생활을 시작한지도 어언 10년 가까이 되는데 사람의 인생에 있어서 몇 개의 10년이 있겠는가. 지금은 나이가 50이 넘었고 이제 와서 돌이켜 보면 돈도 돈이겠지만 그 동안 너무 돈만 바라보고 먹고 싶은 것도 못 먹고, 입고 싶은 옷도 못 입으면서 살아온 것이 후회가 된다. 그래서 요즘에는 돈을 모으는 것보다도 집 식구들 모여서 먹고 싶은 대로 먹고 쓰고 싶은 대로 쓰면서 여유를 가지고 살고 있다. 비록 다른 사람들처럼 돈을 많이 모은 것은 아니지만 더 이상 돈 때문에 추운 날씨에도 밖에서 떨면서 일을 하지 않고, 주말이면 가족들과 같이 밖에 나가서 맛있는 것도 먹고 얘기도 나누고 하루 밤을 자도 따뜻한 집에서 자는 생활을 원한다.

이러한 여유는 빚을 갚은 후부터 생긴 것 같다. 빚을 갚은 후 비록 돈은 없지만 생각을 해보니 평생 친구도 못 만나고 돈도 못 쓰고 그냥 썩어 가는 것이 말도 안 되는 것 같았다. 그 후부터 가끔씩 옷도 사 입고 맛있는 것도 사 먹기 시작했다.

처음에는 빚 때문에 불법체류로 있다가 잡히는 것이 두려워서 속이 조마조마해서 하루하루를 살았는데 요즘에는 여유가 생겨서 그냥 잡히면 중국으로 돌아가면 된다고 생각이 바뀌었다. 지금 생각으로는 명년 아니면 그 다음해에 중국에 돌아갈 예정이다. 60살까지 일하는 것은 아니라고 생각된다. 그래서 그때에 불법체류자에 대한 다른 정책이 없더라도 나절로 자진신고 해서 돌아가려고 한다. 필경 중국이 내 고향이고 내 뿌리가 거기에 있기 때문이다. 그리고 한국에서 살려면 돈을 계속 벌어야 하지만 중국에는 집도 있고 하니까 그 정도로 힘들게 살지 않아도 되기 때문이다.

보통 시골에서 온 사람들이 한국이 더 편하게 느껴지고 중국 가고 싶은 생각이 더 없을 수 있다. 그 사람들은 중국에서도 힘들게 살았기 때문에 한국의 생활이 중국보다 더 좋게 느껴질 수 있지만 나는 도시에서 왔고 중국에서도 아파트에서 살고 있었기 때문에 그래도 중국이 좋다고 생각된다. 그리고 중국에 돌아가면 마음도 편하고 한국에서처럼 마음고생이 그렇게 심하지 않다. 그런데 내가 한국에 나온 후부터 한번도 중국에 돌아가지 않았기 때문에 잘 적응할 수 있을지 걱정된다.

* C씨는 현재 자진신고 하고 중국으로 귀국한 상태이다.

IV
방문취업

1. 간병일을 하다 보니
나도 모르게 정이 들었다[*]

P씨는 1949년 요녕성 무순시 리석채에서 태어나 성장하였다. 문화대혁명 시기에 그는 선전대에서 열심히 일했다. 공사 대대에서 서기를 맡았던 남편은 공장에 들어가 공인이 되었다가 퇴직하였다. 2000년 좌우에 그는 일본에 가게 되었고 5년 6개월 동안 일을 하고 중국으로 돌아갔다. 2007년 방문취업 사증을 받아 한국에 입국하여 식당에서 일을 하다 현재는 간병을 하고 있다.

P씨(중국 국적)

모택동사상선전대

나는 무순(抚顺)에서 태어났다. 해방된 해인 1949년에 태어났다. 리석채(李石寨)에서 태어나 무순으로 와서 거의 60여 년 살았다. 내 동생들도 다 리석채에서 태어났다. 리석채는 무순에 속해 있다. 리석채는 김죽화 선생님 때문에 유명하다. 나와 같은 학교를 다녔는데 이제

---

[*] 면접 일시: 2011년 11월 4일
　면접자: 최국화

65, 66살은 되었을 것이다. 내가 어릴 적에 바로 리석채 학교를 다녔었다. 내가 입학하기 전에 리석채 학교가 있었던 것으로 기억하는데 그런 것을 보면 이 학교는 굉장히 오래 된 학교이다.

리석채와 무순은 한 시간 거리이다. 이사를 간 것이 아니라 시집을 그쪽으로 간 것이라 무순시가 더 좋은지도 몰랐다. 너무 어릴 적에 리석채에서 살았기에 시내 생활이랑 리석채 생활이 어떻게 다른지는 기억이 없다. 다만 농촌이였고 부모님이랑 함께 살았던 건 분명하다. 지금의 리석채는 다 변하여 옛 모습이 없고 아파트가 들어섰다. 내가 자랄 때는 아파트 구경을 할 수가 없었는데 지금은 시내보다도 더 잘해 놓았다. 리석채 학교도 내가 다녔던 이전의 학교가 없어지고 이름만 리석채 학교로 남은 채 학교 건물도 바뀌고 완전히 새 학교가 되었다.

나는 거의 모든 시기를 다 겪었다. 대약진 시기를 겪었고 문화대혁명을 겪었고 개혁개방과 해외 진출도 겪었다. 문화대혁명 시기에는 고생을 무척 많이 했다. 그때 똘기워(쫓겨) 다니느라 얼마나 고생을 했는지 모른다. 내가 선전대의 춤추는 데 있었는데 홍오련(红五联)들이 우리한테 와서 파괴를 하려고 하여 우리는 시내로 달아났다. 나는 홍련파(红联派)의 81병단(八一兵团)에서 군대들과 함께 있었다. 리석채에 있을 때 선전대에 있는 우리 악기를 빼앗으려고 들어 물건들을 감추어 놓느라고 숨어 다니며 고생을 하기도 했다. 왜 선전대를 못하게 하는지 이유도 없이 홍련파(红联派)들이 와서 파괴를 하고 못 되게 굴어 우리는 다 도망을 다녔다.

그래도 군대들이 많이 있는 곳으로 달아나 군대들이 우리를 지켜주었다. 재간이라기보다는 그냥 춤추고 노래하면서 선전대에 있었다. 선전대에서 내가 제일 나이가 어렸는데 50일 정도 쫓겨 나가 있고 리석채로 돌아오지 못했다. 내가 어릴 적에는 별의별 짓을 다 해보았는데 81병단에서 영도들의 통신원도 하면서 많이 돌아다니기도 했다. 지금 생각해보면 그때가 재미있기는 했다. 나중에 홍련파와 홍오련들도 다 연합을 했다. 온 부대를 다 돌아다니면서 연출을 하며 고생을 하긴 했어도 그 시절이 재미가 있었던 건 사실이다. 해랑부대(海浪部队)에도 가고 또 다른 곳의 여러 부대를 다녔다. 우리가 부대에서 공연을 해주니 그들이 우리를 숨겨줬던 것이다. 우리가 연출을 가게 되면 우리를 보호해준다고 총을 들고 모두 빼곡히 둘러있는다. 중국춤도 추고 조선춤도 추고 그때는 할 수 있는 건 다 했다. 그때 우리한테 춤을 배워주는 감독이 따로 있었는데 이젠 다 늙어서 죽었다. 그때는 처녀 때라 군대들과 함께 지내니 군대에 가고 싶은 마음이 생겼던 것이다. 그런데 교육 수준이 안돼서 군대에서 받아주지 않았다. 고중만 졸업했어도 좀 가능성이 있었겠는데 말이다.

나는 문화대혁명의 영향으로 공부를 그만둔 것이 아니다. 그때는 가정 조건이 안 되어 공부를 그만두었다. 우리 가정은 형편없었는데 엄마 혼자서 형제 다섯을 키워냈다. 내가 17살 때 아버지가 돌아갔는데 아버지가 병중에 있다 보니 초중도 채 다니지 못하고 학교를 그만두었다. 내가 맏이라서 그렇다. 내 동생들은 그래도 다 초중은 졸업했다. 다행히 내가 유치원 때부터 춤을 잘 춘다고 이름이 나있고 소학교에서도 춤을 췄다고 하니 중학교에 들어갔을 때 중학교에서도 다 알아줬다. 그러다 선전대에 들어갈 수 있었고 가정 형편 때문에 중학교를 그만두고서도 그 소문이 계속 퍼져 나중에 농촌대대에서도 찾아왔었다. 어린 나이에 그렇게 선전대를 계속 따라다니다가 문화대혁명 때 고생을 했다. 그 기억이 제일 인상에 깊다. 많이 돌아다니기는 했어도 연변쪽은 너무 멀어 가지 못했다. 어디에서 오라고 하면 무조건 가던 때라 아무리 멀어도 그쪽에서 한번 와서 공연해달라고 요청을 했으면 갔을지도 모른다. 그 후에도 선전대를 그만 두지 않았고 연애를 하고 시집을 가서도 계속 선전대의 일을 했다. 결혼하고서도 선전대에 계속 나갔는데 자꾸 밖으로 나다니면 남편이 좋아하지 않고 집에서 살림을 하라고 하여 몇 번 나가고 그만두었다.

일본에서의 생활

선전대를 그만두고 농사를 좀 지었는데 남편이 대대에서 서기놀이 (노릇)를 20여 년 정도 했다. 나이가 들어 대대에서 서기를 그만두고 두 사람 모두 공장에 들어가 공인이 되었다. 공인 신분으로 직장을 다니다가 퇴직을 했다. 대대서기를 했다고 공장에서도 힘든 일은 시키지 않아 나는 공장에서 창고보관을 하다가 퇴직했다. 물품 관리나 하고 사무직이나 다름없이 몇 년 동안 일하다가 나이가 되어 그만두었다.

퇴직하고 집에서 좀 지내다가 2000년 좌우에 돈을 벌려고 일본에 갔다. 일본에 갈 때는 돈 10만 원(중국돈)을 주고 사람을 찾아 비자를 받았다. 그때 사람들이 일본에 가기 굉장히 힘들었는데 그래도 운이 좋게 비자를 받아 갔다. 일본에서는 비자가 없이(지났지만) 일을 했다. 남들은 다 잡혀 왔는데 나는 잡히지도 않았다. 6년이 지나니 하도 집에서 오지 않는다고 재촉하여 나 혼자 가서 신고를 하고 돌아온 것이다.

신고를 할 때도 일본사람들의 태도는 참 좋았다. 6년이 되도록 비자도 없이 일을 했냐고 막 욕을 하지도 않고 그냥 왜 비자도 없이 이렇게 오래 있었는지, 무슨 일이 있었는지, 왜 지금까지 집에 가지 않았냐고 물어보기만 했다. 내가 일본이 좋아서 돈을 좀 벌어가려고 안 가고 있었다고 하니 그러냐며 그럼 왜 이제는 가려고 하는지 다시 물어봤다. 내가 몸이 안 좋아서 아파서 가련다고 하니 그럼 또 올 것이냐고 물어봤다. 내가 또 와도 되냐고 물어봤더니 "大丈夫だ, 大丈夫よ"라고 하면서 일본사람들이 얼마나 친절하게 대해줬는지 모른다.

내가 혼자 가서 신고를 하면서 보니 일반적으로 스스로 신고를 하는 사람이 거의 없다고 했다. 다 숨어 다니고 붙잡히면 신고를 할 기회도 없다. 나는 길을 가다가 경찰들을 만나도 아무런 일이 없었다. 운이 좋아서 붙잡히지 않았던 것 같다. 우리 큰 동생들은 둘이나 일본에 갔는데 3년 남짓 있다가 모두 잡혀왔다. 딸이 지금 일본에 시집을 갔는데 보고 싶어 가려고 해도 잡혀온 사람들이라 비자를 안 해준다. 나처럼 신고를 하면 갈 수 있을지도 모른다.

일본에 있을 때 한 식당에서만 5년 6개월 동안 일을 했다. 그러다 다른 집에 가서 좀 일을 했는데 수입은 물론 일본이 한국보다 높았다. 일본에서 일을 할 때 한 달에 중국돈으로 2만 원을 벌었다. 여기서는 한 달에 중국돈으로 만 원 정도밖에 벌지 못한다. 다들 그러는데 한국에서 벌면 수입이 일본에서 버는 것보다 절반이 된다고 했다. 일본 식당에서 일을 할 때 내가 혼자 맡아서 돌아다니며 모든 것을 했다. 생각보다는 좀 쉬워 밑반찬 몇 개 올려주면 되기는 하지만 고생은 좀 했다.

일본과 비교해 보면 아직도 한국이 못 따라가는 부분이 있다. 일본은 여러 방면에서 여자들이 살기 편하게 해놓았고 상점의 채소 같은 것도 집에 사가지고 오면 따로 손 댈 것이 없다. 그리고 거리를 다녀보면 어린 애들도 먹고 남은 쓰레기를 거리에 버릴 줄 모른다. 여기는 중국에서처럼 아직도 가끔씩 담뱃재를 던지기도 하는데 거기는 담뱃재 던지는 사람이 하나도 없다. 어린 애들도 먹으면서 길을 가다가도 다 먹은 다음 버리지 않고 딱 손에 쥐고 간다. 그러다가 쓰레기통이 보이면 바로 쓰레기통에 넣는다. 나는 그 모습을 보고 너무 감동을 받았다.

일본 사람들은 어쩜 그렇게 애들을 야무지게 잘 교육시켰는지. 거리바닥이 그렇게 깨끗할 수가 없는데, 지나가며 침 뱉는 사람도 없다. 일본에서도 살아보고 한국에서도 살아보고 중국에서도 살아보았는데 그래도 일본에서 살기 제일 편한 것 같다. 일본에서 중국으로 금방 갔을 때는 못 살 것 같고 미칠 것만 같았다. 일본에 있을 때 같은 사람을 하루에 열 번 만나도 열 번 인사하던 습관이 생겨 중국에 갔을 때에도 그렇게 하였다. 그러나 중국은 그렇지 못하다. 처음에는 일본말도 자꾸 튀어나오고 하니 중국 사람들이 오히려 나한테 중국 사람이 아니냐고 물었다. 우리 집 아저씨(남편)가 그때는 나를 데리고 어디 다니기 무서워했다. 하도 내가 인사를 자주 하고 일본말을 섞어 말하니 사람들이 내가 일본 사람인줄 알고 일본에서 온 언니인가, 화장품은 어떤 것을 쓰느냐며 자꾸 물어봤기 때문이다.

무순 길바닥에서 다니기 정말 힘들었다. 얼마나 더러운지 숨을 쉬지 못할 지경이어서 마스크를 사용했다. 한국에 살다가 중국으로 간 사람들도 (공기 때문에) 답답하다고 하는데 나는 일본에서 살다가 중국으로 갔으니 더 답답했다. 한국에 와보니 여기는 습관이 중국과 좀 비슷한 부분이 있었다. 중국 사람들이 한국에 많이 와있어 그런지는 모르겠지만 여기 한국 사람들도 길을 가다가 바닥에 담뱃재를 버리는 사람이 많다. 일본에도 중국말을 하면서 다니는 중국 사람이 많이 있는데 그들은 일본에서 이미 습관이 되어있는지 모두 일본 사람들을 따라 배워 길바닥에 담뱃재를 버리지 않는다.

한국에서의 생활

2007년 12월에 H-2 비자를 받아 처음 한국에 와서 2년 동안 있다가 중국에 갔다. 중국에 한동안 있다가 엊그제 한국에 다시 들어왔다. 친척이 여기 있어서 온 것은 아니고 정책이 1949년 10월생까지 딱 맞게 해주는데 나이를 계산해서 우리 부부 다 똑같이 H-2-B 비자를 받아 나오게 되었다. 여기 와보니 사람들마다 이런 비자가 흔히 없다고 했다. 내가 지금 가지고 있는 비자는 시간이 되면 끝난다고 한다. 그래서 지금 비자를 바꾸려고 준비한다. 이미 외국인등록증이랑 여권이랑 출입국관리사무소에 가있다. 남편 것은 본인이 없다고 변경이 안 된다고 했다. 3년이 지나 집에 갈 때가 되면 외국인등록증을 바쳐야 한다고 했는데 나는 3년이 되기 전에 집에 갔다. 하여 지금 외국인등록증이 내 손에 있는 것이다. 나는 집에 갔다가 1년 반 정도 지내면서 실컷 쉬다가 체류자격을 변경할 수 있다는 소식을 듣고 이번에 한국에 다시 나왔다.

처음에는 식당에서 일당으로 일을 하기도 했다. 그런데 어떤 식당에 가보면 한국 사람들이 중국에서 왔다고 설거지를 하는 아줌마들을 너무 부려먹는다. 대놓고 그러지는 않는데 일을 시키는 것을 보면 더러운 일은 모두 하라고 시킨다. 오랫동안 닦지 않고 놔두었던 것을 자기들은 힘들다고 하지 않고 있다가 설거지하라고 시킨다. 내가 보기에도 부려먹는 것이 심각할 정도였다. 중국에서 온 아줌마들이 설거지하는 것을 보면 불쌍하다.

설거지하는 일을 돌아다니면서 좀 하다가 간병일을 하는 친구가 전화 와서 간병일을 하는 것이 설거지보다는 나을 것이라고 했다. 그래서 한번 해보기로 하고 협회에 들어가야 된다고 하여 협회에 들어갔다. 간병은 그냥 시작하면 되는 것이 아니고 협회에서 일주일 학습하라고 하여 일주일 공부를 했다. 간병을 해도 된다는 합격증까지 따놓았다. 안 그러면 일을 할 수 없다.

처음에는 어떻게 해야 되고 두 번째는 어떻게 해야 되고 대소변은 어떻게 받아야 되고 이런 것들을 다 배워야 한다. 어른들은 무거워 들기 힘든데 어떻게 하면 들 수 있다는 요령을 배워야 한다. 기저귀를 갈

아주는 것도 배워야 한다. 배워주는 선생님이 따로 있다. 일주일 공부하는데 빠지게 되면 증서를 주지 않고 공부하는 동안에는 돈이 나오지 않고 식사만 주었다. 대신 학비 없이 무료로 배워준다. 공부가 끝나 증서를 받아 협회로 가게 되면 책임진 실장이 일자리를 소개해준다. 많은 곳을 다니기는 했지만 집에 가서 1년 넘게 있다 보니 지역 이름은 다 잊어먹고 잘 생각나지 않는다. 어떤 산 밑에 병원이 있었는데 그런 곳에도 가서 일을 하고 병동에서도 일을 했다. 대신 암환자 같은 심한 환자들의 간병은 하지 않았다. 차 사고를 당했거나 허리가 아프다거나 다리가 아프다거나 하는 환자들을 주로 간호했다. 허리를 다친 사람들의 대소변 받아내는 일도 해보았다.

간병은 체력적으로 힘든 것을 떠나 잠자리가 너무 불편하다. 침대가 너무 좁아 처음에는 힘들었는데 일을 오래 하면서 환자와 같이 지내는 시간이 많으니 서로 감정이 통했다. 아픈 사람한테는 진짜 잘해줘야겠다는 생각이 들었다. 나도 이제 아프면 누가 돌보겠는가 라는 생각에 잘해주려고 하고 또 자꾸 많이 해주다 보니 저도 모르게 정이 들었다. 자기 집 식구들보다 오히려 더 좋아하는 사람도 있다. 내가 한 병실에서 환자의 간병을 마치고 떠나려고 하면 같은 병실에 있던 다른 집에서 자기네도 도와달라고 하는 경우가 있었다. 우리도 좀 해주세요 라고 하면서 부탁한다. 나는 목동에서 제일 오래 일을 했다. 한 집이 끝나면 또 다른 집에서 불러 몇 개 월 동안 일을 한 것 같다. 친구들한테도 내가 일거리를 많이 찾아주었다. 실장도 내가 자꾸 찾아주니 굉장히 좋아한다. 가정부로는 친구 동생이 중국에 갔다 와야 된다고 하여 대신으로 딱 두 달 동안 일 한 적이 있다.

간병일을 하려면 물론 조심해야 한다. 어떻게 해서든 그 사람의 마음을 맞춰주어야 한다. 그 집 식구들의 마음에 들게 해주어야 하고 조심스러운 일이 많다. 돈 벌려면 쉬운 일이 어디 있겠는가. 한 병원에서 일이 끝나면 실장이 다른 병원을 소개해주는데 그러면 그 병원으로 일자리를 옮긴다. 그런데 한 곳에서 잘하게 되면 같은 곳에서 자꾸 다른 사람을 소개시켜줘 일자리를 바꿀 필요가 없게 된다. 내가 일하던 병원의 다른 환자들은 간병인이 마음에 들지 않아 일을 하던 도중에 돌려보내는 경우도 있었다. 내가 잘해주었는지는 몰라도 나를 찾는 사람이 많았다.

차 사고를 당한 할머니의 간병을 50일 한 적 있다. 내가 그 할머니한테 잘해주었는지는 모르겠지만 그 집 아들과 며느리가 모두 나한테 끔찍이 해줬다. 마지막에는 고맙다면서 돈도 더 많이 주었다. 매번 올 때마다 나한테 무엇을 사다 주기도 했다. 그리고 천안에서는 어느 한 할아버지의 간병을 50일 정도 했다. 나는 끼니마다 그 집에서 밥을 해왔기 때문에 내가 밥을 해먹은 적이 없다. 내가 친구한테 소개시켜준 집에서도 늘 친구한테 밥을 날라다 주었다고 한다. 환자 식사는 병원에서 나오지만 원래 우리가 먹는 것은 우리가 스스로 챙겨야 한다. 그런데 환자 집에서 고맙다면서 나한테 밥을 해준 것이다. 이런 건 다 환자가 자기 식구들한테 간병아줌마가 어떻게 잘해준다고 얘기하여 식구들이 좋아서 해주는 것이다. 환자들이 얘기하지 않으면 그렇게 안 하는 집도 있다. 집에서 해주는 밥이 병원밥보다 많이 낫다. 크게 아프지 않은 사람들의 간병은 일주일 혹은 더 짧게 했다.

치매에 걸린 할머니도 몇 사람 간호를 했다. 치매에 걸린 사람들은 막 달아나기도 하여 잘못 돌보면 큰 일이 생긴다. 잠도 제대로 자지 못하면서 달아나지 못하게 옆에서 꼭 지켜야 하고 또 달래줘야 한다. 오금도 잘 못 쓰는데 치매까지 걸려 오줌, 똥 다 받아줘야 하는 환자도 돌본 적이 있다. 환자가 잠에 들었을 때 언제 깨날지 모르기 때문에 빨리 잠을 자둬야 한다. 조마조마해서 잠도 제대로 자지 못한다. 치매에 걸린 환자들을 돌보기가 제일 힘들었다. 그래도 같이 데리고 얘기랑 하고 우스개도 해주면 환자들의 머리가 제 정신으로 돌아오는 것 같기도 했다. 노래랑 불러주고 미친 셈 치고 옆에서 춤도 춰주면서 별의별 짓을 다 해보았다.

어떤 할머니는 자기 아들이 보러 오면 엄지손가락을 쳐들고 나를 가리키면서 아줌마 제일이라고 했다. 그리고 아들한테 돈을 달라고 하는데 아들이 엄마가 돈을 해서 뭐하냐고 해도 그냥 달라고 했다. 안 주면 그냥 조르다가 아들이 가면 그 돈을 나한테 줬다. 속으로 그 할머니가 우습기도 했다. 그 할머니는 그렇게 몇 만 원씩 나한테 몇 번 주었다. 만 원짜리 몇 장을 나한테 쥐어 주었는지 모른다. 나중에 내가 그 돈을 아들한테 돌려주었더니 이 돈을 나한테 주면 어떡해요, 우리 엄마가 준 돈이니 나를 봐서라도 그냥 받아요, 우리 엄마도 아줌마가 잘 해주니까 주는 것이니 그냥 받으라고 했다. 아무리 치매에 걸렸다 해도 자기한테 잘해주는 사람은 알아보는 것 같다. 이런 사람들을 만나면 일하면서 보람을 느끼게 된다.

서울 병원에서 간호를 했던 한 할머니는 아들이 셋 있었다. 실장이 나한테 일자리를 소개시켜줘 가보았더니 그 할머니는 치매에 걸리셨는데 나를 보자마자 웬 일인지 너무 좋아하는 것이었다. 그 아들들은 자기 어머니의 성격이 무섭다면서 내가 잘 해낼지 모르겠다며 걱정하였다. 내가 괜찮다고 해보겠다고 했는데 같이 지낸 지 열흘이 지나자 그 할머니가 나랑 지내는 것을 너무 좋아했다. 아들이 보러 와서 같이 화장실에 가려고 하면 싫다고 하면서 아줌마랑 같이 간다고 했고 아들이 오거나 딸이 오면 자랑까지 했다. 40여 일 동안 지내다가 병원에서 퇴원해도 괜찮다고 하여 일이 끝날 때 아들이 고맙다며 나한테 70만 원을 더 줬다. 내가 이렇게 주면 안 되고 그렇게 잘해준 것도 없는데 더 많이 받으면 안 된다고 했지만 우리 엄마가 이렇게 기뻐하는데 그냥 받으라고 했다.

그 후 두 달 정도 지나 내가 다른 곳에서 일을 하고 있는데 그 아들이 전화가 와서 자기네 엄마가 다시 입원했다면서 나더러 다시 일하러 와주면 안 되냐고 했다. 내가 이미 시작한 일이 있어 친구를 통해 아는 사람을 소개하여 그쪽에 대신 보내주었다. 얼마 안 지났는데 할머니가 그 사람을 마음에 들지 않아 한다며 다시 전화가 왔다. 할 수 없이 내가 실장한테 연락을 하여 그 집에서 나를 믿고 찾아주는데 내가 지금 일을 하고 있어 갈 형편이 안 되니 좀 좋은 사람을 그쪽에 보내주라고 부탁했다. 내가 그 할머니를 간호할 때 한 병실에 있던 다른 환자들하고 다 친하게 지냈는데 그들도 나보고 다 대단하다고 했다.

월급은 병원에서 주는 것이 아니고 환자의 가정에서 주는데 하루

6만 원, 7만 원 정도로 계산하여 준다. 일주일에 한번씩은 집에 가서 쉬도록 해준다. 어떤 집에서는 쉬는 날도 돈을 계산하여 주기도 하는데 자기들이 나한테 고마워서 주는 것이다. 어떤 집에서는 또 딱 일한 날만 계산하여 돈을 준다.

비자를 변경하고 일을 계속 할지는 아직 잘 모르겠다. 이제 12월이면 다시 집에 갈 것이다. 집에서 설 쇠고 날씨가 따뜻해지면 다시 올 생각인데 우리 나이가 되면 식당에서랑 잘 써주지 않는다. 간병도 하기 힘들다. 우리 딸 둘이 사위들이랑 함께 지금 대림에서 살고 있다. 쉬는 날이면 딸네 집에 가기도 하고 동생네 집에도 와 있는다. 친척들도 여기에 많이 있고 무순에서 알고 지냈던 친구들도 많이 있어 적적하지는 않다. 친구들이 여기저기 널려져 있어 한번에 같이 만나려면 차를 타고 한참 가야 하는데 그것도 피곤하다. 또 각자 일을 하고 있어 그냥 전화로 연락하는 편이다. 다들 돈을 버느라고 거의 쉴 시간이 없다. 내가 요즘 일을 안 하고 있어 집에 들어앉아있는 것이지 외국에 나와 어디 놀 시간이 있는가. 다 같이 쉬는 날을 맞추기가 힘들다.

남편은 나이 70이 다 되었는데 무슨 일을 했겠는가. 중국에서는 직장 생활을 하다가 퇴직했기에 퇴직금이 나오고 있다. 나도 퇴직금을 받고 있기는 하지만 나와 같이 일찍 퇴직을 한 사람들은 퇴직금이 적다. 무순은 지금 심양 수준으로 월급을 맞춰준다고 퇴직월급도 같이 오른다고 했다. 비자를 변경하고 몸이 좋으면 다시 올 생각이다. 6년 동안 일본에 가서 너무 힘들게 지냈는지 집에 가니 온 몸이 아팠다. 그래도 또 좀 괜찮아지니 한국에 왔는데 한국에서는 합법적으로 비자를 받아 마음 놓고 일을 했다.

어쨌든 한국이 중국보다 좀 좋기는 하지만 경제적으로 보면 내 마음대로 쓸 수 없다. 먹는 것도 중국보다 못하다. 반면 여자든 남자든 사는 것은 같은 조선족이라서 그런지 중국 사람들과 어울려 사는 것보다 편하다. 나는 한국에서 살면서 어디 가본 적이 크게 없다. 제주도에는 동생 덕에 한번 가보긴 했지만 구경은 제대로 못하고 왔다. 가고 싶은 곳은 많지만 어디에 무엇이 있고 어디가 좋은지 잘 모른다. 간병일이 생겨 어디로 가라고 하면 그쪽 병원에만 가 있었다. 가야 할 곳이 있으면 가지만 쉬는 날이면 거의 집에서 푹 쉬기만 했다.

2. 일당이 힘들어도 돈 버는 재미에[*]

Y씨는 1955년 연길에서 태어났다. 극심한 빈곤은 그에게 상기하고 싶지 않은 과거다. 대약진과 문화대혁명의 여파는 개혁개방 이후에도 Y씨의 가족이 절대적 빈곤에서 벗어날 수 없게 하였다. 험난했던 과거가 자신이 공부할 수 있었던 기회를 빼앗은 것에 아쉬움을 토로한다. 그래서 두 아들의 교육에 더욱 신경쓴다. 한국에 방문취업제로 입국한 것도 이것 때문이다. 지금은 열심히 일당을 나가고 있다.

Y씨(중국 국적)

나의 어린 시절

나는 어릴 적에 연길에서 살았다. 연길에서 살다가 가난을 이기지 못하고 삼형제가 연변인쇄공장에서 일하던 아버지를 따라 1961년 10월에 용정 동성 해란이란 곳으로 갔다. 나의 아버지는 마반산에서 학교를 다녔다. 자비로 공부를 하여 무슨 대학생이라고 하였다. 대학중도 있었는데 무엇이라고 했는지 기억이 안 난다.

---

* 면접 일시: 2011년 10월 4일
  면접자: 최국화

아버지는 연변인쇄공장의 부공장장급에 있었다. 그런데 생활이 어려워 농촌으로 갔는데 그때 처음 농촌에서 먹었던 밥이 그렇게 맛있었다. 어릴 적에 먹을 것이 없어 어머니를 따라 졸배(졸방나물) 뜯으러 다니기도 했다. 시내 가까운 곳은 사람들이 다 뜯어서 없고 30리씩 걸어 마반산이 있는 데까지 갔다. 한 광주리씩 뜯으면 너무 좋아서 보자기에 싸서 메고 집에 온 기억이 있다. 그때는 차도 별로 없고 차가 있다고 해도 차비가 없다 보니 갈 때 30리, 올 때 30리씩 걸었다. 집에 가져오면 그래도 먹을 것이라고 그것으로 떡을 해놓으면 다들 잘 먹었다. 생각해보면 그때가 문화혁명 전의 1958년에 일어난 대약진 시기라서 1960년부터 1962년까지 굉장히 힘들게 살았던 것 같다. 한 해만 더 참을 수 있어도 동성 해란에 오지 않을 번도 했지만 더 이상 견디지 못하고 해란으로 오게 된 것이다.

그때는 이것저것 가리지 않고 있는 것을 먹고 배부르게 먹을 수 있으면 그것으로 족했다. 그 어려운 시기가 지나가서 좋았다. 그때는 너무 고생을 해서 기절(진저리)이 난다. 해란에서 여동생이 태어났다. 아버지 혼자 돈을 벌었고 어머니는 가정주부로 있어 살림이 어려웠다. 그때 아버지의 나이는 33살, 큰 형님은 9살, 나는 7살이었다. 몇 년이 안 지나 1966년에 문화대혁명이 일어났다. 문화혁명에 대해 아는 것은 거의 없다. 할아버지가 연길 마반산에서 살았는데 형제들 가운데서 셋째였다. 일본놈들이 중국에 들어왔을 때 형제들 가운데 한 명이라도 자위단에 들어가지 않으면 가족 전체를 살해한다고 협박하여 할아버지가 석 달 동안 자위단에서 보초를 섰다가 나중에 신분이 상중농(上

中農: 상대적으로 부유한 농민, 중국공산당이 시작한 '토지개혁' 운동 과정에 분류한, 농촌에서 자급자족의 여력이 조금 있거나, 제한적으로 사람을 고용하는 농민, 즉 경미한 착취를 감행하는 농촌에서의 계급) 획분되었다. 하지만 이것이 문화대혁명 때 문제가 되어 심한 구타를 받았다.

1971년쯤에 사회적으로 완전히 신분 해방을 받아서야 1972년에 내가 사회에 나와 직장에 다닐 수 있었다. 나는 소학교를 해란에서 다니다가 초중은 동성중학교로 갔다. 우리 생산대에 같은 학년에 학생이 모두 11명이 있었는데 내가 공부를 제일 잘했다. 1, 2학년 때 소선대에도 제일 먼저 들었고 줄곧 반장이어서 저녁에 집에 가기 전 숙제검사는 내 몫이었다. 그런데 4학년에 올라가 문화대혁명이 일어나는 바람에 학교에 다니면 계속 놀림을 받았고 그 후에는 공부도 제대로 못했다. 하여 초중까지 졸업했다. 공부를 계속 했더라면 친구들 가운데서 대학교에 갈 수 있었던 사람은 나 혼자였는데 문화혁명 때문에 억울하게 되었다. 아직도 친구들을 만나면 그때 내가 머리 좋았던 얘기를 한다. 몇 명이 중등전문학교에 가긴 했는데 나는 대학교에 못 간 것이 많이 아쉽다. 대신 아들들이 공부를 잘한다.

저수지 공사

원래 동성은 용정에서도 큰 마을이였다. 그때 용정이 아니고 연길현이라고 불렀는데 동성은 연길현에 속한 동성공사로 불렸다. 처음에 동성에 갔을 때는 20, 30호가 살고 있었다. 후에 40호까지 늘어났다. 그때 생산대의 부대장이었던 나는 연변의 저수지는 거의 다 돌아다니면서 일했다. 돌을 쌓는 것부터 배우기 시작하여 1976년부터인가 1978년까지는 瓦工(미장일)을 했다. 아동저수지랑 용신저수지랑 다 내가 가서 일한 곳이다. 양쪽 제방을 쌓는 일은 계속 했다. 그때는 제방을 쌓는 돌은 소수레가 들어가서 날랐다. 처음에 용신저수지에 있다가 1972년 가을에 아동저수지로 옮겼는데 1974년 가을에 일이 끝났다. 제방 쌓는데 2~3년 걸린다. 그러다가 제방이 올라가니 도문강차대(车队)가 들어와서 흙이랑 돌을 차로 실어 날랐다. 제방 밑바닥의 너비는 150메다(미터) 정도이고 경사를 따라 점점 올라가면 윗부분의 너비는 50메다 정도 된다. 처음 작업은 사람이 직접 하고 나중에 기계를 쓴다. 텐트도 없고 허망(바깥)일이라서 비라도 오게 되면 일을 못한다. 주변의 산에 남포를 놓고 폭파시킨 다음 돌을 캐어 제방을 쌓았다. 산에 먼저 구멍을 내어 남포를 몇 십 톤씩 넣고 산을 허물고 돌이 생기면 소수레나 트랙터가 들어가서 실어 날랐다. 산을 폭파하여 생긴 돌이라서 모양이나 크기가 일정하지 않았지만 가공을 크게 하지 않고 그대로 사용했다. 너무 큰 것은 다시 남포를 사용하여 쪼갰고 좀 작은 것은 망치로 더 작게 만들어 사람 힘으로 들 수 있는 정도로 만들어 썼다. 작은 돌은 40~50근, 큰 돌은 100근씩 된다. 돌은 네모나게 다듬지 않고 생긴대로 면을 맞춰 쌓았고 돌 사이 빈틈은 자갈과 모래를 시멘트에 섞어 채워 넣었다. 기술원들은 측량기로 각을 쟀다. 여러 공사에서 제

방의 한 부분씩 맡아 일을 하는데 하루에 몇 십 메다씩 그러니까 길이
40~50메다, 높이 1~2메다 정도 진행한다. 2~3일 정도 지나면 다 굳어
버린다. 총 높이는 150메다 정도 된다. 밑바닥에는 먼저 돌을 깔고 실
어온 흙을 편 다음 链轨(무한궤도)로 한번 밀고 또 压路机(로드롤러)가
왔다 갔다 하면서 단단하게 만든다.

생산대에서 시내호구로

1980년 2월에 결혼했다. 아내는 조양천에서 살았는데 친척의 중
매로 만났다. 결혼식은 마을 사람들이 다 한자리에 모여 마을 잔치로
했다. 그때는 차도 없어서 농기잠(农机站)에 다니는 형님이 단위(회사)
차를 빌려 그 차에 친척들을 싣고 조양천까지 갔다. 올 때는 사돈 식구
들까지 태워 마을에 와서 잔치를 했다. 형편 때문에 아내는 너울도 쓰
지 못했고 결혼사진도 찍지 못했다. 단 결혼상만 간단하게 받았다. 우
리 애들도 돌잔치를 못해줬다.

1986년에 나는 용정건축회사에 들어갔다. 생산대에서든 건축현장
에서든 누구 못지않게 일을 잘했다. 한번은 건축회사에서 있은 砌砖
(벽돌공사)시합에서 1등을 하여 市(시)경기에 나가는 자격을 얻었다.
중국에서는 그때 砌砖, 瓷砖(타일), 抹灰(회칠), 瓦匠(미장이) 등을 모두
겸하여 일했다. 한국에 나와보니 여기서는 모든 것이 다 분업되어 있
었다. 1982년인가 1983년부터 생산대 것이 아니고 개인이 분배 받은

토지를 6, 7년 부치다가 1989년에 해란에서 용정으로 왔다. 1986년부터 내가 용정건축회사에서 일하게 되자 아내 혼자 땅을 부쳤다. 바쁜 철이 되면 며칠씩 집에 가서 도와주곤 했다.

한때는 해란대대의 일 잘하는 瓦工 10명씩 내가 데리고 다녔다. 그러다가 꽤 급이 높은 사람의 일을 해주었는데 그 사람이 내가 일을 잘한다고 호구를 해결해 줄 테니 오겠냐고 물어봐서 당연히 좋다고 했다. 하여 데리고 일하던 사람들도 내가 그만두는 바람에 다 흩어졌다. 그때는 어디서 산다고 신고만 하면 어디 호구가 되었다. 하방호(下放戶)들도 농촌호구가 되었다가 다시 시내로 가면서 시내호구로 되었다. 우리 아버지는 자원퇴직을 했기에 그냥 농촌호구를 가졌다. 나는 결혼 전부터 앞으로 태어날 애들을 보고 농촌보다는 시내호구가 낫다고 생각했다. 시내에서 살아야 애들이 출세도 할 수 있다. 새로 산 자전거로 2년 동안 해란에서 용정건축회사로 다녔다. 아침 일찍 그리고 밤늦게 손전등을 켜고 20리 되는 길을 자전거로 출퇴근했다. 이렇게 악을 쓰고 2년을 다니니 호구를 해결해줬다. 해란에서 결혼 전에 직접 내 손으로 집을 지었는데 결혼 후에 그 집에서 살았다. 조선구들을 하고 전기 풍구로 나무랑 석탄을 땠다. 구들고래가 막히면 다 뜯어서 털어냈다. 농촌의 6, 7메다 되는 벽돌외통구새(굴뚝)는 아침에 시작하면 오후 3~4시쯤이면 다 쌓았다. 그렇게 받은 몇 푼 안 되는 돈을 전부 아내한테 가져다주면 아내가 잘했다고 칭찬했다. 호구가 해결되니 그 집은 버리고 땅도 팔아버리고 8천 원이 채 안 되는 돈을 들고 용정으로 왔다. 2천 원 정도 더 보태여 용정에서 집을 샀다.

용정에서 산 집은 공농촌에 있는 땅굴집이었다. 공장사택이었는데
그 집은 들어가면 어둡고 천장도 종이를 댄 것이다. 그 집에서 3년 앓
으면서 죽을 고생을 했다. 죽지 않고 지금 살아있지만 그 집에는 다시
들어가고 싶은 생각이 없다. 재개발이든 철거든 하겠으면 하고 그냥
버렸다시피 한다. 그때 그 집에서 간(경화)복수에 걸렸다. 배가 너무
불러 죽는다 산다 하면서 피도 토했다. 길림병원에도 두 번 갔었는데
독한 약처방을 썼지만 효과가 없어 글렀구나 생각하고 죽을 날만 기다
렸다. 그러다 올해 연길에 있는 73살인가 되는 의사가 용하게 처방을
해줘서 지금 이렇게 잘 살고 있다.

이전에 생산대에서는 월급 개념이 아니라 하루 일하면 하루 돈을
받았는데 1원 50전, 1원 80전 정도였다. 집체로 계절에 따라 일했는데
1년에 200일 정도 된다. 그 정도 벌이는 빚을 지지 않을 정도였고 나머
지는 없었다. 비례(환율) 때문에 한국에서 버는 돈이 확실히 많아 보인
다. 애들 학비도 다 마련할 수 있고 돈을 모아 중국에 집을 한 채 마련
하였다. 연길에서 태어났기에 죽기 전에 연길에서 살아보려고 30만 원
(중국돈)을 주고 하나 샀다. 나는 이전에 직장을 그만두면서 단위에서
양로보험을 해줘서 노후보장이 되지만 아내는 없다. 나는 보장이 되어
서 해마다 돈을 어느 정도씩 내고 있다. 작년에도 4천 원인가 냈다. 올
해는 얼마 될지 모르겠다. 低保(최저생활보장)는 아니고 직장에 档案
(당안)이 있어 60이 될 때까지 보험비를 내야만 61살 생일이 되는 월
부터 보험혜택을 받을 수 있다.

첫 한국행과 한국 생활

1997년에 회사가 없어져 그 뒤로는 부부가 함께 콩나물, 두부 등을 팔았고 아내는 명태 두드리는 일도 했다. 할 수 있는 일은 닥치는 대로 하다 보니 손이 터서 형편없이 되었다. 그러다 안 되겠다 싶어 담배를 말려 팔기 시작했다. 담배는 용정서시장에서 2001년부터 2006년 6월까지 팔았다. 1981년과 1989년에 아들들이 태어났는데 회사에서 나온 뒤로 마땅한 일자리도 없고 애들도 키워야 되고 해서 三輪车(삼륜차)를 몰기도 했다. 그러다가 건축일이 생기면 가서 하루씩 기건(基建)도 했다.

그 후 한국어능력시험에 응시하였다가 무연고자 방문취업제 추첨에 당첨되어 2007년에 11월에 비자를 받아 12월에 한국에 나왔다. 이런 기회가 없었으면 한국에 나온다는 것은 불가능한 일이다. 그래도 노무현 대통령께서 좋은 정책을 만들어준 것 같다. 참 고맙다. 아내와 함께 북경대학에 가서 한국어능력시험을 봤다. 비행기로 한국에 왔는데 그때 처음 비행기란 것도 타보았다.

한국에 와서 어느 정도 지냈지만 문제는 아직도 음식이 입에 맞지 않는다. 여기서 음식에 적응하느라 했지만 별로이다. 그래도 집에 가야 음식이 좋다. 중국 요리가 더 맛있다. 여기는 물탕(국)에 김치만 있다. 그럭저럭 맞추면서 산다. 한국은 그날그날 먹고 살기는 좋다. 그래도 중국이 편하다. 여기는 직업이 있어 먹고 살기는 좋지만 마음은 중국에 있을 때가 편했다. 굳이 한국이 더 좋은 건 모르겠다. 단 깨끗한

건 확실하다. 그건 승인해야 된다. 한국에 오기 전에는 어떤 나라일지 크게 생각해본 적이 없다. 오기 전에는 한국에 가면 돈을 많이 번다는 생각만 했다. 조상의 땅이었다거나 하는 생각은 크게 해본 적이 없다. 오히려 중국에서는 나가도 아는 사람이 많고 돈은 많이 벌지 못해도 스트레스를 덜 받아 마음이 편했다.

중국과 비교해 보면 여기가 일하는 시간이 훨씬 길다. 우리는 기본 하루 일하러 나가면 10~11시간 걸린다. 어떤 회사는 12시간인 곳도 있다. 지금은 월 100만 원 정도 번다. 집세랑 생활비를 빼면 적으면 50, 60만 원 많으면 70, 80만 원 정도 남는다. 생각 같으면 쓰고 나머지가 월 100만 원은 되었으면 하는데 지금 일자리가 마땅하지 않다. 제대로 된 일자리를 찾으면 월 100만 원을 남기는 건 큰 문제가 아니다. 체력 적으로는 좀 힘들긴 해도 돈 버는 재미에 참고 저녁에 술 한잔 하면서 잊어버린다. 한국에 있는 친구들은 여기저기 널려있다. 그런데 친구들 이 만나려고 해도 만나게 되면 돈만 쓰기에 연락이 오면 일이 있다고 피한다. 명절이 되어도 만나지 않고 아내가 서울에 오면 아내랑 이런 저런 얘기를 한다. 한번 친구들을 만나면 적어도 10만 원이 나간다.

내가 살았던 동성촌은 지금은 사람들이 다 떠나고 몇 호 남지 않았 다. 다른 시골 사람들이 더러 오고 원래 거기 사람들은 대부분 시내로 갔다. 동창생들 서너명이 한국에 있다. 얼마 전에 만나서 술을 마셨다. 너무 자주 전화가 와서 만나자고 하여 할 수 없이 간단히 술을 마셨다. 그 뒤로도 연락이 왔는데 지방에 일하러 내려간다고 하고 만나지 않았 다. 친구도 크게 필요 없다. 지금 자주 연락하는 사람은 심양에서 왔는데 나이는 나와 비슷하고 체질적으로 술을 아예 못 마시는 사람이다. 말동무하기 좋다. 그리고 일거리가 생기면 서로 연락하여 알려준다. 한국에 와서 처음 만난 사람이고 지금까지 거의 일하러 같이 다녔다. 대림에서 살고 있는데 내가 살고 있는 곳에서 걸음으로 10분, 15분 정도 걸린다.

중국에서 명절이 되면 형제들만 모이는 편이었다. 부모님들이 살아 있을 때는 부모님들과 함께 보냈다. 다른 친척들한테는 하루 정도 인사만 다니고 말았다. 막내 여동생이 지금 한국에 있다. 형님은 이미 사망했고 남동생이 아직 중국에 있다. 남동생은 일이 잘 안 되려고 그런지 한국에 오려고 많이 노력했는데 나이 54살이 되도록 못 나오고 있다. 돈을 주고서라도 방법을 대여 한국에 오려고 했지만 안 됐다. 아내는 줄곧 용인 쪽에서 간병일을 하고 있어 한국에서 아내와 함께 있지는 못했다. 나는 일거리가 생기면 나간다. 아내는 비자를 F-4로 변경하고 싶어하는데 어떻게 될지 모르겠다. 한국 생활을 하면서 아내는 늘 몸이 아프다. 하지만 F-4로 비자 변경을 하기 위해서는 참고 견딘다. 주인이 해준다고 하여 기다리는데 법무부, 아니 노동부에 계약서를 들고 주인과 함께 가야 되는데 같이 가주지 않고 말로 해준다고만 한다. 계약서는 함께 가서 작성해야 되는 것이다. 이제 한국에서 2, 3년 정도만 더 벌었으면 좋겠다. 그런데 최근에 정책이 변경되어 55세~60세 사이는 C-3로 3개월 정도만 있을 수 있다고 한다. 그리고 60세 이상은 F-4 변경이 가능하다고 한다. 이렇게 나이 제한을 두어 우리처럼 나이에 걸린 사람들은 대단히 억울하다. 지금 보면 55세~60세 사이의 나이 제한에 걸리는 사람들이 꽤 많다. 해결책을 찾고 있는데 나는 둘째 아들이 한국에 유학 나올 생각을 하고 있어 불법체류를 해서는 절대 안 되는 상황이다. 2, 3년만 더 있으면 생활 형편이 많이 좋아질 것 같은데 이런저런 사정은 고려하지 말고 무조건 기한이 되면 가야 되기에 골치 아프다. 적응 단계도 지났고 본격적으로 돈을 축적하는 단계인데 나이 제한에 걸려 애매하다. 현장에 나가보면 우리처럼 일을 해치우는 사람이 적다. 사실 우리 나이 또래가 일을 제일 잘한다. 우리는 기술도 있고 50세 미만인 사람들은 우리처럼 예전에 미장일을 배워본 적도 없다. 건축쪽에 가면 우리 나이의 사람들이 제일 많다.

자식 걱정

지금은 아내와 돈을 각자 관리한다. 통장도 각자 가지고 있고 내가 번 돈은 내 통장에 들어간다. 얼마 들어왔는지 통장 정리를 하여 확인해야 된다. 집에 일이 생기면 서로 토론해서 결정한다. 중국에 돈을 보낼 때는 은행에서 송금한다. 나는 돈에 대해 크게 신경 쓰지 않는다. 애들 때문에 늘 신경을 쓰는 편이다. 요즘 애들은 세상 물정을 잘 모르는 것 같지만 그래도 나는 우리 애들한테 옛날에는 이렇게 살았다고 자주 얘기를 해줬다. 애들이 풍족하지도 않고 옷도 허름하게 입히는 대로 입고 다녀도 싫다는 소리를 하지 않았다. 내가 집에서 할 수 있는 교육은 공부를 잘하고 다 잘되라고 하는 소리밖에 없다. 내가 조선족이라서 애들도 조선족으로 키워야겠다 생각이 들어 학교는 조선족 학교에 보냈다. 한족 학교에 다녀봤자 조선글도 모르면서 어떻게 살겠는가 생각했다. 점차 적응이 되면 한족글은 배우게 되어있다.

작은 아들이 한국 유학을 생각하고 있어 등록금을 위해 몇 년 한국에 더 있고 싶다. 부모로서 애가 하고 싶어하는 공부는 다 시켜주고 싶다. 비자가 만기되어 중국에 가게 되면 할 일도 없는데 어떻게 학비를 마련할 방법이 없다. 올해는 경기가 안 좋아 일자리도 마땅하지 않고 일을 하다가도 갑자기 중단되어 한 달씩 쉬는 경우가 있다. 그래도 2, 3년 더 벌어야 유학을 오기 전이나 후에라도 학비를 마련할 수 있다. 예전에 번 돈은 집을 사는데 다 쓰고 없다. 다른 애들은 학교를 다니면서 아르바이트를 하는데 내가 보기에는 그건 힘든 일이다. 공부를 하면서 아르바이트까지 하면 어렵다. 집중적으로 공부를 할 수 있게 내가 벌어서 도와주고 싶다. 어차피 공부를 계속 하겠다고 결심한 바에는 박사는 몰라도 석사까지는 했으면 좋겠다. 아직도 내가 일을 한창할 수 있는 나이인데 C-3로 3개월만 나올 수 있게 되어서 안타깝다. 작은 아들이 유학으로 오게 되면 다시 한국에 오고 싶은데 유학생이 부모를 초청하는 것은 한쪽만 된다고 한다. 지금처럼 아내랑 둘이 함께와서 같이 돈을 벌었으면 좋겠다. 이제 며칠 후에 일을 시작하려고 하는데 겨울에도 끊기지 않았으면 한다. 한번 일을 시작하면 오래 할 수 있는 일을 찾으려고 웬만한 곳은 오라고 해도 안 간다. 하루씩 일하는 건 나를 찾는 곳이 많다. 지금은 겨울이 되기 전에 마무리를 하는 현장일이 많다. 겨울에 일이 없으면 그 동안 얼마 벌지도 못한 돈을 다 써버리게 되어 겨울에도 오래 일할 수 있는 곳을 찾고 있다.

어떤 집 애들은 공부를 못해 학교도 제대로 다니지 못하고 사회에 나와 허망(그냥) 노는데 나는 그것이 세상 꼴 보기 싫다. 어느 정도 머리에 지식이 들어가야 앞으로도 사람이 될 수 있다. 중국은 지금 취업도 잘 안 되는데 자기 밥벌이도 못하면 계속 다른 사람 밑에 있는다. 하루살이 인생이다. 애들한테는 그래도 자기 앞가림을 하려면 공부를 하여 책상머리에 앉아 연필로 하는 일을 해야 한다고 했다. 다행히 그래도 대학에 붙었고 전공도 잘 선택한 것 같다.

지난해 12월에 갔다가 올해 2월에 재입국허가를 받아 다시 왔다. 그 사이에 집을 사놓았다. 3년 만기가 되어서 간 것이다. 아니면 가지 않았을 것이다. 내년에 비자 만기가 되는데 아들이 유학으로 오게 되면 또 다시 H-2를 신청할지는 아직 생각해보지 않았다. 아들의 유학을 생각하면 내가 기한 내에 가야 되기에 내년에 무조건 중국에 들어가야 된다. 애들을 생각한다면 불법은 하지 말아야 하지만 석 달만 올 수 있다는 것이 안타까울 뿐이다. 그래도 비자에 정해진 날짜대로 있다가 가겠다. 최근에 오는 사람들은 4년 10개월 있지만 우리는 5년이 맞다. 처음에 올 때랑 중국에 갈 때랑 재입국할 때랑 늘 아내와 같이 다녔다. 아내가 비자 변경이 안 되면 내년에 같이 중국에 갈 것이다. 우리 둘 중에 하나라도 불법체류를 하면 아들은 유학을 못하게 된다.

나도 어렸을 때 그림을 잘 그렸는데 큰 아들도 그림 재주가 있다. 이전에 내 그림은 늘 흑판보에 실렸다. 문화혁명 때문에 모두 파토가 났다. 시방(지금)도 그때 일을 자주 외운다. 희한한 문화혁명이 일어나서 한창 공부할 때인데 지금 생각해도 아쉽다. 큰 아들은 학교만 끝나면 판대기(판자)에 그림을 그렸다. 지금은 항주에서 아주 좋은 회사에 들어가 컴퓨터로 그림 그리는 직업을 찾았다. 나는 내 소원은 이룬 셈이다. 이젠 남이 부럽지 않다. 남은 것은 마지막까지 자식들을 책임져 주고 싶은 생각뿐이다.

3. 재외동포사증으로 바꾸고 프로그램 개발자로*

W씨는 1973년 흑룡강성 상지시 하동향에서 태어났다. 할빈리공대학을 졸업한 수재다. 대학졸업 후 할빈에 있는 한국 회사에 취직했다가 IMF로 회사가 부도나서 심천으로 내려갔다가 1년 뒤에 청도로 가게 되었다. 청도에서 생활하는 과정에 한국 비자를 신청해 놓으면 나중에라도 편하겠다는 생각으로 무연고시험에 응시하였고 2008년 3월에 한국에 입국하였다. 전문직 종사가 불가능한 비자이기에 2011년 초에 재외동포비자로 바꾸고 현재는 한 IT회사에서 소프트웨어 개발자로 있다.

W씨(중국 국적)

조선족향의 조선족 학교

나는 상지(尚志)에서 줄곧 생활한 것은 아니다. 하동향에서 조선족 소학교를 다녔고 고중을 상지에서 다녔다. 내가 소학교를 다닐 때만 해도 조선족향에 조선족 소학교가 3개나 있었다. 지금은 다 사라졌

---

* 면접 일시: 2011년 10월 28일
  면접자: 최국화

다. 중학교부터 고중까지는 상지시에 있는 조선족 중학교를 다녔다.

상지조중(상지시조선족중학교)에는 학생이 그래도 많은 편이었다. 지금도 아마 흑룡강성에는 할빈을 빼놓고는 조선족 학교 가운데서 학생수가 1위나 2위가 될 것이다. 요즘 들어보니 성적 같은 것을 보아서는 제일 낮다고는 하지만 할빈조선족제1중학교의 학생수와 거의 비슷할 것이다. 내가 다닐 때도 학생이 많았다. 상지조중은 초중(중학교)과 고중이 같이 있어 상지조중의 초중부에서 고중부로 간 것이다. 그래도 고중에 갈 때 시험을 봐야 한다. 상지조중을 빼고 그 주위에 다른 중학교들이 많은데 야부리(亞布力)나 연수나 방정에서 모두 시험을 봐서 온다. 다른 현에 있는 사람들은 우리 상지나 할빈의 학교로 가게 된다. 내가 다닐 때는 연수에 있던 사람, 아성에 있던 사람, 오상에 있던 사람, 방정에 있던 사람들이 많이 왔다. 학교를 다닐 때는 흑룡강성을 떠나본 적이 없다.

아버지, 어머니 모두 경상도 분이다. 아버지 본적은 경상북도 안동시이고 어머니의 고향은 경상남도 합천군이다. 아버지 형제들은 다 연세가 많아 큰아버지, 작은아버지는 모두 돌아가고 고모들이 남아있다. 어머니 형제들은 아직 살아있다.

나의 고향 하동은 조선족향이라서 조선족들이 많았기에 평소에 조선말을 더 많이 사용했다. 특히 시골 출신이라 시골에는 조선족 마을이 많아 우리말을 많이 사용했다. 요즘 들어보면 지금 애들은 초중을 다닐 때도 중국말(한족말)을 많이 사용한다고 하지만 나는 고중까지도 조선말을 사용했다. 대학교에 다닐 때 처음 중국애(한족)들과 접촉하면서 중국말을 사용하기 시작하였는데 그때 말하는 것이 어려웠다.

동북에서 연해 도시로

　고중을 필업하고 할빈리공대학에 입학하였다. 대학을 필업하고 할빈에 있는 중한합자회사인 ST전자 전산실에서 거의 4년간 근무를 했다. 초반에는 굉장히 좋았었는데 한국에서 IMF가 터지는 바람에 회사가 휘청거리기 시작했다. 거의 파산될 정도에 이르러 한국 사람들도 많이 떠나면서 나도 2001년 회사를 그만 두고 심천으로 내려갔다.

　중국에서 할빈에 있다가 연해 도시로 가보니 그쪽은 한창 개발을 하고 있을 때라 업체 사이 경쟁도 많고 업종도 많고 사람들의 절주가 할빈보다 엄청 빨라 보였다. 할빈은 ST전자가 흑룡강성에서 제일 큰 합자기업이었던 것 같은데 수출창구도 가지고 있어 할빈에서는 빠른 축에 속한다고 생각했는데 아무래도 연해 도시를 못 따라갔다. 남방이 발전 속도가 더 빠르고 사람들보다 출퇴근할 때에도 보면 다른 것이 알린다.

　나는 남방 날씨가 너무 안 맞았다. 내가 처음에 남방에 갔을 때는 동관으로 갔다. 하지만 동관은 너무 어지럽고(더럽고) 오토바이가 막 쌩쌩 다녔다. 2001년~2002년 그때는 잠주증(暫住证:임시거주중)을 만들어 가지고 다닐 때였는데 경찰들이 수시로 暫住证을 검사하여 많이 불안하였다. 사람이 딱 정착하여 살아야겠다는 마음이 하나도 들지 않왔다. 이건 아니다 싶어 다시 심천특구로 들어갔다. 동관에서는 잠깐 머물다가 심천으로 들어가 중국에 금방 진출한 한국 회사에 들어갔다. DVD-ROM에도 펌웨어가 들어가는데 그때 중국에서 한창 DVD바람이 불 때 한국에서 펌웨어를 개발하고 중국에서 DVD-ROM를 만들어 (시장에) 나갈 때라 좀 앞을 바라보고 그 회사에 들어간 것이다. 그런데 그 회사가 큰 비전이 없어 그냥 나와 청도로 갔다.

심천에서 1년 동안 지내다가 다시 청도로 갔는데 청도에서 지내는 도중에 무연고시험이 있다는 소식을 들었다. 그냥 출근을 해도 되는데 혹시 그래도 비자를 해놓으면 (한국에) 왔다 갔다 할 수 있는 기회가 생길 것 같고 또 비자가 5년짜리여서 1기 시험을 쳤다. 그때는 사람들이 시험이 (합격) 될까 말까 의심스러워 홈페이지에서 등록도 안 하고 있던 상태라 시험을 친 사람들보다 초청으로 한국에 오는 것이 좀 더 많았던 것으로 기억한다. 그때 운이 좋게 (시험과 추첨에 합격되어) 한국에 오게 되었다.

소프트웨어 개발

친척들이 지금 거의 다 한국에 있다. 오히려 중국에 더 친척들이 없다. 중국에 있을 때 출근도 하고 이것저것 좀 해본다고 했지만 돈벌이가 크게 안 되었다. 처음에는 한국에 올 생각을 별로 하지 않아 비자를 받고 4개월 동안 그냥 지냈다. 그때는 비자가 안 나오는 경우도 많왔다. 나도 비자가 혹시 나오지 않을까 걱정을 많이 했는데 비자를 밟아(신청해)놓고 한국에 올까 말까 넉달 동안 망설이다가 한국에 나왔다. 2007년 11월에 비자를 발급받아 2008년 3월에 한국에 나왔다. 금년 초에는 비자를 F-4로 바꾸었다.

한국에 나왔을 때 중국에서 알고 지내던 사람들을 통해 그 연줄로 여기에서 취직을 했다. 나는 중국에서 소프트웨어 쪽 일을 했다. 회사의 급여프로그램, 인사프로그램, 네트워크관리 등 일을 했다. 처음부터 프로그램 개발 관련 일을 했다. 사실 처음에 한국에 올 때 무연고시험을 봐서 온 것이기에 내가 가지고 있는 H-2 비자는 단순노무직에만 종사할 수 있어 전문직에서 일을 할 수 없게 되어있었다. 내가 3월에 입사할 때 사실 우리 회사는 외국인을 못 받도록 규정이 되어 있었고 또 H-2로는 회사에 취업이 안 되는 상태였다. 그런데 회사에서 익산쪽에 공장을 하나 더 세우면서 자그마한 제조업 공장을 만들어 그쪽으로 발전하려고 등록을 해놓은 상태였다. 내가 3월부터 출근을 했지만 10월까지는 서로 맞지 않아 등록을 못하고 있는 상태에서 출근만 하다가 10월에 공장이 정식으로 개업하면서 나는 취직을 익산쪽으로 했다. 대신 출근은 계속 이쪽으로 했다.

작년 12월까지 2년 넘게 이렇게 지내다가 마침 F-4로 비자를 변경할 수 있는 정책이 나와 제조업에서 몇 년 일한 것을 정상적으로 F-4로 바꾸면서 다시 서울본사로 옮겨왔다. 지금은 재외동포비자가 되었기에 일하는 것은 아무 문제가 없다. 그런데 F-4비자가 소프트웨어 관련 쪽에 취직을 할 수 있는지 잘 모르겠다. 재외동포비자가 전문직이면 상관이 없다고 하지만 등록을 하려고 가보니 한국 업체가 소프트웨어 개발로 되어 있어 외국인은 채용할 수 없게 되어 있다고 했다. 외국인은 채용을 할 수 없게 되어 있지만 F-4비자는 아무 직종에나 취직이 가능하다고 하여 한국의 법에 틈이 있는 것 같다. 나도 회사에서 채용은 안 되지만 내가 취직은 될 수 있는 입장이라 취직이 된 것이다. 등록은 이미 다 끝낸 상태이다.

중국과 한국에서의 직장 생활을 비교해 보면 일의 차이가 있기 마련이다. 특히 중국에서 일할 때는 어차피 중국에 있으니까 마음이 좀 편안했다. 한국에 와서 지금까지 쭉 출근을 하고 있지만 교포들을 만날 기회가 거의 없다. 대림쪽에 가야 교포들이 많은데 집이 바로 성신여대입구역 근처이고 직장도 여기에서 가깝고 휴일이 되어 가서 만나는 경우를 빼고는 출근하는 시간 내에 만나지 못한다. 업종도 업계도 전부 교포들이 없는 곳이라서 만나기 힘들다. 개발 회사 같은 경우 교포들이 그리 많지 않다.

프로그램 개발 작업은 주로 C와 C++언어를 사용한다. 내가 속해 있는 업계는 단순 소프트웨어 개발을 하는 것이 아니고 쉽게 얘기하면 펌웨어, C언어를 주로 사용하는 작은 소프트웨어이다. 간단하게 말하면 전기밥솥이거나 로켓까지 안 들어가는 곳이 없다. 자그마한 프로그램을 만들어 전자기기 같은 것에는 컴퓨터의 CPU 같은 자동화 시스템이 있는데 거기에 프로그램을 심어놓는다. 그것이 작동하면서 모든 것을 컨트롤한다. 모터가 돌아간다든가, LED가 깜빡이든가, 감지를 한다든가 등 작용을 하게 한다. 하나의 기계를 자동화 시켜주는 것이다. 시간이 되면 전기밥솥이 울린다든가, 김을 뽑아준다든가 하는 것이다. 심지어 핸드폰에도 제일 기본적인 펌웨어가 다 들어가있다. 버튼을 누르면 작동하는 기능이랑 있다.

대학교 전공은 이 방면과 조금 다르다. 내가 입학하기 전까지만 해도 중국의 학과전공이 기계학과랑 전자학과랑 따로 분리되어 기계학을 배우고 사회에 나가서 일을 할 때 전기를 모르고 전기를 공부한 사람은 기계를 몰랐다. 추세가 점점 자동화로 나가면서 机电一体化(기전일체화)라는 전공이 생겨 내가 입학할 때는 기계학과에 붙었는데 마침 기회가 생겨 학과를 바꾸고 싶어 전공을 机电一体化로 옮겼다. 그러다 보니 컴퓨터도 배우고 기계도 배우고 전기도 배우게 되었다. 전공 바꾸기를 잘한 것 같다. 전공을 바꾸고 나서 지금 하는 일을 보면 컴퓨터로 하기에 기계보다는 전자쪽에 더 많이 치우친다. 프로그램으로 전자를 움직이기 때문이다. 일하는 건 그래도 재미있다. 그리고 나는 주 5일 근무제를 하고 있다. 2008년부터 지금까지 계속 한 직장에서 일을 하고 있다.

회사는 크지 않아 직원이 8명 정도밖에 안 되고 현재 월 200만 원 정도 받고 있다. 중국에서 일할 때보다 금액으로 보면 많다. 한국은 소비 수준이 높기에 거기에서 사나 여기에서 사나 마찬가지이다. 금액은 많아졌는데 물가 같은 것을 고려해보면 중국에 있을 때보다 많이 벌고 많이 쓰는 것이라 똑같다.

회사 생활

처음에 한국 생활에 적응하기 좀 힘들었다. 내가 직장 생활을 하는데 직장에서 교포라고는 나 하나밖에 없으니 문화 차이를 느끼게 되었다. 다른 분들도 내가 교포라서 조심스럽게 한다고는 하지만 문화 차이가 있어 내가 빨리 적응을 해야 되지만 잘 안 되었다. 언어 같은 것은 아무리 조선말이라고 해도 잘 알아듣지 못하였다. 특히 명사나 지금 시대 새로 나온 단어 같은 것은 무슨 말인지 모른다. 그런 것이 힘들었다.

회사 생활 자체는 괜찮고 사회문화적 차이 때문에 힘들었다. 일할 때는 그냥 앉아서 일을 하면 되지만 쉬는 시간에 서로 농담도 하고 재미있는 일거리를 만들어 서로 어울려야 한는데 생활하던 환경이 다르다 보니 코드가 맞지 않아 그들이랑 섞이기가 힘들다. 그들도 본인들이 하던 습관대로 하는 것이고 일부러 그런 것이 아니라 그냥 아주 간단한 일상생활용어를 사용하는데 무슨 말인지 잘 알아듣지 못하는 경우가 많다.

중국과 한국의 젊은이들을 보면 그때랑 지금 달라져 잘 모르겠지만 우리 회사에도 나와 비슷한 연령의 사람이 있긴 하는데 큰 차이는 느끼지 못한다. 다만 조선족의 경우 학교를 다닐 때 일본어를 (외국어로) 배우는 경우가 많지만 여기 사람들은 처음부터 영어를 많이 배웠기에 이 점에서는 차이가 있는 것 같다. 다른 건 잘 모르겠다. 지금은 상지조중에서도 처음부터 다 영어를 배워주고 있다고 한다. 내가 학교를 다닐 때는 선택의 여지가 없었다. 학교에 영어반이 없어 할 수 없이 일본어만 배웠다. 지금은 반대로 일어반이 없어지고 영어반만 남았다고 한다.

우리는 개발 쪽이라 개발 관련하여 업체를 만나러 다닌다. 개발된 소프트웨어를 업체에 홍보하여 판매를 하는 것이 아니다. 우리가 지금까지 개발한 펌웨어를 사용하는 가장 큰 업체가 JP공사다. 회사 생산라인이 작동될 때 감지하는 장비, 테스트하는 장비, 품질 장비 등에 들어가는 펌웨어를 만들어 판매한다. 그리고 우리 회사 자체로 만든 상품이 있긴 한데 우리는 개발자이고 엔지니어라서 판매하러 다니지는 않는다. 일 때문에 나가 다니는 것이다.

개발했던 펌웨어에 문제가 생기면 개발한 사람이 직접 가서 해결한다. 다른 사람은 개발자가 아니라서 손대기 힘들다. (업체방문은) 문제해결 때문에 AS로 가는 경우도 있고 또 동시에 혹시 다른 일거리가 있나 알아보러 가기도 한다. 업체에서 다른 프로그램을 수요하는지, 다른 것을 개발할 의향이 있는지 알아보고 그것에 맞춰 개발을 해준다. 영업은 다른 사람이 하는데 우리는 엔지니어라서 영업은 못하고 또 중국에서 접촉하는 영업 방식과 많이 다르다.

엔지니어들은 본인이 희망하던 대로 개발이 되었을 때가 제일 기쁘다. 한번 버그가 생기면 버그 잡기가 굉장히 힘들다. 그렇다고 버그 잡는 프로그램이 따로 있는 것도 아니다. 그냥 노가다(막노동)를 하는 셈이다. 프로그램을 제일 처음부터 마지막까지 훑어보는 방법밖에 없다. 프로그램을 돌리다 보면 여기저기로 팅기면서 왔다 갔다 하는 순서가 있는데 그 순서대로 체크하면서 찾아내는 수밖에 없다. 몇 만 줄

되는 프로그램을 다 볼 필요는 없고 튕겨나는 곳이 있으면 튕겨나는 곳에서 다른 곳으로 갔다가 그 부분의 프로그램이 다 돌아가면 다시 돌아오는데 그 로직을 따라가서 검사를 한다. 로직의 어느 곳에서 버그가 생겼는지 찾아내는 것이다. 찾아내는 시스템이 따로 있는 것이 아니기에 버그가 안 잡히는 날에는 이틀이 넘어가기도 하고 밤새는 날도 많다.

환경은 한국이 중국보다 훨씬 나은 것 같다. 사람 사는 환경이랑 주변 환경이랑 훨씬 낫고 서비스가 좋다. 특히 교포들이 많지 않은 곳에 살면 교포들을 무시하는 경우가 적다. 내가 처음에 왔을 때에는 대림쪽에서 살았다. 그쪽에서 2년 좀 안 되게 살았는데 그쪽은 교포들이 많다 보니 어디를 가나 한국 사람들이 교포들을 바라보는 눈길이 좀 다르다. 또 교포들이 많아 너무 시끄럽고 직장도 이쪽이랑 가까워 이곳에 왔는데 여기가 더 편한 것 같다. 반면에 그쪽은 교포들이 먹을 수 있는 음식이 많은데 여기는 없다. 가끔씩 그쪽에 가서 먹고 싶은 것을 사오기도 하는데 음식 빼고는 이쪽이 사는데 더 편한 것 같다.

대도시 생활이 그래도 편하다. 일상 생활을 보면 필요한 물건도 바로 옆에 있어도 살 수 있고 시골에 가면 너무 없다. 할빈에 내가 좀 오래 살았는데 할빈은 환경 오염이 좀 많이 되었고 거기에 오래 살긴 했어도 늘 불안했다. 할빈에서 밤에 다니면 항상 불안한 감이 있었다. 중국은 어디 가나 거의 비슷하다. 한국은 그런 면에서 좀 나은 것 같다. 한국에서는 저녁 늦게 다녀도 괜찮다. 한국에서 생활한지 3, 4년 정도 되는데 크게 불편한 점은 없다.

나의 가족

부모님 고향에는 아직 가보지 못했다. 주말에 시간이 날 때면 친구들을 좀 만나는 외에 애기가 이제 2살이라 너무 어려 먼 곳은 가지 못하고 서울 내에서만 가까운 어린이공원이나 어린이박물관, 어린이삼성과학원 같은 곳에 다녀온다. 애기는 나중에 중국에서 학교를 다니면서 교육을 받게 할 것이다.

나중에 연대(烟台)로 가면 부모님은 그쪽으로 데리고 갈 것이다. 부모님은 누나의 애 때문에 시내에 나와 있기는 하지만 아직 고향에 집을 그대로 남겨두고 있다. 지금도 연세가 있는데 좀 더 지나면 둘만 같이 있게 할 수 없다. 아버지는 1943년생, 어머니는 1949년생이다. 두 분 모두 중국에서 태어나셨다.

한국에서 생활하는 동안 중국에는 딱 한번 갔다 왔다. 2008년 3월에 처음 한국에 왔다가 그 해 8월에 갔는데 그 뒤에 집사람이 바로 나오는 바람에 들어갈 일이 없어 안 들어갔다. 부모님도 가끔씩 오기에 할빈까지 가기가 힘들었다. 집은 연대쪽에 이사를 갔기에 연대쪽으로 가는 것은 괜찮지만 부모님이 고향에 있어도 거기까지 가기는 힘들고 부모님이 가끔씩 오기에 그냥 안 들어가고 있다. 지금 아내와 함께 살고 있다.

아내는 연수현 사람인데 동창은 아니다. 연수는 상지와 붙어 있는 곳이다. 연수랑 상지 모두 할빈지구(哈尔滨地区)에 속해있다. 예전의 아성시는 할빈시의 아성구가 되었는데 아성 지나면 상지이다. 아내는 나보다 1년 정도 뒤에 한국에 왔는데 그 뒤에 한국에서 애기가 태어났다. 내가 3월에 오고 아내는 이듬해 1월에 나왔다. 아내 역시 무연고시험을 봤는데 2기 시험에 참가했다. 추첨이 되어 나왔는데 지금도 H-2 비자를 가지고 있다. 엄마쪽으로 해도 되기는 하지만 애기가 태어났을 때 내가 가지고 있는 비자의 남아있는 체류 기한이 더 길어 나를 따라 애기 비자를 신청했다. 그 뒤로 계속 나를 따라 애기도 비자 연장을 하고 있다. 애기는 아직 중국에 한번도 가보지 못했고 할머니, 할아버지는 애기 태어날 때 보지 못했다가 그 뒤에 한국에 와서야 손주를 보았다.

여름휴가가 1주일이고 앞뒤 주말까지 합치면 9일 정도 쉴 수 있어 중국에 갔다 올 시간은 충분하지만 애기는 한번도 중국에 데리고 가지 않아 아직 중국땅을 밟아보지 못했다. 회사가 괜찮은 회사라서 연차를 좀 많이 주는 편이다. 다른 곳에서는 연차랑 명절휴가를 빡빡하게 계산하는데 우리 회사는 넉넉하게 해준다. 직장에 다닌 첫해부터 연차 5일을 줘 8월에 연대에 한번 갔다 왔다. 지금은 잘하면 주말까지 열흘 정도 휴가를 낼 수 있지만 또 막상 중국에 갔다 오게도 되지 않는다. 명절 때가 되면 누나의 아이를 봐주는데 애가 학교를 다니고 있어 부모님은 움직이지 못하고 여름방학 때 애들이 집에 가는 시간을 이용해 한 번씩 다녀가곤 한다. 장인, 장모님은 지금 한국에 있어 자주 만난다.

집에 만약 일이 생겨 회사에 못 나가게 되더라도 무단으로 회사에 나가지 않는 것이 아니기에 월급을 제대로 받지 못하는 일은 없다. 출근을 계속 하게 되면 그것에 따라 연차를 주는데 1년에 하루인가 이틀씩 추가된다. 정기 여름휴가를 제외하고 집에 일이 생기면 연차를 사용하면 된다. 사유만 정당하면 회사에서 크게 터치를 하지 않는다. 집에 일이 있다고 해도 사정을 봐주지 않는 회사들이 많고 중국에도 그런 회사들이 많은데 우리 회사는 괜찮다. 애기가 예방주사 맞으러 간다 하고 출근 했다가 잠깐 집에 갔다 와도 회사에서 뭐라고 하지 않는다.

아내는 직장에 다니지 않고 집에서 애를 키운다. 내가 혼자 직장 생활 하면서 한국 생활 하기에는 솔직히 힘들다. 애를 키우기 위해 한국에 있는 것이지 수입은 얼마 남지 않는다. 한국에서 더 생활할지 걱정되는 것은 사실 애 교육 때문이다.

지금 앞날을 보면 한국에 있는 것보다 중국에 가서 돈을 버는 것이 훨씬 나을 것 같고 여기에서 애를 키우려고 하니 앞으로 중국에 가서 적응이 안 될 것 같다. 지금 초보적인 생각은 어차피 중국에 데리고 들어가려고 한다. 그러면 같이 따라 들어가야 할 것 같다. 딱히 결정은 내리지 않았지만 조만간 여기 직장 생활을 접고 중국으로 들어갈 것이다. 애기를 먼저 보내면서 (아내와 나 사이에) 한 사람이 먼저 들어가든지 아니면 부모님이 좀 봐주었으면 한다. 그런데 부모님이 연세도 있고 또 다른 집 노인네들처럼 누나의 애를 봐주고 있어 부탁하기도 어렵다. 그래도 유치원에 들어가기 전까지만 중국에 보내 좀 봐달라고 부탁하려는데 좀 더 크게 되면 어차피 부모 중 한 사람이라도 애 곁에서 지키면서 공부를 시켜야 한다. 돈을 떠나서 교육은 지켜봐야 하는 것이다. 그렇게 서로 갈라져 살면 재미가 없기에 당분간은 한국에서 좀 더 벌어야겠지만 앞날을 생각하면 애랑 같이 있어야 할 것 같다. 그때면 집이 연대에 있어 연대로 갈 것이다.

연대에는 아직 한국 기업들이 좀 있긴 한데 그때 가서 한국 회사에 취직할지 중국 회사에 취직할지 잘 모르겠다. 상황이 자꾸 변하고 중국도 발전하는 기업들이 점점 많아지는데 그때 가서 한국 기업이 나을지 중국 기업이 나을지 내 전공을 살릴 수 있는 쪽으로 선택하겠다. 지금 하고 있는 일을 바꾸고 싶지 않다. 지금 이 정도 나이로 무엇을 다시 시작할 수 있겠는가. 이제는 바꾸려고 해도 못 바꾼다. 소프트웨어 개발 쪽으로 일을 할 것인데 나이가 더 들면 사유가 빠른 젊은 애들이 많이 들어와 소프트웨어도 더 하지 못하게 된다. 다만 이와 관련된 업종에 종사할 것이다. 한 분야에 오래 종사하면 경력이 인정되어 대우를 해주기도 하지만 펌웨어쪽은 그래도 괜찮은데 핸드폰, PC프로그램 같은 것은 사유가 엄청 빠른 젊은이들을 자주 채용한다. 대신 나이가 들면 소프트웨어 개발 관리자 쪽으로 일을 하게 된다. 직접 개발을 하는 것이 아니고 나이가 들면 다 관리쪽으로 변경한다.

한국에 나오기 바로 전인 2008년도 구정 전에 집에 들렀다가 구정 쇠고 3월에 나왔다. 고향에 가보니 조선족 동네가 없어져 사람이 너무 없고 한산했다. 우리 마을 같은 경우 45호 가구가 살고 있었는데 10여 호 가구만 남고 노인들만 남아있었다. 부모님은 아직 상지에 있고 형제들은 모두 한국에 있다. 형제들은 주말이 되면 2~3주에 한 번씩 만난다.

V

단기상무와 단기종합

1. 입국해서 3일 만에 오른팔이 절단되었다[*]

이림빈은 1970년 흑룡강성 밀산에서 태어나 길림성 돈화시에서 성장했다. 결혼 후 아이가 태어나면서 가정이 경제적으로 힘들어졌고, 조선족사회에 불어친 미국, 일본, 한국으로 출국하는 바람을 타고 우리 언어가 통하는 고곡인 한국을 선택하게 되었다. 1997년 한국에 입국하여 프레스 일을 하다 입국 3일 만에 오른팔이 절단되었다. 한국에서 치료받고 중국에 돌아가 요양을 하는 과정에 상처가 문제 생겨 한국에 다시 입국했다. 장애를 입었기에 고용이 어려워 그는 생활고에 시달리다 우연한 기회에 식당을 인계받았고 지금은 대림동에서 여러 가게를 운영한다. '한마음협회'의 회장으로 지내면서 재한 조선족과 한국인이 소통할 수 있게 많은 노력을 하고 있다.

이림빈(중국 국적)

가족

1970년, 흑룡강성(黑龙江省) 밀산시(密山市)에서 태어났다. 할아

---

* 면접 일시: 2011년 2월 11일
  면접자: 박우

버지가 북한 쪽에서 밀산으로 갔다. 10살까지 밀산에서 살다가 우리 집은 돈화시(敦化市)로 이사가고, 그 다음에는 돈화에서 성장했다. 돈 화에서 학교 동창인 아내를 만나 가정을 이루었다. 학교는 별로 많이 다니지 못했다. 专科(중등전문학교)를 다녔는데, 졸업하고 1995년쯤부 터 소학교 교사로 한 2~3년 있다가 잘 맞지 않아서 그만 두었다.

중국에서 학교 교사로 있을 때 아내도 직장 생활을 했었는데 시병 원 간호사로 있었다. 그러다 보니 둘만 있을때에는 경제적으로 별로 힘들지 않았다. 그런데 애가 태어나니 생활이 힘들기 시작한 것이다. 그때 당시에 뭐 미국도 가고 일본도 가고 한국도 오고 조선족사회에 외국바람이 불었는데 우리도 나가야겠다는 생각을 하게 되었고, 여러 나라를 선택하다가 그래도 우리 언어가 통하고 같은 민족인 한국을 선 택하게 됐다.

문화대혁명 시기에 나는 너무 어려서 잘 모른다. 하지만 내 이름이 한자로 李林彬인데 사연이 있다. 다 나무 목자다. 할아버지 고향은 함 경북도이다. 만주땅으로 건너가서 할아버지가 김일성부대랑 같이 항 일전쟁을 했다. 항일전쟁이 끝나고 중국이 해방되고 뭐 20년도 채 안 돼서 그 문화대혁명이 터졌잖나. 문화대혁명이 터졌는데 할아버지가 과거에 북한하고 관계가 있었으니까, 그때는 뭐 외국하고 관계가 있으 면 투쟁받고 그랬던 시기가 아닌가. 그래서 그때 할아버지가 시골에서 살았는데 엄청 투쟁을 받았다. 이름은 밝히지 않겠는데 아무튼 동네 이씨성을 가진 형제들한테 엄청 투쟁을 받았다. 그래가지고 너무 괴로 우니까 이 복수심이 생긴 것이었다. 저놈새끼들 저거 아무 때에나 죽여야 된다. 너무 괴로우니까, 문화대혁명때 사람들이 얼마나 많은 괴로움을 당했나. 그래서 내가 태어나면서 이 이름을 지어 줬다. 이름에 보면 이 나무 목자가 하나 둘 다섯 개가 되잖아, 나무에다 칼 세 개를 박아라고. 복수를 하라고. 이런 이름을 지었다. 아 글쎄 그때 죄가 김일성부대하고 같이 항일전쟁을 한 것, 그리고 외국하고 교류랑 한 것이 죄였던 것이다. 너무 괴로움을 당하니까 이런 이름을 지어 줬다.

한국입국 - 산업재해

처음 입국할때가 1997년 6월 9일이었다. 제일 처음 입국할 때, 우리 같은 경우에는 친척이 다 북쪽에 있기에 한국에 오면 무연고에 속한다. 그런데 그때는 친척초청으로 많이 입국을 하다보니 우리는 친척이 없으니까 중간에 브로커를 통해 입국을 했다. 그때 당시 중국돈으로 수수료를 한 7만7천 원인가 주고 왔다. 십 몇년 전에 거의 8만 원 돈이면 지금은 그보다 훨씬 많지. 들어올 때 C-2비자로 들어왔다.

들어와서 안산 시화공단에 있는, 프레스 일을 하는 중소기업에서 일을 시작했는데 일을 시작한지 하루 반 만에, 그러니까 한국에 들어온지 3일 만에 오른쪽 팔이 절단되었다. 그때 당시에는 그래도 어렵사리 산재처리는 받았다. 그런데 민사보상이라든지 그 공장에서 해주는 것은 하나도 받은 것이 없다. 그때가 또 1997년이면 IMF가 아닌가, 내가 2000년에 다시 들어왔을 때 그 곳에 가 보았는데 들리는 말에 의하면 그 부지에 있는 공장들이 이미 IMF때 다 무너졌다는 것이다. 그런데 그때는 뭐 팔이 잘린 상태라서 미치고 짜증나 있어서 보상이고 나발이고 다 그만 두고 빨리 중국에 있는 집으로 돌아가야겠다는 생각밖에 없었다.

팔이 잘린 다음 그래도 최소한의 치료는 한국에서 받았는데 산재 처리하고 한 4개월 정도 있다가 중국에 돌아갔다. 중국에서 무슨 다른 일 할 수도 없이 그렇게 살고 있는데 3년 정도 지나니까 절단된 부분이 아파나기 시작하는 것이었다. 병원에 가서 검사하니 神經瘤(신경종양)에 걸렸다고 했다. 그런데 내가 한국에서 중국으로 돌아갈 때 산업재해 처리를 했으니까 상처가 다시 문제가 생기거나 아프면 여기 한국에 근로복지공단에서 계속 치료를 해 준다는 것을 알고 있었다. 그래서 한국에 한 목사님한테 편지를 띄웠다. 어떻게 한국에 입국해서 치료를 받을 수 없겠는가. 그래서 3년 후에 2000년 6월에 또 치료 받으려고 재입국했다.

재입국

2000년에 재입국할때는 정상적으로 입국을 했다. 돈도 얼마 안썼다. 한국돈으로 그냥 몇 십만 원 비행기 티켓만 샀다. 처음에는 입국을 해서 수술을 받고 상처를 치료하면서 한국에서 생활을 하다보니까 참 여기가 괜찮게 느껴졌다. 정착하고 싶은 생각이 드는 것이었다. 1997

년도에 금방 입국을 했을때 3일 만에 손이 잘리니까 제정신도 아니었
다. 그리고 일처리도 잘 안 되고 하니까 한국에 대한 원망뿐이었다. 그
런데 2000년도에 입국해서 살펴보니까 참 괜찮은 것 같았다. 그래서
정착하려고 생각하고, 그런데 또 정착하려면 먹고 살아야 할 것 아닌
가, 그래서 일자리 찾으러 다녔다. 일자리 찾으러 다녀보니 몸에 장애
가 있어서 써주는 곳이 없는 것이었다. 그때 실망도 많이 했다. 그러면
서 당시에 노숙 생활도 해보고 몇 십 명씩 먹고 자는 교회랑, 종교단체
랑 찾아가서 같이 끼여서 공짜로 먹고 자기도 했다.

　　그러다 우연한 기회에 독산동에서 작은 테이블 4개짜리 가게를 하
게 됐다. 참 묘하게 그런 기회가 오게 되었다. 연길에서 온 부부인데,
이 두 사람은 모두 한국에 와서 만난 부부인데, 남자가 자꾸 술 먹고 여
자를 못살게 굴어서 여자가 가게를 팔고 다른 곳에 가려고 했던 참이
었다. 그때 당시에 천5백만 원 그 가게를 내놓겠다고 했는데 내가 어디
돈이 있겠나, 그래서 여기 빌리고 저기 빌려서 천만 원을 마련했다. 오
백이 차이 났다. 그런데도 그때 그 여자는 어차피 빨리 떠나야 되는 상
황이니까 모자라는 돈은 나중에 벌어서 갚으라고 하고 그냥 나에게 팔
았다. 그리고 나는 그때 당시에 불법체류였다. 그 재수술비자가 3개월
짜리인데 3개월이 지났으니까 불법체류가 된 것이었다. 불법체류 신분
으로 가게를 시작했다. 그런데 가게를 시작하면 어차피 사업자등록증
이랑 영업허가증이랑 내야 되니까 우리 신분으로 되지 않으니 원래 하
던 아줌마 명의로 계속 했다. 가게는 그렇게 시작했다.

　　당시 독산동에 조선족이 하는 가게든, 한국 사람 가게든 몇 개 없

었다. 내가 좀 일찍 시작한 축이다. 그때 당시에 독산동에 왜 동포들이 많이 밀집해 있었는가면 첫째로 당시에 불법체류자가 많았다. 불법체류자 많으니까 법무부에서 단속을 할 때 전철역 부근에서 단속을 많이 했다. 그런데 독산동 같은 경우에는 전철역하고 좀 떨어져 있다. 버스랑 타는 정류장에서는 단속을 그렇게 많이 안했다. 그래서 교포들은 독산동쪽이 단속이 적으니까 많이 집중해 살았다. 둘째는 지금은 구로디지털단지라고 하는데 원래는 구로공단이라고 불렀다. 그 공단이 있으니까 공단에 있는 직원들의 숙소가 그 동네에 많았다. 쪽방촌이라고 자그마한, 뭐 한 달에 50에 10몇 만 원씩 월세를 내는 쪽방 말이다. 그러다보니 불법체류인 사람들이 제대로 된 비싼 집을 못 얻고, 또 얻었다 해도 위치가 좋고 단속도 자주 걸려서 값싼 쪽방촌에 모여 사는 것을 선호했다. 불법체류 단속에 걸리면 사정없이 그냥 추방이다. 그러니까 이 위치가 편한거지, 방도 싸고, 아무 때나 잡혀도 뭐 그냥 집세 정도만 버리는 것이니까. 요즘에 독산동 가보면 어린이 놀이터가 있는데, 그 곳은 완전 노인정이 되었더라. 동포 어르신들이 이불 펴놓고 박스 펴놓고 놀이터에 한 바퀴 빙 돌려 자리를 차지하고 있으면서 카드하고 장기 두고, 뭐 고스톱 하고 그런 놀이 시설이 됐다. 그러니까 지금 같은 경우에는 그 곳에 거주하는 사람들을 보면 경제 여건이 안좋은 사람들, 노인층들 위주로 많이 거주하고 있다. 이제는 대부분 교포들이 합법화가 되어서 돈도 마음대로 모으고, 또 돈이 있는 사람들은 교통이 좋고 일자리 위치도 편하고, 월급도 좀 높은데로 빠져나왔다.

한 1년 정도 하다가 그 가게를 팔고 근처에서 또 30평 정도 되는

가게로 옮겨서 계속 불법체류 상태에서 장사를 했다. 장사를 하면서 돈을 좀 모아가지고 무역도 했다. 중국에서 대리석이랑 수입했는데 사실 뭐 국제무역이라는게 듣기에는 빛이 나도 실속이 없었다. 길에서 돈이 많이 나가고, 손님들께 돈이 나가고, 물건을 팔더라도 돈 받기 힘들고. 그래서 아예 자그마한 구멍가게를 운영하는 것이 더 낫겠다 싶어서 무역은 아예 포기하고 계속 가게를 운영했다. 가게를 운영하다 보면 제일 힘들때가 어차피 이 음식점이라면 술장사 아닌가, 술장사고 또 가게가 작으니까 머리만 들면 서로서로 쳐다보게 되는 것이다. 술 한 잔씩 먹으면 불쾌할 때도 있고, 양쪽에서 서로 싸울 때가 많았다. 싸우면 여기는 경찰이 금방금방 출동하니까 일단 싸움이 벌어지면 우리는 빨리빨리 내쫓아야 된다. 내쫓고 셔터 문을 닫고. 어떤때는 2~3일씩 문을 닫고 경찰이 왔다 갔나 눈치를 살펴야 한다. 왜냐하면 경찰이 오면 이 가게 주인이 누군인가 신분증을 내 놓아라 할텐데 온 집식구가 다 불법체류인데 들킬게 아닌가. 그러면 여지없이 강제추방이고 또 그렇게 되면 투자한 것이 모두 날라 갈수도 있는데, 아무튼 그렇게 한 3년 동안 장사를 했다.

합법체류화

3년 동안 장사하다가 그때 몇 년도인지는 잘 확실히 모르겠지만 2000년대 중반에 E-9신분으로 불법체류 다 면제하는 그런 정책이 있었다. 그래서 거기에 나도 해당되어서 합법화가 된 것이다. E-9신분으로 체류를 하면서 중국도 마음대로 오갈 수 있었게 되었다. 그러다가 D-8 외국인 투자비자를 신청하게 되었는데, 이 비자를 신청하려면 한국에 있는 돈을 투자해서 사업하는 것이 아니라 필히 중국에서 돈이 건너와야 된다. 그래서 한국에서 벌어 놓은 돈을 가지고 중국에 갔다가 다시 가지고 와서 서류를 만들어서 투자비자로 변경했다. 그때가 2004년이었을 것이다. 그 뒤로부터 지금까지 계속 편안하게 합법체류로 살고 있다. 독산동에서 가게를 하는데 합법화가 되면서 조선족들도 다 빠져나가면서 사람이 적어지는 것이었다. 그러니까 장사가 점점 안 된다는 것이 알렸다. 그럼 방법없이 사람이 많고 나름 위치가 좋은 곳으로 이사를 해야 할 것이 아닌가.

그래서 2007년에 대림동으로 이사왔다. 대림동도 우리가 처음 올 때에 이렇게까지 번화하지 못했다. 가게도 빈 가게들이 많았다. 그런데 요 몇 년 사이에 대림동도 엄청 사람들이 많이 들어왔다. 옛날에 비었던 지하방이랑 지하 가게랑 지금 아예 들어갈 자리가 없다. 지금 정부통계에 외국인이 제일 많이 거주하는데가 영등포구인데, 영등포구에서도 대림동에 외국인이 제일 많이 거주하고 있다. 이 외국인 중에서도 대림동은 94%이상이 중국동포다. 이렇게 집단촌이 형성이 되니까 음식에서부터 시작해서 물건 구입, 식자재 구입 모두가 대림동에서 이루어 질 수 있게 되었다. 주변에 구로구를 비롯해서 다른 동네에서도 여기를 많이 온다. 대림역 12번 출구 앞에 평일에도 봐라 사람이 얼마나 많은가, 엄청 많은 사람들이 집중해 있다.

참 한국 정부 차원에서 누군가가 이런 것에 관심을 가지고 이 대림동에 동포회관 크고 종합적인 것을 만들어주면 얼마나 좋겠나. 웨딩홀도 있고, 출입국관리소 출장소 같은 것도 있는 기관 말이다. 그리고 회의실도 마련해서 동포들이 여기서 모여서 이야기도 나눌 수 있으면 좋겠다. 참 마음이 아프다.

참 열심히 살았다. 오전 11시에 문을 열면 이튿날 아침 7시 8시까지 일을 했다. 지금은 몸 건강이 따라가지 못한다. 당뇨도 있다. 지금 대림동에서 串店(양꼬치점)과 火锅店(샤브샤브점)을 운영한다. 마포구에 양꼬치집을 하나 더 오픈 할 예정이다.

한마음협회

2006년 6월에 시작할 때는 그냥 몇 명이서, 한 다섯 명 여섯 명이서 축구로부터 시작했다. 축구단이 형성되면서 인원이 좀 늘어나니 내부에서 우리 축구만 하지 말고 좀 자원봉사도 하자는 얘기가 나왔다. 그래서 봉사단도 생기고 또 활동을 하다가 2008년 말에 '한마음협회'로 정식 명칭을 걸고 활동을 시작했다. 지금은 한마음봉사단이 있고 한마음축구단, 한마음배구단, 한마음산악회가 있고, 초반에 대림동 자율방범대도 했었는데 지금은 안하고 있다. 그리고 악단동호회도 있고, 지금 회원이 한 천 여 명 정도 된다.

단체 운영을 하려면 제일 중요한 것이 재정 문제인데 6년 정도 활동을 하면서 우리 협회는 회비를 지금까지 일전 한푼도 거두지 않았다. 자체적으로 운동대회를 하거나 축구대회를 할 때 천만 원은 쉽게 나가는데 후원을 받고 모자라는 부분은 내 개인돈을 밀어 넣는다. 후원은 알다시피 별로 많이 못 받는다. 그런데 2011년부터 회비제도를 도입하려고 했다. 회비를 거둔다 해도 한 달에 몇 십만 원씩 내는 것은 아니고 5천 원, 만 원 정도 낸다. 회비를 내면 돈을 내므로 인하여 책임감이 더 생기게 된다. 회비를 낸 사람에 한해서 회장 선거를 비롯한 선거에 나갈 권리와 투표권 및 발언권을 주려고 한다.

점점 재정적 문제가 중요해 지는 것 같다. 지금 사회가 그렇잖아 경제가 뒷받침해야 무슨 일이나 다 할 수 있다. 마음 하나라도 좋지만 현실적으로 힘들다. 우리가 외지나 지방에 봉사하러 다니는데 교통비를 포함해서 여러 경비를 요양원이나 경노당에서 달라고 할 수 없지 않는가. 지금 그런 경비 문제를 해결하기 위해서 가게를 일단 프랜차이즈 형식으로 확장할 준비를 한다. 그리고 개인적으로 한국에서 10년 넘게 장사를 했기에 학교에서 전문적으로 배운 것은 없지만 그만큼 노하우가 있다. 위치만 보면 어떤 가게가 적합하고, 또 어느 정도 영업을 잘 할 수 있을지 알린다.

지금 한국에 살면서 나 같은 경우에는 개인적으로는 참 살기도 좋고 생활하기도 너무 좋다. 한국에서 살기에는 큰 지장은 없지만 이 동포사회를 놓고 얘기를 한다면 대한민국정부에서 계속 외국인 취급을 한다는 점이 아쉽다. 2009년 5월 3일 우리가 중국동포 제1회 한마음체육대회를 했는데, 기실 한 개 자그마한 민간단체에서 이렇게 전국대회를 한 것이나 다름이 없었다. 그때 당시에도 16개 축구팀이 참석을 했다. 대한민국을 놓고 보면 자그마한 민간단체에서 이런 행사를 했는데, 이런 경우에 정부에서도 좀 관심을 가져야 하는데 그렇지 않았다. 우리가 도움을 청하려고 재외동포재단에도 갔댔다. 재외동포재단은 외국에 있는 동포를 상대로 지원을 해주지 국내에 와있는 동포는 해주지 않는다고 했다. 그래서 그때는 개인적으로 3천만 원 들여가지고 했는데 엄청 힘들었다. 지금도 똑같다. 심지어 이 다문화가 형성되면서 동포정책이 뒷전에 간지도 이젠 한참 됐다. 이번에도 예산안 편성한 것을 보니까 이 동포관련 예산은 뭐 거의 일전도 없는 것이었다. 지금 외국인이 뭐 120만 시대라는데, 이 말 자체도 웃긴다. 이 외국인들 중에 40만이 넘는 우리 동포들, 같은 핏줄인 동포들도 포함을 시키면서 아무 대책도 없고 예산도 없다. 참 마음이 아픈 일이다. 얘기하면 불만도 많은데 이젠 불만을 덜 얘기 하고, 좋은 것을 많이 얘기하려고 노력을 하는데 생각만 하면 울분이 터져나온다. 잘한다고 칭찬해야 잘해주지 욕을 자꾸 하면 삐쳐서 더 해주지 않는다.

이 동포사회를 놓고 보면 불법체류자가 많았을 때인 2003~2004년까지도 동포들 스스로 만든 단체가 거의 없었다. 그때는 인권단체나 교회에서 모임을 갖고 많이 활동을 했는데 합법으로 된 다음부터는 동포단체들도 많이 생기고 있다. 많이 생기는데 정부 차원에서 아예 관심을 가지지 않으니 생겨도 통합적으로 관리하는 시스템이 없다. 그냥 뭐 하루밤 자고 일어나면 명함 하나 파면 이 총회고 저 연합회고 그냥 모두 회장이 된다. 규제와 관리가 없다. 진짜 별의별 사람들이 다 있다. 명함을 보면 완전히 뭐 이 세계를 통일한 명함을 가지고 다닌다. 놀랄 정도다. 그 실상을 보면 회원이 있나, 뭐 활동을 하나, 뭐 아무것도 없는데도 명함을 들고 다니니까, 이게 통합적으로 관리하는 뭔가 있어야 되는데 이게 없다. 서로서로 자기가 크다고 이 총회고 저 연합회고 명칭은 어마어마하게 걸고 하는데 실상은 별것도 아니다. 그래서 나는 재한동포사회도 큰 명칭을 가지고, 예를 들어 중국동포 무슨 연대라고 하든지, 연맹이든지 재한동포연맹, 재한동포연대라든지 명칭이 하나 나오고 지금의 총회고 연합회고 협회고 다 지회나 지부식으로 명칭 하나를 사용하면서 운영해서 하는 것이 좋다고 생각한다. 다른 단체장들도 통합 문제에 대해서 공감을 하는데 세부 사항에 들어가서는 아직 잘 맞지 않는다. 그런데 언젠가는 될 것이다.

정체성

중국에 있을 때 모두 중국역사를 배우잖나. 우리 부모님도 민족에 대한 얘기를 그렇게 많이 안해줬다. 중국에 있을 때 그런 문제에 대해 전혀 생각한 적도 없다. 그냥 우리는 조선족이고, 한족과는 민족이 틀리고, 그런데 중국 국적이니까 중국 사람이다 이런 정도이지. 그런데 2000년에 한국에 다시 와서 인터넷을 접속하면서 생각이 많이 달라졌다. 그때 당시 유학생 카페가 하나 있었다. 지금은 아마 폐쇄 되었을 거다. 그 유학생 카페에서 엄청 싸워댔다. 글 하나가 올라오면 한국인들하고 동포들이 엄청 이 민족 문제를 가지고 많이 싸워댔다. 그 싸움에서 많은걸 배웠다. 특히 단군의 후손이고, 이러저러한 민족 문제에 대해서 말이다. 그때 주로 싸우는 내용이 사실 참 유치한 내용들인데 예를 들어 중국하고 한국이 축구 경기를 하면 조선족들은 어디를 응원할 것인가에 대한 댓글들이다. 이런 것을 물어보는 사람이나 서로 욕하면서 싸우는 상대방이나 참 유치하게 느껴졌지만 결과적으로는 민족 문제가 거론되었고, 나도 보고 배운 것이 많다.

한국에 와서 문명이란 것이 무엇인지도 느꼈고 참 배운 것이 많다. 중국에서 살때와 완전히 다르다. 우리 조선족들도 한국에 와서 그냥 투정만 부리지 말고 배우려고 해야 한다. 서로 배우는 것이다. 그런데 현실적으로 한국에 일하러 온 조선족들이 현장일을 나가면, 사실 공사판에 있는 한국 사람들도 되게 거칠고 교양이 없다. 그런데서 밑에서 일하니까 보고 배우는 것도 그런 것이고, 또 서로 싸우고 쌍욕에서부터 행동까지 다 그렇게 되는 것이다. 참 힘들게 사는 사람들이다. 그냥 개인적 생각은 참 서로 돕고 배우면서 같이 잘 살았으면 좋겠다.

2. 가사도우미는 개인 자유공간이 없어 답답하다[*]

> P씨는 1960년 길림성 용정시 조양천진에서 태어났다. 상업부문 회계로 있다가 내부퇴직하고 2010년 한국에 입국하여 학원을 다닌 후 방문취업비자를 발급받았다. 지금은 가사도우미로 있는데 체력적으로 크게 힘든 점은 없지만 모든 일에 간섭하는 외할머니 때문에 스트레스를 받는다. 아이를 돌봐야 하기에 티비는 볼 수 없지만 서재에 있는 책을 읽으면서 한국을 이해하고 있다.
>
> P씨(중국 국적)

가족과 학교 생활

부모님이 우리 가족이 언제 한반도에서 중국으로 이주하셨는지에 대해 말해준 적이 없어서 가족 이주사에 대해선 잘 모른다. 우리 아버지 고향은 한국인걸로 알고 있는데 연락이 없다 보니 후에 친척들도 다 잃고 해서 조상에 대해 잘 모르고 있다. 아버지는 내가 고중 때 돌

---

[*] 면접 일시: 2012년 4월 14일
  면접자: 박일화

아가셨고 가문 자체가 이런 말을 하는 것을 좋아하지 않아서 할아버지 때 한반도에서 이주했는지 부모님 때 한반도에서 이주했는지에 대해 잘 모르고 있다. 형제로는 위에 오빠가 2명 있고 나는 집안 막내다. 남편은 내가 일하던 단위 사람과 그 집의 누나가 아는 사이라 자유연애가 아니라 소개시켜주어서 알게 되었고 후에 결혼까지 하게 되었다. 슬하에는 아들 하나, 딸 하나 있는데 큰애는 지금 청도에서 직장 다니고 작은애는 대학에서 공부하고 있다.

나는 1960년에 조양천에서 태어났고 고중까지 조양천에 있었다. 소학교부터 고중 졸업까지의 10년은 마침 문화대혁명 시기인데 문화대혁명에 대한 인상은 크게 없다. 특히 우리 가정은 정치상에서 박해받은적 없어서 문화대혁명에 대해 인상이 없는 것 같다. 기억에 남는 거라면 고중 때 공부를 제대로 하지 않고 조를 나누어 공장, 병원, 농촌에 일하러 간 것인데 나는 우리 대대 병원에 분배 받아 거기서 주사 놓는 것, 약 짓는 것 등 병원 일을 배우곤 했다.

내가 고중을 졸업하는 해에 중국에서 제1차 대학입시를 회복하였다. 1977년 7월에 고중을 졸업하고 11월 즈음에 시험을 보게 되었는데 그 첫 번째 시험에 참가하게 되었다. 그전에는 중등전문학교 시험을 고등학교 졸업하고 보게 되었는데 우리 그해가 대학입시 회복 첫해라 중등전문학교 시험과 대학 시험을 같이 보게 되었다. 대학입시 공부할 때는 우리 소대, 대대 간부들이 많이 지지했다. 마침 그 간부들이 문화대혁명때의 고중 졸업생으로 그때 당시 고졸은 수준이 상당했는데 대학을 못 간 세대라 대학시험이 있다고 하니 저들이 대학시험을 못 본 것이 아쉬워 우리들 더러 한 달 동안 일하러 나오지 말고 집에서 공부만 하라고 하였다. 그때는 다른데도 다 우리와 같은 것으로 알고 있었는데 후에 전문학교에 가보니 다른 데에는 우리 대대처럼 공부해라고 한 달 동안 시간 준 곳이 없었다.

대학도 지원했지만 그때 보면 농촌이다 보니 나는 농촌호구(农村戶口)에서 성시(城市:도시)호구로 고쳐 농민이 되지 않겠다는 생각밖에 없었다. 나는 농촌에서 태어나서 자라고 농사도 한번 지어보지 않았지만 농민이 싫었다. 그래서 어쨌든 공인호구(工人戶口)가 되자는 생각이었는데 첫 번째 시험이다 보니 딱 붙겠다는 압력은 없었고 그냥 대학시험에 참가해보자는 생각으로, 처음이니 붙으면 좋고 못 붙으면 내년에 다시 하겠다는 신념으로 시험을 보게 되었다. 그런데 시험을 다 보고 지망을 쓸 때 내가 내 정도를 알았기 때문에 혼자서 신문을 보고 지망을 썼다. 그때 대학교 점수선이 181점이고 전문학교 점수선이 131점이였는데 내 점수가 전문학교 점수선을 겨우 넘었다.

중국 생활

전문학교는 2년제였는데 공부는 얼마 하지 않았다. 전문학교에 진학하면서 나의 호구는 공인호구로 되었고 졸업하는 동시에 간부로 되었다. 졸업하고 상업에 분배 받아 회계 업무를 하게 되었다. 이곳 저곳 옮겨 다니면서 상업에서 8년간 일하다가 은행쪽이 좋아 보여서 은행으로 직장을 옮기게 되었고 개혁개방으로 인한 내부퇴직 전까지 쭉 은행에서 일했다. 그때로 보면 내가 다니던 상업쪽도 사회에서 좋은 단위였다. 명절에 고기랑 마음대로 가지고 은행보다 낫았다. 그러나 내가 사는 집이랑 거리가 있어서 애기를 가진 후 자전거 타고 출근했다가 애기 젖 먹이러 오려면 힘겨웠다. 누군가 힘써준 사람도 없는데 그냥 자신이 은행에 가고 싶다는 생각으로 은행에 찾아가서 원래 있던 직장에서 너무 오래 있어서 환경을 바꿔 일하고 싶다고 말했다. 운 좋게 내가 은행 찾아간 후로 몇 달 지나지 않아서 은행 업무 확장으로 인해 사람이 필요하게 되자 은행에서 나를 불러주어서 직장을 은행으로 옮기고 은행에서 12년 동안 근무하게 되었다.

후에 개혁개방으로 내부퇴직하게 되었다. 내부퇴직 한 것도 그때 단위에서 여자 43세, 남자 48세인 사람은 무조건 나가라고 했는데 나는 바로 그 밑에 나이로 내 윗 나이 분들이 다 나가니까 나이 먹고 단위에 있는 것이 싫었다. 게다가 그때 정책도 좋았다. 나가게 되면 재직직원과 똑같은 복리 대우를 해주고, 월급도 2급 올려준다고 하였다. 그래서 계산해 보니 재직 월급과 200원 차이밖에 없었다. 은행에 다니면 애들 교육에 소홀할 수 있는데, 내부퇴직하면 애들 돌보면서도 그 200원을 벌 수 있겠다고 생각하였다.

은행에서 내부퇴직 한 후에 학교 앞에서 작은 가게를 열어 상점을 하면서 식품을 팔았다. 처음 시작할 때 문구점을 차리려고 했다. 애들 문구를 사러 다니면서 보니 문구 장사가 보기도 좋고 그냥 물건을 들여가 팔면 되니 벌이가 되어 보였다. 그래서 가게를 열려고 했는데 나는 두 번째 집을 맡다 보니 첫 집에서 이미 문구 하고 있어서 우선 식품점을 하면서 천천히 문구점을 열려고 하였다. 그런데 처음 하는 장사라 집세랑 세금 내고 나면 떨어지는 것이 없어서 고민하고 있는데 학교 숙사에 있는 학생들이 와서 아줌마가 도시락 해서 팔면 와서 사먹을 것이라고 해서 그럼 한번 해보자 하고 도시락 장사를 시작하였다. 나는 너무 후진 반찬은 봐주지 못하는 성격이라 우리 집 도시락 반찬에는 한겨울에도 파란 채소가 떨어지지 않아 도시락 사먹으러 오는 학생들이 많았고 장사도 잘 됐다. 일손이 딸릴 때는 도와주는 사람 한명 쓰면서 장사를 했다. 그런데 2년 동안 밖에 하지 못했다. 그 자리에서 계속 했었더라면 좋았을 텐데 말이다. 원래는 도시락 장사를 하면서 돈도 모으고 길이 넓어지면 문구점 쪽으로 나가려 했는데 학교 앞 점포 가게를 모두 철거 하게 되면서 나는 학교 안에 들어가 가게를 계속 열게 되었다. 그런데 학교 안에는 이미 교장 부인이 하는 가게가 있어서 내가 들어가 하게 되니 내 가게로 물건 사러 오는 애들이 점차 늘어나게 되어 장사가 더 잘 되는 바람에 나중에는 학교에서 쫓겨 나오게 되었다.

학교 안 가게를 그만 두고 작은애가 연변1중에 진학하게 되자 나는 애 따라 연길에 가서 셋집을 맡고 애 공부 시키면서 집에다 학생 애들의 하숙도 하고 연길 회사에 취직도 하면서 회계 일을 계속 하였다. 그렇게 작은 애 공부를 3년 시켜 대학에 간 다음에 보니 아들도 청도에서 셋집을 잡고 있고 나도 연길에서 셋집을 잡고 있고 우리 집은 이미 세를 나간 상황이고 하니 연길에 있는 셋집을 빼고 그냥 아들한테 가자고 생각해서 청도에 가서 1년 동안 있게 되었다. 청도에 가서는 회계 일을 하지 않았다. 나이도 많거니와 은행 나온지도 꽤 됐고 모든 업무가 전산화가 되어서 내가 할 수가 없었다.

자식 교육

애들 공부에 대해서 시시콜콜 간섭하지 않고 그냥 밥 때에 밥 챙겨주고 일어날 시간이 되면 깨워주면서 일상생활에 대해 신경 써 주었다. 한국에 와서 지내보면 우리 애들이 잘 커줬다고 생각한다. 아주 감사하게 잘 커줬다.

부모가 다 한국에 나온 집은 돈이 많으니까 팡팡 쓰면서 먹고 싶은 것은 맘대로 먹고, 입고 싶은 것은 남들보다 더 입는데, 우리는 아무리 맞벌이라 해도 둘이 월급으로 애 둘 키우는 게 쉽지 않았으므로 애들한테 팡팡 쓰지는 못했다. 그래서 미안한 마음으로 애들한테 잘 사는 집 애들 부럽지 않는가고 물어보면 자기는 엄마 사랑 많이 받아서 낫다고 오히려 나를 위로해준다. 애들에 대한 요구가 높았다. 혹시나 애들이 놀거나 공부 잘 못하거나 성적이 떨어지고 하면 이렇게 말하곤 한다. 너네 미안하지도 않니, 엄마가 이렇게 열심히 뛰는데. 나는 진짜 열심히 일했으니까 애들이 봐도 안다. 특히 가게를 할 때는 아침 5시에 나갔다가 저녁 10시에 들어올 때가 다반이었으니, 애들도 가게에 와서 밥 먹고, 어떤 때는 물건도 팔아주고, 시어머님이랑 같이 있었는데 가게를 보느라 밥상을 차려 드리지 못해서 내가 밥 하면 애들이 할머니한테 날라다 주곤 했다.

한국 생활

나는 애들이 대학 가기 전에는 한국 나가는 것은 아니라고 생각했다. 애들을 공부시키면서 신랑이 먼저 한국에 나왔다. 신랑은 직장이 공장이다 보니 아직 퇴직도 못하고 양로비도 저절로 내는 것이고, 다니던 공장이 제대로 돌아가지 않으니 그 것을 아예 때려치우고 한국에 나왔다. 그러다 보니 집식구 가운데서 남편은 한국에 있고 아들은 청도에서 취직하고 있고 딸은 대학교 다니고 있으니 나 혼자 집에 있기도 그렇고 해서 한국에 나오게 되었다. 한낮 젊었을 때 그래도 얼마간 벌어 놓으면 애들한테도 도움이 되고 하니까 말이다.

마침 작은애를 대학에 보내놓고 정책도 좋아 시험을 보고 추첨 되면 한국에 나올 수 있게 되었다. 나는 은행에서 일했던 이유로 F-4 비자도 신청이 가능해서 신청도 하였다. 그러나 빨리 나오려고 그 전에 시험을 두 번이나 보았는데 추첨이 안 돼서 못 나오다가 후에 정책 줘서 1년에 3개월 복수 비자가 생기에 되었다. F-4가 나오기 전에 C-3비자가 먼저 나와서 그 비자로 2010년 11월에 한국에 나오게 되었다. 그런데 막상 나와보니 C-3 비자로 등록증 발급이 되지 않아서 일을 할 수 없게 되었다. 그때 파출부에서도 등록증이 없는 사람을 알선했다가 걸리면 벌금을 하게 된다고 소개시켜 주지 않았다. 그러자 여기에 있는 조카가 학원에 들어가라면서 일주일에 이틀 학원 다니고 닷새 일해도 되지 않는가 해서 학원에 다니게 되었다. 그러다가 비자를 D-4로 변경했다가 작년 9월에 H-2로 변경했다. 나는 남들처럼 힘겹게 식당일도 아니고 지레 가정부 일을 선택했다. 내가 원래 디스크가 있어서 식당 일은 못하고, 또한 너무 어린 애기도 장시간 돌볼 수가 없어서 가사도우미도 유치원 이상 애들이 있는 집만 골랐다. 가사도우미 가운데서도 유치원 다니는 애들부터는 제일 고급이라고 한다. 그래서 그런 일자리는 적다고 한다. 나는 일이 떨어져서 좀 기다리더라도 내가 할 만한 것을 해야 되니까 고집했다.

교포들이 한국에 처음에 와서 식당에서 일하게 되면 사발만 씻어야 하는데 한 가지 행동을 12시간씩 하면 나는 그 자리에서 죽는다. 그래도 가사도우미는 집 안에서 마음대로 움직일 수 있고 손과 팔을 움직여 줘야 경추가 나아진다. 목 디스크가 있어서 식당 일에 대해서는 생각조차 하지 않았다. 그리고 그전처럼 돈 7만, 8만 넣고 나왔다거나, 내가 월급이 없고 살기가 힘겹다면 식당일이고 어려운 일이건 생각할 겨를이 없었겠는데, 나는 여기 안 나와도 살 수 있으니, 아들이 대학 나와서 일하고 있지, 내 월급으로 애 하나 공부시키고도 생활비가 되니 내 몸을 망가뜨리면서 일하려는 생각이 없다. 그래서 남편이 처음 한국에 나왔을 때도 항상 힘겹게 하지 말고, 병들어도 안 되니까 욕심부리지 말라고 했다.

내가 한국을 늦게 나와서 내가 나왔을 때는, 남편도 나와 있어 오자마자 카드도 주지, 여기 나와 있는 조카들도 많아서 길을 다 안내해

주고 평소 생활도 도와주어 사회에 적응이 빨랐다. 그래서 일찍 나온 우리 친구들이 힘겹다고 하지만 나는 한국에 나와서 크게 힘겨운 점이 없었다. 그전처럼 인민폐로 6만, 8만 내고 한국에 나오라면 나는 나오지 않는다.

처음 집은 보름 했는가, 거의 적응해 갈라 하는데, 원래 보모가 중국 갔다가 다시 오는 모양이었다. 처음에는 내가 하는 일이 탐탁지 않아 그런 줄 알았는데 후에 보니 원래 일하던 보모가 온다는 거야, 애기가 원래 보모가 쓰던 베개를 안고 놓지를 않고 내가 쓰지 못하게 하는 것이었다. 그래서 첫 집을 그만두고 그 다음에 찾은 집에서 다섯달 하다가 그 집 사모님이 편치 않아서 출근을 안 하고 집에 있게 되어 그 집도 그만두게 되었다. 세 번째 집이 이번 달까지 10개월이 되어간다. 지금 하는 집도 원래 이모가 온다고 해서 그만둬야 하는가 했는데 그 이모가 식당일이 벌이가 더 된다고 가사도우미를 하지 않겠다고 해서 내가 지금까지 그 집에서 하고 있다.

보모일 하면서 제일 힘든 것은 외할머니가 모든 일에 시시콜콜 간섭하는 것이다. 집에 가보면 시어머니는 간섭하지 않는다. 시어머니는 보모랑 무슨 말 잘 못했다가 보모가 그만 두면 며느리한테 무슨 말 들을까봐 간섭하지 않는다. 그런데 외할머니는 처음부터 끝까지 시시콜콜 다 간섭한다. 그리고 이분들은 자기 돈 주고 보모를 쓰니까 사람을 예전처럼 기시하지는 않지만 어쨌거나 차별이 있다. 그런데 나는 내 말을 삭히면서 일하는 스타일이 아니다 보니 내가 참을 만큼 참다가 나한테 그러면 나는 가만있지 않는다. 지금 하고 있는 집 외할머니와도 다툰 적이 있다. 처음에는 말대꾸를 한다고 그 집 외할머니가 팔팔 뛰었다. 한국은 원래 나이 어린 사람이 어른 앞에서 대들지 못하니, 그러나 중국은 아니지, 내 앞가림 다하고 사니까 내 맞는 것을 틀렸다고 하는데 왜 가만있겠는가. 그래서 한번은 외할머니한테 대들었었다. 대들 땐 안 하면 말라, 나를 쓰겠으면 쓰고 안 쓰면 내가 다른데 가서 하면 되지, 이 집에서 나가겠다는 각오를 한다. 아마 사모님이랑 얘기 했는가 보는데 우리 사모님이 중국 사람과 일 해본 경험이 있어서 이해하는 것 같았다. 사모님이 가게에서 중국 사원을 채용하면서 처음에는 중국 사람들이 일하는 방식에 달통(이해)되지 않았다고 한다. 한국 직원들은 선배가 뭐라면 뭣이고, 선배가 퇴근 안 하면 절대 먼저 퇴근 하는 법이 없고, 선배 말에 토를 달지 않지만, 중국 직원은 퇴근 시간이 되면 바로 달아나고 한마디 하면 한마디 그대로 대꾸해서 놀랐다고 한다. 그래서 내가 사모님한테 말했다. 중국 사회는 다 그렇다고, 사람마다 다 내가 나라 주인이라고 살기 때문에 나이 많은 사람이고 선배고 다 대꾸할 수 있다고, 그리고 아침 7시 반 땡하면 출근하고, 저녁 5시 땡하면 우린 퇴근한다고, 여기서처럼 마음대로 다른 사람의 노동력을 그렇게 점하지 않는다고. 큰 회사는 근무 시간이 연장되면 연장 근무에 해당하는 돈을 주는데 작은 회사는 안 주는 것으로 알고 있다. 그리고 주지 않으면서도 응당 점해서 쓰는가 하니, 일본은 1분이라도 초과하면 컴퓨터가 알아서 계산해 주는데 한국은 아니지 않는가고 따졌다.

한국 사람은 살자고 일하는게 아니라 일하기 위해서 사는 것 같다. 그냥 중국 사람보다 앞선 점은 돈을 벌어서 여행을 가는 것인 것 같다.

와서 살아보면 한국이 중국보다 전산화가 잘 되어 있고, 인터넷이 잘 되어 있고, 교통이 잘되어 있다는 것 외에는 다른 것은 별로 인 것 같다. 내 인식 차이인지는 모르겠지만 사람마다 안녕하세요, 죄송합니다 하는 것이 진심이 담긴 것이 아니라 그저 말 뿐인 것 같다.

지금 일하는 집도 처음에는 애들이 완전 버릇이 없었다. 특히 언어상에서 어른이고 뭐고 다 야자로 하니 처음에는 달통이 되지 않았다. 후에 가만히 보니 할머니한테도 응, 엄마 아버지 봐도 응 하니까, 일하는 이모한테 응 하는 것이 응당하구나 했다. 그리고 자기가 응당 해야 할 일도, 내가 일꾼이라고 자기가 하지 않고 무엇이나 다 나더러 하라고 한다. 또한 언어상에서 사람을 기시한다. 그래서 한번은 큰애를 불러놓고 이모가 중국에서 너네 엄마 아빠만 못한 것 같니, 너네 아빠 엄마보다 더 잘 지낸 사람이야, 사람 못 돼 먹기로 어디다 어른보고 그렇게 하니, 너보다 어른인데, 하면서 말했다. 이렇게 말해 놓으면 애들이 그 당시에는 어떻게 들었던 간에 후에는 변하는 것 같다.

그리고 애들이 자기가 잘못한 것도 남한테 떠넘길 수 있고 그 사람이 하지 않은 일도 했다고 하고 그런다. 전에 했던 보모가 잘못해서 애한테 나쁜 인상을 남겼을지도 모르지만. 전에 했던 집에서 생긴 일이다. 애가 5살인데, 엄마 아빠한테 선물한다고 그림을 그렸다. 그런데 그림을 그려놓고 어디다 뒀는지 찾지 못하고 바로 나한테 이모 집에 가져가자고 자기 그림을 치웠는가고 따지는 거야. 도둑질 했는가고 말하는거야, 그래서 애한테 너 이모를 몰라 그러니 이모는 거짓말이라는 것을 모른다, 내가 너의 그림에 손을 대지 않았다, 그것을 가져도 쓸모가 없다고 말해줬다. 그러다가 좀 후에 이불을 거두자 그림이 이불속에서 나왔다. 그제야 애가 쑥쓰러워했다. 또 한 번은 애가 목걸이를 수공으로 만들었는데 나도 애를 도와서 만들어 주곤 했다. 나중에 보니종이로 꽁꽁 싸 두어서 어느 구석에 들어가 보이지 않았다. 그러자 바로 이모가 그 것을 도둑질 했다고 하는 것이었다. 나중에 어느 구석에서 찾게 되었지만 당시에 또 애한테 사람을 함부로 도둑이라고 하면안된다고 말해줬다. 근데 애들 자체가 생각이, 물건이 없어지면 사람을 의심하고 하는 것 같다. 중국 사람들은 이런 상황에서 심사숙고해서 말하는데 여기 애들은 그게 없다. 대부분 애들과는 이런 문제로 트러블이 생기곤 한다. 다른 가사도우미는 어떻게 이런 상황에 대처하는지 모르겠지만 나는 가만있지 못한다. 또한 애들이 잘못하면 바로 잡아줘야 한다고 생각한다. 애들이 이모가 거짓말을 하지 않는가 물어보면 항상 이모는 거짓말이란 것을 모른다고 답하곤 한다. 후에는 점차지내다 보니 이모가 거짓말을 하지 않는다는 것을 애들도 알게 되어가는 것 같다.

가사도우미 이 일은 체력적으로 크게 힘든 점은 없다. 그러나 하루종일 집안에 있어야 하니 지루하고 주인집에서 먹고 자고 하니 자유공간이 없다는 점이 답답하다. 애기가 깨기 전부터 일어나서 일해야하고 애기가 잠든 후에야 잠 들 수 있으니 자유시간이 없다. 지금 하는집도 처음에는 힘들었는데 지금은 애들이 잘 따라줘서 괜찮아졌다. 그래도 제일 힘든 것은 외할머니와의 관계인거 같다. 여기는 원래 새로운 가사도우미가 오면 외할머니가 와서 일을 가르쳐주곤 한다. 중국에서는 주로 시집에서 간섭하는데 여기는 주로 외할머니가 사사건건 간섭한다.

　일주일에 한 번씩 쉰다. 토요일 저녁에 나왔다가 일요일 저녁에 들어간다. 원래는 일주일에 이틀 쉬는 걸로 들어갔는데 하다 보니 사람 욕심이, 주인집에서 회사 일이 바쁘다고 토요일 점심에 나가고 일요일 저녁에 들어오면 안 되겠는가고 부탁해서 그럼 그렇게 하겠다고 서로 바쁠 때 도와줘야 하고 하니 그렇게 했는데, 후에 사모님 회사 일이 바쁘지 않다 해도 다시 시간을 원상태로 돌려준 것이 아니라 계속 토요일 점심에 나가는 걸로 되었다. 그러다 내가 가까운 데로 이사 오니 그럼 일요일 3시, 4시에 들어오면 안 되겠는가 부탁을 하는데, 나도 개인 사정도 있고 자유시간이 필요하다고 하니 지금의 토요일 저녁에 나가고 일요일 저녁에 들어가는 걸로 되었다.

　애기 키우는 집들은 티비를 보지 않는다. 그러니 휴식하게 되면 나와서 드라마를 보고 젊은이들이 노래하는 것을 보면서 그동안 티비를 보지 못한 허기를 달래곤 한다. 요즘은 '패션왕' 보고 있고 그 전엔 '해를 품은 달'을 재미있게 보았다. 옛날 '자이언트'랑 '제빵왕 김탁구'는 얼마나 잘 찍었나. 가사도우미 할 때는 티비를 못 보니 그 집 책장에 있는 책을 보곤 한다. '봄날'이라는 소설도 읽었고, '아리랑'과 '한강'이 조정래가 쓴 거다. 잘 썼다. 책을 통해 한국 역사를 간접적으로 접하는 것 같다. 옛날 학교에서 공부할 때는 서점에 가면 내가 안 본 책이 몇 권 없었고 사회에 나갔을 땐 책 볼 시간이 없어 서점에 가면 내가 본 책이 몇 권 없었다. 지금은 한국에 와서 티비를 못 보니 대신 책을 보게 된다.

휴식 할 때는 조카들과 같이 여기저기 다니기도 하고, 친구들을 만나기도 한다. 우리 친구들은 대부분 애들도 다 컸지, 회사도 망해서 일 안 하는 사람이 많다 보니 대부분 한국에 나와 있다. 중국에서도 만나지 못하던 소학교 동창도 여기 와서 만나곤 한다. 중국에서 모여도 10명 이상 모이기 힘든데 여기서 고중 동창은 한번 모이면 10명 넘게 모인다.

한국에 나와서 한번도 집에 간 적이 없다. 일 관계도 있고 구정 때에 집에 가려고 해도 그렇고 청도에 있는 아들한테 가려고 해도 지금 집이 없어서 가지 못했다. 지금 고향에 집을 팔아서 청도에 집 사려고 하고 앞으로도 청도에 정착하려고 한다. 비자가 아직 4년 넘게 남았는데 지금 생각으로는 비자 기간이 만기되면 바로 중국에 들어갈 예정이고 가운데 혹시 우리 아들이 결혼해서 아기가 생긴다면 바로 남편을 데리고 중국에 들어갈 생각이다.

J씨는 1981년 길림성 용정시에서 태어났다. 중학교를 졸업하고 연길에서 중등전문학교를 나와 당시 연변에서 유일한 자동차 공장에 취직하였다. 파산 일보직전인 공장에서 나와 그는 심천, 상해, 운남(대리)을 거쳐 2011년 무연고동포한국어시험을 보고 한국에 입국하였다. 심천과 상해에서 그는 줄곧 한국인이 투자한 회사에서 일하였고, 대리에서도 한국인 관광객을 대상으로 가이드를 했다. 현재는 경기도에 있는 중소기업에서 일하고 있다.

J씨(중국 국적)

연변에서의 생활

1981년 9월에 태어났고 소학교는 9살이 되는 해인 1989년에 붙었다. 원래는 8살에 붙는데 용정 신화에 학교가 있었는데, 부모가 나를 그 학교에 보내는게 싫어서 좋은 중심학교(용정소학교)에 붙이느라고

---

* 면접 일시: 2011년 12월 4일
  면접자: 박우

그랬다. 그 학교에 옮기느라고 집에서 1년 놀아서 9살에 소학교 붙게 됐다. 1995년에 소학교 졸업해서 9월, 가을에 용정1중(용정중학교)에 붙었고 1998년에 초중 졸업해서 그해 가을에 연길에 있는 교통간부학교(交通干校), 연변대학 근처에 있는 3년제 중등전문학교 붙었다. 2001년에 중전을 졸업했고 학교에서 다닌 학과는 자동차이다.

학교를 졸업하고 延边客车厂(연변여객자동차공장)에 분배받아 1년 6개월 정도 근무 했다. 했던 일은 주로 도장, 페인트 등이었다. 우리가 금방 분배 받았을 때는 실습기라서 한 달에 연변에서 받는 평균월급보다 적은 200원 받았다. 2002년도 그때니까. 그때까지만 해도 보통 공인들이 한 500~600원 정도 받았을 것이다. 경력이 몇 년씩 쌓이게 되면 기껏해서 700얼마씩 나왔다. 그때는 200원씩 받았지만 힘이 났다. 처음 학교를 나와 일해서 월급이 나오니까 글쎄 뭐 큰돈은 아니지만 기분이 매우 좋았다. 200원 받고 했는데 지금 생각하면 어이없다. 왜냐면 그냥 일만 해서 200원 받으면 괜찮겠는데 지금 생각해보니 지출하고 수입이 안 맞았다. 당시 공장이 경영난으로 부도났는데 공장을 살려보겠다고 정부에서 30%, 장춘이치(장춘제1자동차공장)에서 30%, 한국 현대차에서 나머지를 지불하는, 세 쪽에서 같이 한 1억 얼마인가 투자했다. 주로 차는 중형하고 대형 버스인데 차종 이름은 지금 생각나지 않는다. 중형차부터 시작해서 했고, 당시 연변에 누구나 다 아는 장백산 大客(대형버스)는 停产(생산정지)한 상황이었다. 한 달에 그것만 대여섯 대 정도 만들었다. 이미 시중에 나간 것은 AS해주는 형식으로 서비스를 해 주었다.

　　그 후로 공장 사장이 새로 바뀌면서 원래 있던 공장의 마당 보수 작업에 들어갔다. 그런데 어떻게 보면 그때 당시 우리가 아주 좋은 인력이었다고 생각한다. 200원 받으며 도로 공사를 했으니까. 공장의 공골(콘크리트)바닥이 아주 오래 되었었다. 여태까지 개보수를 하지 않았으니까 막 패우기도(구멍나기도) 하고, 그래서 우리가 보수 작업을 했는데 완전 새것처럼 했다. 그것도 한 여름에. 지금 생각하면 재밌는 일이었다. 그 곳에서 한 200원 받다가 몇 달 지나고 자기 앞의 일을 하게 되었다. 그 당시 최저 임금 450원 받다가 1년 이상 되니까 600원, 2년 되고 페인트 뿌리는 것까지 하니까 700원 나왔다. 그러다가 그 공장을 그만두었다.

　　2002년에 집에서 또 영업용 택시를 샀다. 택시를 한 1년 해서 돈을 모은 다음 원래는 2003년에 한국에 유학 오자 했는데 사스(SARS: 급성 호흡기 증후군)가 터지는 바람에 그만두게 되었다. 택시는 그 당시는 믿지는 사업은 아니었다. 한 달에 각종 비용 빼고 3천 원 벌었다. 그 정도 한 달에 수입이 나왔으니까 1년 하다가 그만 뒀다. 왜냐면 그때는 한국 오겠다고, 그때 한국 오게 되면 7만 내지 8만씩 팔고 나왔다. 그래서 차를 팔았는데 나오지도 못했다. 지금 생각했으면 팔지 말았어야 되는데, 집 한 채 허망(그냥) 날려 버렸다. 생각이 짧으니까.

심천(深圳)

　　한국에 못 나오게 되고 집에서 놀다가 2004년 8월에 친구 소개로 광동 심천에 취직하러 가게 되었다. 2004년 9월에 심천에 있는 한국 기업에 취직했는데 주로 건축용 자재를 생산하는 공장이었다. 살던 고향을 처음 떠나서 처음 갖는 일자리였다. 한국 회사이고, 또 내가 조선족이다 보니 통역으로 들어갔다. 2006년 1월까지 그 곳에 2년 있었다.

　　그때 당시에는 통역으로 입사하면 경험이 있든 없든 학교 어느 정도 나왔다하면 상관없이 기본이 천5백 원이었다. 통역이라는 것은 이전에 생각도 안 했는데 그냥 재미있어서 열정으로 했는데 두 달 하니까 사장님 맘에 들었는지 200원 올려줬다. 천7백 원 받으면서 지내다가 또 1년 정도 되니까 우리 공장장이 사장님한테 내 월급을 올려주게 하겠다고 제기했고 사장님도 오케이 했다. 원래는 한번에 5백 원 올려주자고 했다. 내가 들어갔던 회사가 그때 당시에 숙사도 안 지었고 라인 생산하려고 준비 중이었던 회사였다. 땅은 이미 2003년에 임대를 해놓았다.

　　사장님이 그때 나이가 42인가 됐는데 고아였다. 자기 말로는 6.25 때 부모가 전쟁으로 돌아가셨다고 했다. 고아로 남게 되어 고모집에서 자랐단다. 고아로 자라다보니 자기절로 무엇이든 하는 것을 좋아했다. 옛날 사람들 그런 정신이 있었던 것 같다. 우리 사장은 자기절로 하나하나 만들어 나가는 것을 좋아해서 당시에는 숙사도 안 지었고 사무실 하나 그저 지어 놓았다. 그리고 공장 생산 건물을 지어 놓았는데 그때

표준으로 길이 100m, 폭이 20m였다. 금방 지어 놓고 안이 텅 비었고 기계 설비도 안 들어왔는데 내가 입사했다. 처음 들어가서는 숙소도 안 됐으니까 용정에서 출퇴근 하는 것도 아니고 누구나 숙사 생활을 해야 되잖아. 그래서 첫날은 사무실 안 弹簧床(스프링 침대)에서 잤다. 삼일 정도 지나니까 숙사용 컨테이너 박스 공사가 끝났다. 그런데 그것도 사람이 들어가서 살 환경이 아니었다. 문도 없고, 창문도 없고 물 전기 다 없었다. 그래서 그때는 하도 남방이고 더우니까 알루미늄 창문틀을 달기 전에 침대 펴놓고 한 일주일 살았다. 한 달 정도 지나서 회사 근처에 주민들이 사는 대충 지어 놓은 중국식 빌라에서 살았다. 그러다가 1년 사이에 생산 라인도 깔고 숙사도 다 꾸려나가면서 내가 일 잘하니까 월급 올려주겠다고 했는데 한번에 5백 원을 올려주자고 한 것을 우리 사장이 판단한 것이 아직 회사 이익이 없으니까 이익이 나오지 않는 상황에서 그렇게 많이 올려 주지 못하겠다는 것이었다. 그때 공장에서 한번에 월급 인상이 그렇게 오른다는 것은 불가능했다. 주기 싫은 것이 아니라 옆에 보는 눈치도 있으니까, 천7백 원에서 5백 원이 인상되면 너무 하지 않겠나. 그래서 그렇게 못하고 3백 원을 인상해서 2천 원 만들었다. 처음에 통역으로 들어갔다가 일정한 시간이 지나갔고 구매담당까지 맡아 하면서 2006년 1월까지 하고 사직했다. 이유는 나이가 어리다 보니 다른 회사 가면 어떻게 하는지 알고 싶었다. 한곳에서만 하면 국한돼서, 다른데 가면 다른 것을 배울 수 있는지 호기심이 컸다. 그래서 사직하고 나왔다.

상해

　두 번째로 찾은 일자리도 한국 회사인데 파리바게트 같은 한국브랜드 제과점이다. 한국에 가게가 여러 개 있다고 했다. 지금까지 서울에서는 못 봤다. 한국 사람들하고 물어보니 아예 모르더라. 중국에 와서는 부풀렸겠지. 그런데 그 회사가 중국지역의 본사를 심천에 두게 되었다. 그래서 면바로 시기를 만나 갖고 회사에서 현장 통역을 하고 그러니까 그 곳에 가게 되었다. 말이 식품 회사지 그저 빵 만드는 가게다. 그런데 일하는 방식은 공장 형식으로 운영되었다. 거기서도 현장 통역을 했다. 그 곳에서도 한 1년 정도 했을까, 그런데 심천에서 공장장과 부장님들이 두 세 사람 있었는데 한 사람씩 다 통역이 필요했다. 나는 통역을 하는데 본사에만 있었고, 중국 전 지역 대상해서 가게도 오픈해야 하니까 통역하는 사람이 누군가를 계속 따라다녀야 했고 다른 지역으로 가야 했다. 그러다가 2006년 3월에 서안에 가서 한 열흘 정도 일했다. 그 곳에 가맹점이 생겨서 오픈하는 것을 도와주었다. 동시에 그 시기에 심천본사에서 내가 최종적으로 근무할 지역이 잡혀갖고 나와 같이 일하는 부장님이 상해지역을 맡게 되었다. 그래서 상해에 가기로 결정되었다. 그러니까 상해에 가기 전, 도중에 서안에 잠깐 가서 열흘 정도 도와주고, 오픈식 끝나면 상해가서 계속 상해 지역에 있어야 했고, 심천은 올 필요도 없었다. 그렇게 기회가 되어서 2006년에 상해에 가게 되었다. 상해에도 한 2년간 있었는데 가기 싶어서 간 것이 아니라 그런 계기가 있어서 가게 됐다. 상해에 가서 한 8개월 그

회사에서 같이 일하다가 월급 인상이나 여러 가지가 안 맞아 사직서를
냈다.

빵 일을 간단하게 소개하자면 아침 6시부터 일 시작이다. 아침에
출근하는 사람들 대상으로 해서 매장에 빵이 진열돼 있어야 된다. 매
장이 마트 안에 있다. 한족들 습관이 아침 시장을 보는 것이다. 출근할
때 아침을 사 먹어야 하고. 한국의 이마트가 상해지점이 있는데 이마
트도 중국 현지 생활습관 맞춰서 아침 7시 반에서 8시 사이에 영업을
시작한다. 한국의 이마트는 그렇지 않다. 그 시간을 맞춰서 물건 팔아
야 하니까 6시부터 일해야 하고 그렇게 하려면 아침 5시 무조건 기상
이다. 그런데 난 잠이 많아서 아침에 못 일어난다. 이 식품 회사에서도
처음에 월급은 천7백 원 받았고, 석달 지나서 2천 원으로 올랐다. 1년
만 하고 그만둔 것은 내가 이 회사를 들어오기 전에 이미 경력이 있는
데 당연히 월급이 인상되어야지, 그래서 월급 인상 때문에 가맹점 사
장하고 협상했는데 인상을 안해줬다. 몇 번 말했는데 결론적으로는 인
상이 어렵다고 해서 사직했다.

상해에서 일 그만 뒀으니 굳이 다른 곳에 갈 필요를 못 느꼈다. 어
디가나 그 월급이니까 내 상황에서 굳이 다른데 갈 필요 없었다. 그래
서 상해에서 계속 일 찾아보자고 마음먹고 새로운 일을 찾았다. 한 달
동안 어떤 일 있었는가 하면, 의료기 판매 회사라고 하던데, 한국 사람
들이 상해에 와서 맥반석 매트를 한족들한테 파는데 현장 통역을 뽑았
다. 사실 일하는 내용은 별것 아니었다. 그냥 골목에 들어가서 영감노
친들한테 忽悠(사기 치다)해서 파는 것이다. 하나에 3만 원, 4만 원씩

팔았다. 그런데 웃기는 것은 한국 사장들은 말 잘한다. 아주 번지르르 하게 제품을 소개한다. 이건 한국에서 생산된 것이고 직수입한 것이고 효과가 어떻다는 등. 그런데 거짓말 하려면 비슷하게 해야지, 매트 뒤를 보니 제조사가 연길이었다. 연길 무슨 맥반석제조사에서 생산한 것을 가지고 뻥치는 것이었다. 한 달 정도 했는데 못하겠더라, 그래서 그 일은 뭐 잠깐 한 달 장난사마 해봤고, 그다음 그쪽은 다신 안 찾아갔다.

그다음 찾은 회사가 한국 복장부자재 회사이다. 예를 들어 여자들 옷을 보면 그림 도안 있는데 여러 가지 종류가 있다. 여러 가지 색깔과 모양의 가짜 보석이 옷에 붙어있는 그런 옷 말이다. 우리가 직접 옷을 만드는 것이 아니라 옷공장에서 그런 도안을 의뢰 받아 그 도안에 보석을 달고 그 것을 테이프에 딱 붙여서 고정시킨다. 이정도까지만 하고 납품만 해주면 되었다. 이 한국 회사 가게가 아마 남대문에 있을 것이다. 본사는 남대문에 있고 디자인 하는 작업실도 있고, 그리고 생산 공장은 중국에 두고 있었다. 입사할때에 초봉 2천 원부터 시작했고 주요 업무가 자재 관리, 중국말로 하면 창고 보관을 했는데 그 곳에서 한 8개월 정도 일했다. 2006년도 말에 먼저 다닌 제과점에서 나와 맥반석 파는 일을 한 달 하고 설 지나서 2007년도 2월부터인가 내가 이 회사에 입사하게 됐다. 8개월 정도 하고 회사에서 또 나왔고 다시 심천에 가게 되었다. 심천에 간 것은 친구가 운남에서 가이드로 있어서 그쪽에 갈 준비를 하느라고 간 것이다.

운남 대리(云南大理)

2008년 말 친구가 있는 운남 대리에 갔다. 그 곳에 있는 여행사에 입사하였는데 대리에서 두 번째로 큰 여행사였다. 그 곳에서 내가 소속된 부문이 小语种(영어처럼 사용하는 사람이 많지 않은 외국어)인데 한국쪽을 했다. 통하는 언어가 한국어밖에 없으니까. 가이드란 직업이 보기는 그래도 틀이 잡혀서 누가 들어오고 싶다 해서 들어가는게 아니고 받아 준다 해도 못 버티는 그런 특징이 있었다. 门槛(문턱)이 낮다 하지만, 일을 시작하게 됐는데 인생이 재수 없어서 일이 안 풀렸다. 쓸데없이 금융위기가 와서 한국 사람들 안 오게 됐단 말이다. 가이드 직업이 기본급이 없다. 자기절로 팀을 받아서 수단과 방법을 가리지 않고 돈 벌어야 된다. 그나마 우리 회사는 큰 회사고 정규적이니까 노동부 규정에 따라서 650원씩 나왔다. 얼마 버는가는 가이드한테 달렸다. 그런데 금융위기 때문에 안 됐다. 1년 있으면서 단독으로 팀 한 번 받고 직업 그만뒀다. 해마다 숱한 사람들이 그렇게 중국 유람 온다는데 1년에 팀 한번 받고 말았다. 그 팀을 가이드 했을때 700원 벌어 봤다. 가이드로 말하면 수입이 꽝이다. 보통 그 업계에 친구들 말대로 하면 천 원 이상은 기본이고, 천 원 아래면 아예 돈을 못 벌었다고 말한다. 기본이 천5백 원 좌우, 괜찮다 하면 3천 원 이상, 대박 맞았다 하면 한 방에 몇 만 원도 벌 수 있다. 그때 내가 있는 부서인 한국부 경리가 화룡에서 온 형님인데, 이 나그네가 한 번에 10만 원도 벌었단다. 돌을 팔아서. 아무튼 보통 정상적으로 그렇게 돼야 되는데 1년 딱 팀을 한번 받아서 수입도 그것뿐이니까 용정으로 다시 돌아오게 되었다. 2009년 한해를 운남에서 보내고, 2010년 12월에 용정에 돌아갔다.

한국에 오게 된 계기

한국어 시험 치는 것은 2007년에 알았는데 그때 내가 외지에 있을 때였다. 2003년에 한국 못 가게 됐으니까 생각을 접었는데 2007년에 집에 통화하니까 집에서 한국에 이런 정책이 나왔고 연변에 이런 바람이 분다고 말하는 것이었다. 방문취업제였다. 그런데 제일 처음으로 우리 어머니는 시험 안 쳤다. 그때는 소문이나 거짓말들이 많았다. 내 친구 어머니는 제일 처음으로 시험을 쳤다. 아마 그 사람들은 이 정책이 정말이라고 믿고, 또 시험쳐서 한국 오자고 한 것이 주요 목적이 아니라 치고 보자는 생각이었던 것 같다. 나도 그때 집과 통화하고 딱히 될거라고 생각도 안했는데 우리 어머니가 두 번째로 한국어시험을 쳤다는 것이다. 처음에는 모르니까 몇 천 원씩 들이면서 쳤다. 시험을 어머니가 치고 기다리고 있는데 첫 번째에 시험 친 사람들이 나가게 되었다는 것이다. 이번에 이 정책은 확실한 것이구나 생각하고 나도 시험 치자고 마음 먹었다.

그래서 그냥 시험 쳐 놓고 있자는 심산으로 2009년에 치게 됐다. 그때 알기로는 시험치는 사람들이 많아서 추첨이 몇 년 뒤에나 이루어진다고 하니 내가 30살 이후에나 정말 궁할 때 한국 갈 수 있겠다고 생각했고 신경도 안 썼다. 우리 어머니가 시험치게 됐는데 용정 동북아에다 5천 원 냈다. 처음에는 만 원 내야 브로커들이 비자를 해준다고 했다. 우리 아버지가 주공안국에 제보했는데, 주공안국에서 와서 5천 원 초과 안하면 방법이 없다고 했다. 공안국에서 우리 아버지한테 시킨 것이, 돈 1전 한 푼 안 내겠으면 수속을 해주는 사람이 5천 원 이상 내라 하면 무조건 아무 말도 말고 오케이 하고 돈 주고 영수증을 받으라는 것이다. 이렇게 하면 돈 받은 증거가 있어서 경찰이 바로 그 브로커들이 있는 곳을 쳐들어가겠다는 것이었다. 그런데 그 브로커들도 눈치 챈 것 같았다. 말이 어떻게 새나갔는지 밖에서 경찰들이 대기하고 있는 것을 그 곳에서 알게 되었다. 장사하는 사람이 자기가 뭐 하는지 알고 해야 되듯이 걔네도 그 법률을 아는 같았다. 그래서 딱 5천 원만 냈다. 다른 방법이 없었다. 공안국에서도 그게 초과 안 되니까 가서 제지 할 수도 없고. 그런데 내가 올 때는 숱한 사람들이 알고 하니까 그런 일은 없었다. 인터넷으로 접수했다. 인터넷으로 접수 했는데 300원, 그것도 하기 싫으면 한 천5백 원에 대행했다.

내가 운남에 있으면서 상해에 있는 친구들도 보고 싶고 또 그 곳에서 시험도 치기 위해 상해로 갔다. 상해에 있는 친구가 자기 회사 컴퓨터 속도가 빠르다고 하면서, 자기가 시험 장소를 신청해 주겠다고 했다. 결국 그 친구가 넣어준 것이 걸렸다. 그 해 9월에 시험 쳤다. 상해 외국어대학에서 시험 쳤다. 우리 부모가 시험 칠 때는 나이 많은 사람들 많이 쳤고, 젊은 사람들 별로 없었다. 그리고 2009년 봄인가 그때 1년에 아마 시험을 두 번 쳤을 것이다. 내가 잠깐 연변 갔는데 여행사를 운영하는 우리 삼촌도 시험 치는 것을 대행했다고 했다. 그런데 시험 장소가 전국 여러 지역이다 보니 회사 사람들 다 일일이 출장 갈 수 없어서 내가 한 10명을 받아서 팀을 묶어 남경으로 간 적도 있었다. 그때 시험장에서 내가 본 것이 연세 있는 사람들이 대부분이고, 열에 두 명이 30대, 나머지는 아저씨 아줌마였다. 내가 칠때는 상해라서 그런지 우리 시험장에서 나이 젤 많은 사람이 40대 아저씨 두세 명 정도였다. 한 개 시험장에서 한 40명 정도 시험 봤는데, 거의 다 젊은 사람들이었다. 옆에 사람들이 전화 통화 하는 것을 들어보니 상해서 취직한 사람들이 막차를 놓치지 말자고 시험 본 것이었다.

시험장은 먼저 중국교육부 홈페이지에 들어가서 등록해야 된다. 교육부가 맞을 것이다. 본인 이름과 주민번호를 등록해서 회원신청 한 다음 그 안에 시험 칠 언어를 고른다. 한국어 시험 치는데, 등급시험하고 실무한국어시험이 있는데, 우리는 등급시험은 아니다. 시험 장소가 몇 개 인지 정확하게 모르겠는데 많았다. 연변대학도 있고 길림대학도 있는데 제일 멀기로는 심천, 해남대학까지 있었던 것 같다. 광주, 상해 모두 시험장이 있었다. 시험장은 자기가 정했다. 그리고 비용은 계좌 이체 형식으로 교육부 계좌에 이체하는데 비용이 300원이다. 그리고 로비, 식비, 다 합쳐 봐도 돈이 많이 안 들었다.

시험은 딱 하루 오후만 쳤다. 서너 시간 정도였다. 기초 문제, 법률, 듣기, 풀이 이렇다. 만점이 400점인데 280점이면 합격이었다. 처음에는 280점보다 낮았는데 내가 칠때는 합격 점수가 높아졌다. 처음에는 부모님들 나이에 다 통과됐으니까 그 후부터 난이도 좀 높였다.

말로는 15기부터 일부러 난이도를 높였고 16기는 더 어려웠다고 했다. 내가 시험 친 곳은 다 합격됐을 것이다. 젊은이들이 많으니까.

합격 결과는 11월 말에 나왔다. 추첨은 원래는 1년에 두 번인데 예를 들어 내가 9월에 쳤다면 이듬해 추첨은 참가 못하고, 두 번째 추첨으로 들어가게 됐는데 그때 정책이 변하면서 C-3으로도 올 수 있었다. 그런데 그 요구가 시험을 보고 합격된 사람만, 합격되지 못하거나 시험 안 보면 C-3으로 올 수 없었다. 그리고 차례대로 12기부터 15기까지 입국 권한을 줬을 것이다. 그런데 한 반년 뒤에 또 16기도 풀어 나갔다. 그래서 나는 2011년 1월에 신청했고 5개 공작일(工作日), 일주일이니까 비자가 택배로 용정에 왔다. 그래서 비용도 600원 밖에 들지 않았다. 나는 심양 가기 싫어서 여행사에 대행해서 800원 냈다. 한국에 직항으로 오지 않고 청도를 돌아서 왔다. 2011년 3월 초에 한국에 들어왔다. 여기에 오는데 모든 비용을 다 해 보니까 2천2백 원 정도 들었다.

한국 생활

한국에 오자마자 좀 돌아다니면서 한 일주일 놀면서 가보고 싶은데 가보고 학원을 시작하자 했는데 학원이 매달 초에 개학한다고 했다. 그런데 나는 3월 초에 왔으니까 4월 1일까지 기다려야 했다. 그래서 집에서 놀다가 학원 시작한 시점에 임시로 직업 찾았다. 처음에는 수원 오산쪽에 있는 플라스틱 사출 회사에 갔다. 학원을 등록해준 대행사에서 일자리까지 찾아줬다. 학원을 등록하고 3개월 학비를 포함해서 모두 97만 원 냈다. 나만 억울하게 많이 냈는가 했는데 어떤 사람은 100만 원 넘게 냈고 어떤 사람은 120만 원을 냈다고 했다. 시간이 지나면서 싸졌는데 후에는 85만 원을 낸 사람도 있었다.

내가 다닌 학원의 교육 기간은 9개월 이었는데 3개월은 공부하고 나머지 6개월은 안 다녀도 되었다. 매달 25만 원씩 나가기에 자격증 따기 위해서 제일 익숙한 쪽으로 택하다 보니 컴퓨터를 배우게 되었다. 그런데 컴퓨터만 두드리면 자격증 딸 수 있겠나. 내가 한국에서 사는 곳은 독산인데, 그 주변에서 학원 다니려고 집과 가까운 곳을 찾다 보니 대림에 있는 조경 학원을 찾게 되었다. 그래서 조경을 해보자고 마음먹고 행정사를 찾아갔는데 그 행정사에서 일자리까지 무료로 알선해줬다. 오산 발안 주변에 있는 자동차 부품 공장이었다. 플라스틱 사출 회사라고, 그 회사에서 3일 잠깐 근무해 보았다. 내가 그만두기로 했으니까 돈은 안받았다. 회사가 나빠서 그만둔 것이 아니라 우리가 학원 비자이고, 주숙을 제공하고 월급은 140만 원을 주는 것이었다. 사실 그만하면 좋은데 학원에 가자면 한 3시간 반에서 4시간 정도 걸린다. 너무 피곤해서 안 되겠다 싶었다. 일하는 것이 밤과 낮이 바뀌고, 또 주말에 학원 다녀야 하는데 도저히 감당이 안됐다. 자지도 못하고 학원가서 공부하면 힘들어서 안 되니까 그만뒀다.

이 공장에서 나와서 거리상으로 한 시간 정도 단축된 곳을 찾았는데 문산 파주쪽이었다. 그건 세탁 공장인데 병원 환자들이 입었던 환자복이라든가, 베개수건, 침대보 시트 등 씻어서 병원에 납품하는 회사이다. 그 곳에서 3개월 정도 했는데 회사랑 내가 맞지 않아서 그만 두었고, 그 다음 세 번째로 찾은 공장도 문산 쪽에 있는 외장판매를 가공하는 공장이었다. 그 곳에서 일하는 과정에 학원을 수료했다. 원래는 10월 말까지 반년을 다녀야 했는데, 그 전에 정책이 변해서 9개월이 6개월로 줄어들면서 9월 30까지 끝내게 되었다. 한 달 남았지만 학비는 계속 냈다. 학원 다니지 않는다고 해서 돈도 절약하는 것이 아니라 다니는 시간만 줄인 것이다. 10월 초에 비자가 D-4에서 H-2로 변경됐고 지금 H-2를 가지고 천안 병천면에 있는 자동차 부품 조립 회사에 다니고 있다.

학원에서 내가 조경을 택했는데, 배워주는 내용은 막말로 하면 나무 심고 풀 심는 것이다. 그런데 배우면서 알게 됐는데 옥상 디자인, 인도, 맹인도로도 포함되고, 놀이터랑 가보면 어린애들이 노는 기구, 그리고 정자를 만드는 일, 대기업 건물 홀에 있는 나무나 흐르는 물도 다 조경에 속했다. 우리 반에 40명 수강생이 었었고, 젊은 사람은 여자애 한 명에 20대 중반쯤 되는 남자애 둘이 있었다. 그중에 한 애가 나와 같이 회사 다녔다. 지금은 그때 발안에 있을 때 같이 일했던 애랑 같이 일한다. 그 애는 나보다 세 살 어리다. 그 애 친구도 여기 왔단다. 우리 몇 명을 제외하고 나머지는 모두 50대, 60대 아저씨 아줌마들이다. 40대도 있고, 말 들어보면 컴퓨터 쪽 가면 30대도 있다는데 조경이라서 우리 학원이 특별한지는 모르겠다.

보통 보면 절반 이상이 아저씨들이다. 거의 다 일당을 뛰다 오고,

아줌마들은 서비스업에 있고, 그래서 학원 다니는 것에 불만이 많다. 강의를 들어도 모르겠는데, 가까운데서 일하다가 오는 것도 아니고 지방에서도 오고, 공사판에서 일하다 오니까 갔다 왔다 차비도 들고, 서울 오면 또 자비로 밥을 책임져야하고 그 시간에 일당도 못 뛰니까 불만이 많았다. 그런데 정책이 그러니 지킬 건 지켜야지. 회사에 있는 사람과 물어보니 7월 1일부터 주 5일제 됐으니까 토요일은 일 못하니까 거의 월급은 120만에서 높으면 140만 원 정도 받는다고 했다. 열 명에서 두 명 정도는 150만 원을 받는 것 같았다.

우리 선생님이 좀 예뻤다. 나이도 우리 또래고 인기가 대단했다. 나이 먹은 아저씨들도 머리 쳐들고 열심히 들었다. 거기다가 또 막 질문도 하고 아무튼 공부하러 온 사람들은 열기가 뜨거웠다. 어떤 아저씨들은 한국말 못 알아듣는다. 말하면 아예 이해를 못한다. 공부는 별로 하지 않지만 궁금한게 있어가지고 질문하면 말이 우습게 나간다. 낮술을 살짝하고 수업 들어와서 선생님이 제발 술 마시고 오지 말라고 하면 또 그 말을 잘 듣는다. 학원 분위기는 좋았다.

한번은 한 아저씨 친구가 놀러왔는데, 이 아저씨는 공부해야 하니까 시간 없고 놀러 온 친구는 휴일이니까 시간이 많았다. 아저씨들 말 못 알아들으니 수업 안 듣고 출석만 부르고 나간다. 건물 안에서 커피나 마신다던가, 길거리에 나가서 주변 돌아보든지, 수업은 안 듣는다. 우리 학원 아래층에 노래방이 있다. 그날 또 사고 쳤다. 싸움이 났다. 놀러온 아저씨가 노래방에서 술 먹고 취해서 옆방 하고 시비가 붙었거든, 그런데 상대방도 취했지만 싸우자는 것은 아니고 그냥 가만히 있었다. 그런데 이 아저씨 친구가 취해서 트집 잡고 욕이 두어 마디씩 오가다보니 상대방도 짜증이 났겠지. 결국 시비를 건 아저씨가 맞았다. 상대방 아저씨들이 여러 명이 그냥 밟아 놓았다. 우리 반 아저씨는 처음에 싸움을 말리다가 친구가 당하니까 같이 덤볐는데 결국 이 아저씨도 맞았다. 입원해서 두주일 학원에 나오지 못했다. 술 먹고 이러는 아저씨들이 사달(문제)이다. 아무튼 나는 무난하게 졸업하게 되었다.

일단은 지금 일하는데서 한동안 일하려고 한다. 일을 해 보니까 월급은 다 비슷했다. 더 이상 받기 힘들다. 짬짬이 주말에 일당도 뛰었는데 뭐 그렇게 피곤하게 살겠는가 싶다. 그냥 같은 월급을 타면서 편안한 일자리를 갖는게 최고인 것 같다. 지금 생각에는 한 3년 정도 일해서 돈을 한화로 2천만 정도 모으면 일을 한 단계 접어보려고 한다. 작은 가게라도 좋으니까 중국에서 수입이 되는 일을 만들어 보려고 한다.

4. 한국의 건설 현장은 조선 사람 - 중국 사람 - 동남아 사람 3대가 바뀌었다*

R씨는 1961년 길림성 반석시에서 태어났다. 중국에서 군생활을 보냈던 그는 제대 후 결혼하여 개혁개방과 함께 가족농으로 전환되어 농사를 지었다. 농업 소득만으로 유지하기 어려운 생계 때문에 중국의 남방에 내려가 짠지 장사를 하였다. 1997년 한국에 왔는데 IMF가 터져 첫 3년은 고달픈 생활을 하였다. 중국에 돌아 갔다가 2005년에 재입국하여 현재는 건설 현장에서 일하고 있다.

R씨(중국 국적)

적극분자

내가 어릴 적 부모님들은 옛날에 못 살아서 중국에 와서 돈을 벌어 가려고 했다가 길이 끊어져 다시 못 오게 되었다고 했다. 친척들도 한국에 꽤 많이 있다. 아버지 형제들 거의 다 한국에 있었고 우리 아버지만 돈 벌러 중국에 갔다가 해방이 되어 오려고 했지만 못 온 것이다.

---

* 면접 일시: 2011년 10월 14일
  면접자: 최국화

우리 아버지는 1918년생인데 20살이 좀 넘어서 중국에 갔는데 해방이 되어 오려고 했다가 한국에서 또 싸움이 일어나는 바람에 못 건너왔다. 우리 아버지는 경상남도 산청군이 고향이다. 지리산 밑에 있다. 우리 어머니는 북한에 고향에 있는데 3살 때 부모님을 모두 잃고 삼촌 밑에서 참 불쌍하게 자랐다.

내 나이가 지금 50대인데 어릴 적에는 사실 멋도 모르고 자랐다. 내가 소학교를 졸업하고 초중에 올라가니 문화대혁명이 일어났다. 문화대혁명이 일어나니 공부를 할건지 안 할건지 하는 문제가 생겼다. 그때 공부를 잘하는 것이 필요 없게 되면서 공부를 대부분 안 하려고 했다. 우리 위 세대든 우리 세대든 우리 밑 세대든 어느 정도 차이가 있었지만 딱 공부를 해야 할 때 그런 사상을 많이 받아 공부를 잘하든 못하든 똑같은 처지가 되었다. 다만 사상적으로 적극분자(积极分子:적극적이고 열심히 특정 사업을 지지하는, 능동적이고 리더십이 있는 사람)면 대학에도 시험 면제로 보내주던 그런 시절이었다.

사상이 좋다는 표준은 무엇이든 적극적으로 하고 난로도 다른 사람들보다 일찍 나와 피워 놓고 마당도 다른 사람보다 먼저 쓸어 놓고 이렇게만 하면 적극분자가 되었다. 그런 사람들은 나중에 학교 갈 때 무조건 추천해줬다. 대학교도 추천해줬다. 어느 누가 적극적이고 사상이 좋다고 하면 학교에 보내주는 시절이었다. 우리 때는 대학교입시라는 것이 없었다. 그래도 공부를 하려고 하는 사람은 좀 있었다. 공부를 좀 했던 사람은 재수하면서 나중에 대학교에 갔고 우리는 대학교에 신경을 별로 쓰지 않았다. 그때는 표현이 좋고 아무 것이나 닥치는 대로 적극적으로 하기만 하면 사상이 진보적이라고 했다.

내가 5남매 중 셋째인데 어릴 때부터 계속 반석(磐石)에서 살았고 반석에서 고중까지 필업을 했다. 배운 것이 크게 없고 학교나 다니고 놀기도 하고 그럭저럭 지내다가 후에 군대를 갔다. 군대에서 4년 봉사를 했다. 나는 육군에 갔는데 길림군구(吉林军区) 소속이었다. 내가 군대에 있을 때는 취사병이었다. 그때는 주로 찰수수랑 섞어 밥을 해먹었는데 요리 4개에 국 하나에 꽃빵과 옥수수떡을 많이 먹었다. 그리고 신참들은 고참들한테 잘 보이려고 자각적으로 옷도 씻어주고 세수물도 떠주고 침대요도 갈아줬다. 나도 표현이 좋아 군에 있을 때 반장이되고 당원에 들었다. 그때 중국은 정치생명이 중요하였기에 적극분자를 먼저 등용했다.

지금 생각해보면 군에서 보냈던 군생활이 최고로 즐거웠던 것 같다. 내가 군에 4년 있으면서 제일 많이 한 것이 훈련이었는데 그때는 별로 다른 생각을 하지 않았다. 그 당시 군에 있던 사람들은 모두 젊은 이들이고 아침에 일어나면 체조를 하고 밥을 먹고 나서는 훈련을 하니 잡생각을 하지 않은 탓에 사람이 즐거울 수밖에 없었다. 그리고 행복하기도 했다.

지금도 쉬는 날이면 가끔씩 누워 그때 일을 생각한다. 군생활이 힘들다고 해도 한창 젊었을 때라 하루 자고 일어나면 또 금방 거뜬해지고 또 크게 힘들다고 생각하지도 않았다. 총도 쏘고 얼마나 재미있는 일인지 모른다. 산에 뛰어 올라가기도 하고 그때 당시만 해도 신체가 1등이었는데 지금은 많이 축이 갔다. 내가 총도 엄청 잘 쏘는 편이었는데 4년 동안 하도 총을 많이 쏘아 아무 총이나 주면 다 쏠 수 있었다.

짠지 장사

군에서 제대하고 집에 오니 나이가 어느 정도 들었다. 그때는 다들 22살 이전에 결혼을 하는 편이었는데 농촌에서 23, 24살에 장가를 간다고 하면 늦다고 했다. 나는 군대에 갔다 와서 24살에 결혼을 했기에 많이 늦게 장가를 간 셈이다. 아내는 길림 사람인데 아는 사람의 소개로 만났다. 옛날에는 거의 다 소개로 만났고 자유연애가 적었다.

나는 아들이 하나 있는데 대학교를 졸업하고 지금 청도에 있다. 올해 27살 되었다. 아들은 한국에 나오고 싶어하는 생각이 별로 없다. 요즘 젊은이들은 대부분 그렇게 생각하는 것 같다. 아들은 연변대학을 졸업하고 지금 청도에서 취직했는데 중국이 더 좋다고 한다. 요즘 젊은이들은 어찌 보면 삽자루 한번도 안 쥐어본 사람들이라 우리랑은 다르게 고생이라는 것도 안 해보고 자랐다. 우리와는 다르게 공부만 하고 사회에 나와 공작(직장)을 찾게 되면 바로 월급도 많이 받는데 뭐하려고 한국에 나오겠다고 하겠는가.

나는 결혼하고 나서 3년 정도 농사도 지어 보았다. 처음에는 집체로 하다가 도급제가 시작되면서 1984년부터 가족농으로 전환했다. 그때 도급을 줄 때 논이 적은 편이라 한 사람당 밭을 1묘 좀 더 되게 분배를 했다. 농사 수입으로는 생활하기가 어려웠다. 내가 대대에서 소대대장을 하면서 받는 월급까지 합쳐도 세 식구가 살아가는데 빠듯할 정도였다. 수입이라고 말할 형편도 없었다.

중국에서 농사를 짓다가 내가 봐도 안 되겠다 싶었다. 아무리 생각해도 사람 살아가는 환경이 도저히 안 맞고 수입이라고 할 돈이 없었다. 그래도 밭이 있어 배를 곯지는 않았다. 돈은 없으면 안 쓰면 되는 것이다. 예전에 우리 아버지가 돈은 없으면 안 쓰면 되고 배가 부르면 걱정이 없다고 했다. 지금 생각해보면 그 말도 맞다. 사람은 배가 고프면 제일 서럽다.

농사를 짓다 방법을 찾던 중 1990년에 조선 사람(조선족)들 사이에 짠지 장사 바람이 불자 나도 남방에 가서 짠지 장사를 시작했다. 조선 사람들은 반찬을 잘한다. 그때 반찬 만드는 재간으로 나 스스로 차비를 마련하여 상해(上海)까지 들어갔다. 상해에 갔는데 지금의 포동(浦东)이 그때만 해도 참 볼 것이 없었다. 형편이 없었고 쓰레기도 막 널려있어 내가 포동에서 1주일을 돌아다니다 자리를 못 잡고 상주(常州) 부근의 단양시(丹阳市)에 갔는데 그때 마침 원단(元旦:신정)이었다. 사람들이 시장으로 밀려들어 오고 가는 손님도 많아 가만히 보니 이곳이 장사 잘 될 곳이라고 생각되었다.

그전에 시장 조사를 한다고 진강(镇江)에도 가보고 강택민(江泽民) 주석의 고향인 양주(扬州)에도 가보았지만 단양시가 제일 마음에 들어 바로 집에 가서 보따리를 싸서 짠지 장사를 하기 위한 돈 700원을 들고 나왔다. 그때 내가 농사를 지으면서 대부금도 못 갚았지만 형제들의 도움 하나 없이 짠지 장사로 700원을 본전으로 시작하여 나중에 크게 번졌다. 700원으로 일을 낸 것이다. 그때 짠지 장사에 달려든 사람들이 많아 번 사람도 있고 밑진 사람도 있었는데 나는 장사에 성공하였다. 우리가 평소에 집에서 먹는 김치 같은 것 말고 푸주(腐竹), 미역(裙帶), 인조해파리(人造海蜇丝), 땅콩 같은 콩제품을 많이 만들었다. 땅콩은 삶은 다음 무치고 미역은 썰어 무쳐 13종류 되는 반찬을 만들어 시장에서 팔았다. 따로 짠지 만드는 것을 배운 것이 아니라 이전 사람들은 다 어느 정도 반찬 만드는 손맛이라는 것이 있었다.

그때 짠지 장사를 했던 사람들은 적어도 만 원씩은 벌었다. 나는 좀 많이 번 편이라 1년에 순수입이 3만 원이었다. 3만 원이면 그때 큰돈이었는데 기와집 한 채 반을 살 수 있었다. 집값이 평균 1만5천 원 정도였는데 이것 때문에 조선 사람들이 전국적으로 짠지 장사를 나간 것이다. 물론 빚을 내어 시작했다가 망한 사람도 있었지만 내가 생각하기에 조선 사람들이 그래도 위대한 것 같다.

남방에서 짠지 장사를 할 때 사실 적금통장 하나 변변한 것이 없었어도 건강하고 젊어 굉장히 행복했던 것 같다. 그리고 집에서는 불을 지펴 큰 가마솥에 밥을 하고 또 누룽지를 여러 덩이로 만들어 나눠먹고 숭늉까지 만들어 마셨는데 그때도 참 행복했다.

한국 입국과 IMF

그때 모인 돈으로 무엇을 좀 해볼 수 있다는 생각이 들어 1993년 3

년 짠지 장사를 끝내고 집에 돌아가 4만5천 원을 주고 집 한 채를 샀다. 그럭저럭 시간이 지나 수중에 돈이 떨어지자 이번에는 한국에 가볼 생각을 했다. 헛일 삼아 신청했는데 보름 만에 비자가 나왔다. 그때 그 비자를 받기 위해 소개해준 사람한테 중국돈 8만5천 원을 썼다. 내가 우리 동네에서는 한국에 일찍 나온 사람인데 그때 한국에 나오게 소개해준 사람들은 돈을 많이 벌었다.

나는 1997년에 처음 한국에 왔다. 그런데 그때가 한국이 제일 어려웠을 때이다. 내가 한국에 와서 일을 시작하여 월급도 못 받았는데 IMF가 터져버렸다. 그 당시 내가 받았던 하루 일당이 4만 원이었는데 꼬박 한 달을 일해도 120만 원이다. 그런데 환율(원-달러)이 엄청 올라 2천원대가 되었다. 최고로 많이 올라갔을 때가 2,010까지 되었다. 계산해보면 100만 원이라 생각하고 환율이 2천원대라고 하면 한 달에 중국돈 2천 원을 버는 셈이었다.

첫 3년에는 돈 1전도 못 벌었다. 고생을 참 많이 했는데 나는 누구보다도 일을 많이 했다. 그때 한국 사람들한테 차별도 많이 받았다. 합법적으로 왔지만 기한 내에 안 갔기에 불법체류가 되어버려 제일 힘들고 제일 위험하고 제일 더러운 일을 해도 받는 돈은 적었다. 그때는 합법적으로 체류하는 사람이 아주 적고 대부분 불법체류로 일하는 사람이었는데 또 불법체류는 단속이 심하여 일을 못하게 했다. 그러다 보니 차별을 받을 수밖에 없었다. 그때 고생을 안 한 사람이 몇 명이나 있을지 모르겠지만 나는 너무 힘들어 죽을 마음도 있었다. 그때 곤란하고 피곤했던 생활을 지금 사람들도 겪어봐야 한다. 시간이 지나니 이제는 괜찮아져 얘기도 할 수 있고 모르는 사람들한테 알려줄 수도 있다.

중국에 있으면서 겪어보지 않으면 그냥 하루에 7만 원, 10만 원씩 번다고 하면 큰돈을 번다고 생각한다. 특히 제일 처음에 한국에 나온 사람들은 환율이 좋았을 때라 10만 원을 벌면 바로 하루에 중국돈 천 원을 손에 쥐는 셈이었다. 앉은 자리에서 튕겨보면 돈을 막 버는 것 같고 한국에만 가면 바로 부자가 된다고 많이 생각했겠지만 실제로 여기서 돈을 번다는 것은 엄청 힘든 일이다. 경험을 해보면 남는 것이 얼마 없다. 먹고 살아야지, 다니려면 지하철을 타야지, 아프면 병은 못 보이더라도 약은 사먹어야지 또 집에 돈도 보내줘야 한다. 그리고 90%는 거의 전세 아닌 월세방에서 살았다.

그때는 불법체류라서 지하철 타는 것도 무서웠다. 하여 일하던 곳의 사장이 차로 일터까지 태워주고 저녁에 또 집 근처까지 태워줬는데 그 사장 집이 노원구에 있었다. 그러다 보니 이사를 간다 해도 이 동네를 크게 벗어나 본 적이 없다.

지금과 비교해 보면 그때 제일 비싸다고 했던 것이 전화비이다. 만 원으로 중국에 전화를 하면 11분밖에 안 되었다. 그 11분 동안 집식구들과 통화를 하고 싶어 밤에 줄을 서서 공중전화를 기다렸다. 지금은 만 원이면 4시간, 5시간도 더 되는 시간으로 중국과 통화를 할 수 있다. 그때 만원에 11분일 때 나는 최고로 한번에 43만 원을 쓴 적이 있다. 한 달 힘들게 돈을 벌어 전화비로 다 써버린 것이다. 얼마나 힘들었으면 전화비를 그렇게 많이 썼겠는가. 술 한 잔 먹고 나면 사람이 외

롭고 또 지하방에서 살지 하니 자꾸만 집생각이 났다. 바퀴벌레 한 마리 내 엄지손가락만한 것을 본 적이 있다. 내가 방에 누워 있는데 배 위로 갑자기 획 지나가는 바람에 얼마나 놀랐는지 모른다. 그리고 한참 지나 보일러에서도 둥둥둥 하고 요란한 소리가 나 처음에는 불이 나는 줄 알았다. 생각해보면 그때는 참 고생을 많이 했다.

친척초청

그런 세월을 겪고 수입이 좋아지고 좀 피기 시작한지는 얼마 되지 않는다. 중국에 갔다가 2005년에 다시 나와 2006년부터는 일을 맡아서 하기 시작한 것이다. 합법적인 신분으로 변경하기 위해 2004년에 중국에 갔다. 1년 반이 지나 아버지쪽 형제들 자녀인 사촌 형님이 초청을 해줘 다시 나온 것이다. 그때 짧은 비자가 아니고 한국에 오래 합법적으로 체류할 수 있게 비자를 신청하려고 꽤나 복잡하게 준비를 했다. 아버지쪽 족보를 전부 복사하고 다른 서류들도 두루 다 챙겨 수속을 많이 밟았다. 내가 한국에 합법적으로 있으려고 2004년에 중국에 갈 준비를 할 때 정책이 새로 나왔는데 자진신고를 하면 나중에 한국에 다시 올 수 있게 하였다. 하여 나는 사촌 형님의 초청이 안 된다고 해도 자진신고를 했기에 다시 한국에 올 가능성은 있었다.

내가 1997년에 처음 오고 2년 후에 아내가 왔는데 2004년에는 같이 중국에 갔다. 그때 사촌 형님이 초청해줄 때 배우자 이름을 같이 써

넣기만 해도 두 사람의 비자가 함께 나온다고 하여 그렇게 했더니 아내와 내 비자가 모두 순조롭게 나왔다. 하여 2006년에는 아내와 함께 한국에 왔다. 사실 그전에 현장에서 6년을 일했는데 너무 힘들어 이 일을 또 해야 하는지 하는 생각이 들어 모두 정리하고 다시는 한국에 안 오려고 2004년에 중국에 갔다.

아내가 2년 후에 나왔을 때에도 아내랑 함께 살지는 못했다. 아내는 회사로 나왔기에 그 회사에 보증금을 어느 정도 주고 초청을 받아 나왔다. 만약 회사에서 도망을 빼(치)면 담보를 해준 사람을 못살게 굴고 벌금을 먹였기에 아예 회사에서 만기될 때까지 일하다가 나왔다. 하여 2년 동안 회사와 계약을 맺고 2년이 지나면 그 회사에서 나와도 된다는 조건으로 일하다가 나중에 회사에서 나왔다. 그때 잔업까지 다 합쳐 나는 한 달에 60~70만 원 정도 받았다. 그때 나올 때도 중국돈으로 몇 만 원 주고 나왔기에 열심히 벌어야 했다. 지금도 마찬가지이지만 여기서는 열심히 뛰어다니지 않으면 안 되고 살아가기 힘들 정도가 된다.

그래도 이전과 비교해 보면 좋은 점이 딱 한 가지 있다. 고향 사람들이 많아진 것이다. 예전에 내가 처음 왔을 때는 나 혼자였고 주위에 아는 사람이라고는 없어 무엇이든지 스스로 해야 했고 어느 곳이든 스스로 뚫어야 했다. 한국 사람 밑에서 일하려면 말도 잘 들어줘야 하고 일은 누구보다도 많이 해야 했기에 엄청 힘들었다. 지금은 고향 사람들이 많이 나와 있어 어디 있다고 하면 이쪽으로 오라고 연락하기도 하고 일거리를 소개해 주기도 한다. 이전에 나는 일당 4만 원을 받았지만 지금은 단가도 높아져 웬만해서는 7만, 8만 원씩은 받을 수 있다. 아무리 초보자이고 모르는 일을 처음 한다고 해도 사람이 가서 일만 해줘도 7만, 8만 원씩 받게 된다. 지금은 많이 대접을 받고 있는 셈이다. 옛날에 비하면 할배다(좋아졌다). 현장에서도 조선 사람이 많으면 대우도 받는다.

지금은 이전과 달리 조경시설물 일을 하고 있다. 예전에는 아파트 현장 같은 곳에서 건설업을 했다. 지금 하고 있는 일도 건설업이긴 하지만 건설업의 다른 분류인 토목일을 하고 있다. 집 짓는 일과는 다르다. 우리 쪽에서는 토목조경이라고 하면 다 잘 안다. 이전과 비교하면 지금 하고 있는 일이 그래도 많이 쉬운 편이다.

한국의 시장을 보면 제일 처음에 현장을 뛰는 일은 조선 사람들이 했다. 그때는 중국 사람(한족)들이 현장에 들어오지 못하거나 극소수가 들어왔다. 그러다가 조선 사람들이 현장일이 어려워 80%까지 많이 빠졌다. 현장일은 사람을 지치게 하여 어느 정도 되면 다 힘든 현장일을 안 하려고 했다. 그러면서 중국 사람들이 그 자리를 대신했다. 그 후에 한족들은 불법체류 신분이라 또 현장일을 못하게 되고 또 얼마 안 되는 한족들이 현장에서 일을 하려고 해도 단속이 너무 심하여 현장을 떠나게 되자 최근에는 베트남(동남아) 사람들이 현장 빈자리를 채워주었다. 한국의 건설 현장은 벌써 조선 사람 - 중국 사람 - 베트남(동남아) 사람 이렇게 3대가 바뀌었다.

베트남 사람들은 상대적으로 단가를 아주 적게 받고 있는데 지금도 3만, 4만 원밖에 안 준다. 너무 싸게 준다. 거기에 비하면 조선족은 옛날에는 적었지만 지금은 잘 받고 있다. 지금도 기술이 좋고 오야지 일을 하고 있는 사람들은 현장에 남아 돈을 잘 벌고 있는 사람들이 있다. 그러나 한국은 아직도 착취를 많이 한다는 인상이 남아 있다. 중국 문화혁명 때 같으면 지금 나처럼 밑에 사람들을 거느리고 일을 하는 것조차 지주, 자본가로 몰려 타도를 받았을 것인데 여기는 그 정도는 아니지만 그래도 제일 밑에서 일하는 사람들이 많이 착취를 당한다. 집을 짓는 일이 대부분인 한국의 건설업 현장은 어느 때나 불법체류자들이 많은 곳이었다. 내가 지금 하고 있는 일은 아파트가 다 올라간 다음 집 앞에 물이 뿜어져 나오는 분수대, 애들 놀이 기구가 있는 놀이터와 같은 조경물을 설치해주는 것이다.

내가 지금 가지고 있는 거주비자는 사실 영주권보다 못하다. 1년에 한 번씩 연장을 해야 한다. 사촌 형님이 초청을 해줄 때 받았던 비자를 나중에 조건이 된다고 하여 거주비자로 바꾼 것이다. 내가 여기서 계속 일을 하게 되면 비자는 계속 연장할 수 있다. 비자 연장할 때도 다른 서류를 준비할 것 없이 수수료 2만 원을 내면 된다.

그러나 지금 많은 사람들이 연장을 못하는 경우가 있다. 왜냐하면 학습을 안 했기 때문이다. 지금 내가 삼성의 현장을 맡아 하고 있는데 나는 지금 일을 시킬 사람이 없다고 솔직히 말했다. 학습을 안 한 사람들은 그런 곳에서 일을 못하게 한다. 하여 아직도 불법체류로 남아있는 사람들을 보면 불쌍하다. 그들은 숨어서 일을 해야 하고 잡힐까봐 겁을 먹어야 한다. 사실 요즘은 불법으로 있을 필요도 없어졌는데 어쩔 수 없이 밀입국하여 들어와 불법이 된 사람들을 보면 빚을 갚아야 하는 문제가 있어 당장에 중국으로 갈 수도 없는 형편이다. 예전에 나도 비슷한 경험을 하고 다 그 과정을 겪어보아서 그런지 그들을 보면 불쌍하다는 생각이 든다.

내가 사업을 시작하게 되니 사업상 필요로 차를 살 수밖에 없었다. 차 값이 3천 만 원이 넘는데 결코 적은 돈이 아니다. 예전에 일거리가 많았을 때는 주로 서울권에서 일을 찾았는데 지금은 일이 많이 줄어들어 부득불 경기도나 다른 지방으로 일을 찾아 다녀야 한다. 그러려면 반드시 이동 수단이 있어야 된다. 내가 여기저기 다니면서 오더를 따내야만 내가 데리고 있는 사람들이 먹고 살 수 있다. 대중교통을 이용하면 시간이 오래 걸린다. 그리고 내 나이가 이제는 50인데 언제까지 지하철 타고 버스를 타고 다녀야 하겠는가. 한국에서 이 정도 살았으면 그래도 차 한 대는 굴리면서 인생을 즐겨야 한다. 차가 있으니 이동하는데 많이 편리하다. 차가 없으면 사업하기도 어렵다.

한번 일을 시작하게 되면 빠르면 한두 달, 늦어도 반년 안에는 일을 마칠 수 있다. 시설물은 사실 아파트단지에 비하면 적은 돈이 들어가는 편인데 지난번에 내가 딴 오더는 55억짜리였다. 이 정도 오더를 따면 우리한테 돌아오는 돈은 10% 정도밖에 안 된다. 이 10%로 전국적으로 통일된 가격에 의해 각 파트 별로 돈을 지불하고 또 일꾼들 월급을 준다. 그러기에 열심히 두드리면서 다녀야지 두드리지 않으면 돈이 생길 길이 없고 오히려 적자를 내게 된다. 하여 여러 곳을 다니면서 오더를 따기 위해서는 차는 반드시 있어야 하는 것이다.

그런데 지금 차 한 대로 부족한 것 같다. 지금 운전하고 다니는 차는 일반 승용차라서 사람은 태우고 다닐 수 있는데 짐을 많이 싣고 다니지 못한다. 나는 사업 수요로 큰 짐을 많이 싣고 다녀야 하는 경우가 많다. 하여 조건이 된다면 큰 차를 한 대 더 사고 싶다. 그런데 지금 한국경제가 점점 나빠지고 있다. 지금 10월인데 나도 6월 월급을 오늘에서야 받았다. 어디 가나 다 마찬가지겠지만 경기가 안 좋은 것이 확실히 알린다. 한국이 외환위기를 겪고 작년부터 경제 불황이라는 것이 알리기 시작했다.

가족과 고향의 변화

중국에 있을 때 설명절이 되면 100% 우리 집안끼리 모였다. 친척들이 모이면 우리는 만두를 빚을 줄 모르기에 그때는 주로 떡국을 해먹었다. 다른 집들을 보면 중국식을 따라 배워 만두를 해먹는 집도 있었다. 내가 어릴 적에는 돈이 별로 없어 폭죽 같은 것도 사지 못했고 어쩌다가 푼돈이 생기면 조금 사서 땅땅땅 터치면서 놀아도 재미있다고 웃어댔다. 그리고 명절이 되면 새 옷 한 벌 사주기에 어렸을 때는 명절이 되기만 기다렸다.

지금은 명절이 아니더라도 내가 필요하면 옷은 사 입는다. 이전처럼 명절이 크게 의미는 없어졌다 해도 우리는 옛날 습관이 그대로 남아 있어 먼 친척은 몰라도 부모 형제들은 다 모인다. 우리 아버지는 돌아가고 어머니는 아직 생전이다. 명절 때 뵈러 못 가도 집안에 큰일이 있으면 반드시 중국에 간다. 2006년에 한국에 온 뒤로 서너 번 중국에 갔다 왔다. 지난번에 조카 결혼식이 있어 또 다녀왔다. 지금은 세월이 좋아져 기차를 안 타고 바로 비행기로 다닐 수 있다. 서로 멀리 떨어져 살다 보니 자주 보지는 못해도 집안에 큰일이 있으면 그래도 다 모이는 편이다. 특히 결혼식 같은 경우 평생에 한번인데 안 가본다는 것은 말이 안 통하는 것이다. 그러면서 형제 우애도 더 좋아지는 것이다.

1997년부터 2004년까지 한국에 있다가 7년, 8년 후에 고향에 가보니 집이 많이 생겼다. 중국이 아무리 발전이 빠르다고 해도 남방쪽이 훨씬 많이 발전한 것이지 북방은 아직도 멀었다. 내가 남방에서도 살아봤기에 잘 아는데 동북은 기후 문제도 있고 특히 아직도 딱 보면 위생이 말이 아니다. 사람들 수준이 떨어지고 문화도 뒤떨어져 있다. 가보면 더럽고 도둑놈도 얼마나 많은지 내가 보기에는 우리 세대한테 중국은 살 곳이 아닌 것 같다. 따지고 보면 한국도 엄청 깨끗하다고 말할 수는 없지만 그래도 중국에 있다가 한국에 오면 확실히 많이 문명하다는 것을 느낄 수 있다. 우리 외삼촌이 언젠가 동남아쪽 나라에 한번 갔다 와서 하는 얘기가 그쪽은 한국과 비교를 할 수 없을 정도로 깨끗하다고 했다. 담배꽁초가 안 보일 뿐만 아니라 길에 쓰레기통도 아예 없이 깨끗하게 산다고 했다.

예전과 비교해 보면 지금은 그래도 생활이 많이 좋아졌고 돈이 그렇게 그립지 않다. 또 돈을 별로 잘 쓰지도 않고 다만 먹는 것은 잘 먹는다. 옷도 있는 것 그대로 입고 다니는데 내가 지금 입고 있는 옷 모두 중국산이다. 나는 한국옷보다 중국옷이 더 좋다. 옷은 중국옷이 좋고 전자 제품은 한국 것이 좋다. 집 옷장에 걸려있는 옷들이 거의 다 중국산인데 중국에 갈 때마다 등산복을 사오고 하여간 한국에서는 거의 옷을 안 산다. 기껏해 셔츠나 신발은 밖에 나갔다가 사는 경우가 있다.

예전에 중국 청도에 집을 사려고 간 적 있다. 그런데 내가 한국의 건축 현장에서 일을 하면서 경험이 생겨 딱 봐도 중국의 집들은 문제가 많다는 것이 보였다. 집의 내부 구조가 마음에 들지 않는 것도 있지만 건축 재료를 제대로 사용하지 않았다. 그렇게 고층 건물을 지으면서 내 손가락 굵기만한 10mm 정도 굵은 철근을 주요 기둥에 사용한다. 한국은 베란다쪽에 사용하는 철근도 13mm짜리를 쓴다. 하여 3~4급 정도 지진이 일어나도 건물이 쓰러지지 않게 하는데 중국은 부실 공사를 너무 많이 한다. 내가 지금은 시설 조경을 하고 있어도 6년간 집 짓는 현장에서 일을 했었기에 이것이 얼마나 큰 문제라는 것을 잘 안다. 그리고 한국은 내부 구조를 잘 만들어 짐 들고 몸만 들어가면 바로 입주가 가능하다.

나중에 중국에 가게 되면 도시 생활보다는 시골에서 생활하고 싶다. 양어장 하나 만들어 놓고 지내고 싶다. 그래도 농촌은 교통이 불편하여 자가용은 있어야 되는데 혹시 아프면 119가 오기 전에 병원에 급히 가야 한다. 중국의 땅은 아직 내 이름으로 되어 있는데 관리를 잘 하지 않으면 조선족들의 땅이 조만간 한족들 손에 다 들어가게 된다.

VI

결혼

1. 여자이지만 건설 현장이 힘들다고 생각되지 않는다[*]

M씨는 1959년 길림성 용정시 로투구진에서 태어났다. 친척들 중 여러명이 한국행을 경험하였고 그들의 삶이 윤택해 진 것을 목격했다. 1997년 브로커를 통해 한국에 입국하였고 한국 사람과 결혼하여 국적을 취득하였다. 찜질방, 가정부 등 일을 경험했고 현재는 건설 현장에서 수도 파이프에 커버를 씌우는 일을 하고 있다.

M씨(한국 국적)

나의 가족과 중국 생활

나는 1959년 길림성 용정시 로투구진(老头沟镇)에서 태어났다. 나는 2남 4녀 중 막내딸이고 남동생 한 명 있다. 형제들 중 제일 큰 언니는 미국에 있고 둘째는 한국에 있고 나머지 세 명은 중국에 있다. 내가 어릴 적에는 아버지가 천보산 탄광에서 일을 하였는데 전국노동모범이라서 아버지 한 명의 수입으로 온 가족이 충분히 먹고 살 수 있었다.

---

* 면접 일시: 2011년 10월 18일
  면접자: 최영춘

그 때 아버지가 월급을 다른 사람들의 2~3배씩 받다 보니 잘 살았고 아버지의 덕을 많이 받았다. 때문에 문화대혁명 시기에도 투쟁을 받지도 않았고 고생을 하지도 않았다.

학교는 고중까지 다녔고 그 후에 로투구에서 친한 언니의 복장점에서 옷 수선을 도와 주었다. 그러다가 언니 소개로 지금의 남편을 만나게 되었다. 그때가 1986년이다. 남편은 당시 용정의 종이공장에서 일을 하고 있었기 때문에 결혼 후 남편 따라 용정에 갔다. 용정에서 처음에는 남편 혼자만의 수입으로 살았었고 나는 금방 출산을 했기 때문에 집에서 애를 키웠다. 그러다가 몸이 어느 정도 회복되자 겨울이면 元宵(정월 대보름날 먹는 소가 들어 있는 새알 모양의 식품)를 만들어서 팔았다. 당시 애 할머니 집하고 우리 집 사이에 마당이 있었는데 그 마당에서 元宵를 직접 만들어서 팔았다.

그렇게 용정에 5년 정도 있다가, 1991년에 남편의 여동생이 예전에 연변대학 근처에서 상점을 하고 있었는데 장사가 잘 되지 않아서 가게를 그만 두고 소련으로 돈 벌려고 떠나게 되자, 그 상점을 우리들한테 팔았다. 그렇게 장사를 시작하다가 2년이 지나고 그 상점 부지가 재개발이 되어서 계속 할 수 없었다. 남편은 돈을 벌려고 4년간 소련에 가 있었고 나는 집에서 애를 보고 있었다. 당시의 모든 생활비는 남편이 소련에서 보내주었는데 소련 장사도 경기가 좋지 않아서 그만 두었다. 그 후 연길에서 남편은 근로자로 일을 하였고 나는 집에서 가사를 하고 있었고 또한 아들도 있었기 때문에 얼마 되지 않은 한 달 수입으로 먹고 살기 힘들어서 결국 한국에 오게 되었다.

한국행 계기

그때 마침 이모 한 분이 한국에 계셨는데 한번 중국에 오셨다가 나의 친척들을 초청해서 나의 어머니, 언니, 작은 이모가 먼저 한국에 갔다. 나의 작은 이모가 3년 만에 불법체류로 잡혀서 중국에 돌아왔다. 그 이모가 한국에 가기 전에는 나보다 더 못 살았었는데 한국에 갔다 온 후 돈을 많이 벌어서 충족하게 살고 있는 것을 보고 나도 한국에 가겠다고 마음을 먹었다. 한국이라는 나라도 그 이모님 때문에 알게 되었고, 그 이모가 나의 어머니도 초청을 했었는데 어머니는 나이가 많아서 일을 하지 못하기 때문에 그냥 한국에서 놀다 가셨는데 나는 당시 그래도 젊고 체력이 좋으니까 한국 나오면 꼭 돈을 벌 수 있겠다고 생각했다. 그리하여 남편하고 한국에 가겠다고 얘기 했더니 남편이 엄청 반대를 했다. 그래서 죽으려면 다 같이 굶어 죽으면 되지 하고 포기하고 있었다.

그러다가 다른 이모가 한국에 돈 벌러 갔다가 중국으로 돌아 왔는데 연길에 볼 일이 있어서 우리 집에 있으면서 이 얘기 저 얘기 나누면서 나도 한국에 가겠다고 돈 좀 대달라고 떼를 썼다. 그랬더니 이모가 흔쾌히 돈은 대줄 수 있는데 남편이 동의 하는가 라고 물었다. 처음에는 이모가 돈을 대준다고 해도 남편은 반대하는 입장을 고집하였다. 그러다가 내가 하도 떼를 쓰니까 남편은 어쩔 수 없이 보내 주었다.

당시 한국에 나올 때 중국 돈으로 8만 원 들어갔다. 가운데서 소개한 사람도 돈을 줘야 되고 한국 수속을 하면서 여러 지역을 왔다 가는데 드는 경비를 모두 내 쪽에서 썼기 때문이다. 한국 온지 6개월 만에 모든 빚을 다 갚았다.

한국 생활

1997년에 한국에 처음 왔다. 3개월 친척방문 비자로 왔다가 한국 사람과 결혼해서 한국 국적을 취득하였고 지금까지 한국 국적자로 있다. 처음에는 아는 이모의 소개로 찜질방에서 일을 하였는데 24시간 찜질방에서 먹고 자고 하면서 오전 10시부터 밤 12시까지 일을 하였다. 두 달 정도 지난 후에는 아침 5시부터 저녁 6시까지 방 청소하는 일도 하였고 휴일이 따로 없이 일을 했었다. 그렇게 찜질방에서 1년 정도 일을 했는데 그 찜질방이 부도가 나게 되어서 그 일을 그만 두었다. 그때 당시 월급은 70만 원이었고, 또 내 돈으로 계란 사다가 구워 팔아서 그때 수입이 한 140만 정도 되었다. 그러다가 몇 개월 지나서 내가 월급이 100만 원도 안 되는데 하는 일에 비해 너무 적은 것이 아니냐고 사장님하고 따져서 방 청소 비용을 하루 만 원씩 30만 원씩 더 받아서 모두 170만 원 정도 받았다.

다음 수원의 의사 집에서 2살, 4살 되는 애기를 키워주면서 가정부 생활을 했다. 그때 집주인들도 잘 대해 주셔서 한 달에 140만 원씩 받으면서 5년 동안 일을 하였다. 그런데 나중에 애들이 크면서 부모님한테 나쁜 일만 일러바치니까 스트레스를 너무 받아서 도무지 견뎌낼 수 없었다. 당시 나의 남편도 한국에 나와 있었는데 전화해서 나는 더 이상 못하겠다고 했더니 남편도 그러면 그만 두고 집으로 오라고 했다. 그래서 가정부 일도 그만 두었다.

지금은 하루에 10만 원씩 일당 받으면서 아파트 짓는 건설 현장에서 일을 하고 있다. 수도 파이프에 커버를 씌우는 일인데, 파이프에 커버를 씌워서 테이프를 묶어서 물이 내려갈 때 소리 안 나게 보호해 주고, 찬물의 경우에는 천장에 물기가 있으면 안 되기 때문에 밖의 공기와 접촉하지 말고 미지근하지 말라고 싸주고, 난방처럼 뜨거운 물이 올라가는 배관의 경우에는 그 열이 밖으로 빠지지 말라고 꽉 싸주는 일이다. 보통 아침 7시 반부터 저녁 5시 반까지 일을 하는데, 중간에 한 시간 휴식 시간이 있으니 거의 10시간 일하는 셈이다.

건설 현장이 인하대 근처에 있고 나의 집은 서울이다 보니 매일매일 통근하여야 한다. 다른 사람들 보기에는 힘들어 보이겠지만 나는 힘들다고 생각 되지 않는다. 가정집에서 일 할 때는 나만의 공간이 없었고, 딱 그 울타리 안에만 있어야 된다. 그러다가 쓰레기라도 버리려고 동네에 나가면 저 사람이 누구 집의 머슴이라는 소리가 듣기 싫어서 일부러 밖에도 나가지 않았다.

그래서 가정부 일을 그만두고 현장 일이 돈을 잘 번다고 우리 동창애가 얘기 해줘서 남편한테 얘기 하였더니, 남편도 주변의 일하는 사람한테 얘기하니까 이런 일자리가 있더라고 했다. 그리하여 이 일을 시작하였는데 현장에 가서 사람들이 일터에서 일하는 모습을 보니까 좋다. 나는 원래부터 말하기를 좋아하는 성격인데 오가는 업체 사람들하고 인사도 하고 무거운 것을 밀고 가다가도 힘들면 서로 거들어 주고 하니까 너무 신났다. 지금 일을 2002년 월드컵때부터 시작했는데 딱 10년이 되었다. 내가 지금 하고 있는 일이 기술적인 일이라서 단가도 높고, 또한 이제는 배운 것이 이거라서 지금까지 그 현장으로 나가게 되었다.

이 일을 처음 시작할 때는 일당 4만5천 원씩 받았다. 비록 가정집보다는 적지만 기술을 배우고 익숙히 하면 일당도 따라서 빨리 올라가기 때문에 적은 것을 알면서도 그 일을 시작했다. 당시 남편하고 벌어 놓은 돈이 좀 있기 때문에 욕심 부리지 않고 기술이니까 배우자는 마음으로 시작을 했다. 그렇게 2년 정도 지나니까 일당이 7만 원까지 올라갔다. 현장에서 일하다 보니 작업 환경은 당연히 회사처럼 좋지 않다. 그런 환경에서 매일 먼지를 먹으면서 일을 하다 보니 피곤해서 갑상선 수술까지 했다. 원래 내 나이가 되면 다 아파할 때이기에 그러려니 하고 일을 하지 않고 집에서 일 년 쉬었다. 그런데 집에서 쉬고 있어도 누가 나하고 놀아주는 사람이 없으니까 너무 쓸쓸하게 느껴졌다. 그래서 집에서 놀고만 있어도 안 되겠다고 생각하고 가끔씩 현장에서 일이 있다고 나오라고 하면 또 나가서 일도 한다.

남편은 1999년에 나왔는데 당시에 15일 연수비자로 왔었다. 그리고 계속 중국에 돌아가지 않고 불법으로 있다가 정책 때문에 중국에 돌아갔고 지금은 나하고 결혼하는 것으로 해서 한국의 영주권을 취득하고 있다. 남편은 지금도 국적을 충분히 취득할 수도 있는 상황인데, 아들이 혹시라도 제 노릇을 못하고 애를 매끼면(먹이면) 다시 중국 들어가라고 일부러 한국 국적을 취득하지 않았다. 한국이나 중국이나 여자가 남자를 쫓아가는 국가이기 때문에 남편의 국적이 중국에 있으면 나도 따라 중국에 들어가기 쉽다. 그런데 만약에 한국 국적이라면 그냥 이렇게 한국에서 살아야 하고 중국에 돌아가려면 중국 비자를 받아야 하고, 또 기간이 만료되면 한국에 다시 들어왔다가 나가야 되는 것도 하나의 원인이다. 지금 남편의 나이가 54살인데 한국에서 혜택을 받을 수 있는 나이가 65세이기 때문에 아직은 시간적 여유가 있으니 아들이 앞으로 어떤 길을 가겠는지를 보면서 결정해도 될 것 같다. 혹시라도 아들의 일이 잘 풀리지 않으면 이 집을 돌려주고 중국으로 돌아가려고 생각한다.

사실 한국에서 일을 하면서 불편한 점이 한 두 가지가 아니었다. 내가 한국에 들어왔을 시기가 연변에서 너무 초창기는 아니더라도 비교적 빠른 편이었다. 그래서 한국에 아는 사람도 없었고 가정집에서 일을 할 때도 내가 그 집 식구 네 명을 맞춰야 되고 다른 일을 하더라도 그 사람들을 맞춰야 되기 때문에 내가 하고 싶은 얘기를 하지 못하고 지냈다. 나처럼 중국에서 돈을 벌려고 온 사람들이 주변에 있으면 언어가 통하겠는데, 그런 사람이 없었기 때문에 힘든 부분을 그냥 혼자 참을 수밖에 없었다.

찜질방에 있을 때도 나는 망을 보는 사람이라서 내가 담당하고 있는 일만 해야 되는데, 손님이 많아서 주방에 설거지가 막 쌓여 있었는데 그 것 때문에 주방장 아줌마가 얼굴색이 안 좋았다. 그 상황을 보더니 사장이 나를 호출해서 거기서 설거지를 하라는 것이었다. 당시 주방아줌마는 150만 원 받고 나는 70만 원 밖에 받지 못하는데, 주방에는 주방장이 모든 일을 다 해야 하고 나는 내가 할 일이 따로 있어서 설거지는 내가 할 일이 아니었다. 그래도 사장의 말이니까 거절은 못하고 인상을 쓰면서 주방에 들어갔다. 그런데 설거지를 하면 할수록 생각해보니 화가 나는 것이었다. 그래서 설거지를 하면서 가끔씩 일부러 그릇을 땅에 떨어뜨려 깨곤 했다. 그 소리에 주방장도 깜짝깜짝 놀라고 사장도 어느 정도 눈치를 챈 것 같다. 그날 일 끝나고 사장이 나한테 음료수 사주면서 주방에 사람 하나 써야 되는데 지금 상황이 좋지 않아서 사람을 구할 수 있는 형편이 아니어서 그런 것이니까 미안하다고 했다.

가정집의 경우에도 자기들이 돈을 주고, 나는 돈 받고 일해준다는 이유로 그 사람들 앞에서 허리 굽혀서 일을 해야 되고, 그 사람들이 큰 소리 치려하고 나는 그냥 듣기만 해야 된다. 당시 이런 설움을 어디에 하소연 하겠는가. 하려고 해도 주변에 그 얘기를 들어 줄 사람이 없었다. 한국에서 고생한 얘기를 하려면 지금은 많이 잊혀져서 모르겠는데 총체적으로 하고 싶은 얘기를 못하고 사는 것이 제일 힘들었던 것 같고, 그 것 때문에 많이 울었다. 초창기에는 아마 다들 그렇게 지냈을 것이라 생각된다.

그때 당시만 해도 말이 안 되고 사람들이 입는 옷도 돈이 아까워서 입지도 못하니까 사람들한테 무시당한 일도 많았다. 사장들은 돈을 내고 나를 고용하는 입장이고 또 내가 옷을 허술하게 입고 다닌다는 원인 때문에 나를 무시하고 일을 다른 사람보다 더 시키려 하였다. 나보

다 일을 못하면서 돈을 더 가지려 하고, 나와 비교하면서 뭐라고 할 때
는 정말 여기서 그만 때려 치고 갈 생각이 한두 번이 아니었다. 중국에
가면은 어쨌든 한국보다 자유롭다. 그런데 여기는 자유롭지 못한 대신
에 돈이 된다. 나는 돈 때문에 왔고 또 빚을 지고 왔기 때문에 천만 원
만 벌면 간다는 생각을 했다. 왜냐하면 천만 원이면 그때 당시 중국 돈
10만이었는데, 그 정도는 벌어야 중국에 돌아가도 숨을 쉬면서 살 것
같았기 때문이다. 그런데 그렇게 1년이 지나고 이년이 지나고 하니까
결국에는 돌아가지 못하고 지금까지 오게 되었다.

　음식도 입맛에 맞지 않았다. 혼자 나와서 돈을 벌다 보니 그냥 주
는 대로 먹고, 가정집에 들어가니까 내가 마음대로 음식을 만들어 먹
을 수 있는 줄로 알았는데 그것도 아니었다. 가정집에서는 나를 위해
서 내가 먹고 싶은 음식을 만들어 먹지 않았고, 모두 가정집 주인을 위
해 음식을 해주고 나머지가 있으면 대충 먹는 척하였고 주인들과 같이
한 테이블에서 먹지도 않았다. 그 사람들이 같이 앉아서 먹자고 하는
데, 나는 체면이 많아서 집주인들이 다 먹고 나면 따로 주방에서 대충
요기해 먹었다. 그러다가 간혹 과일 같은 것이 먹고 싶을 때는 시장 볼
때 조금씩 사다가 감춰서 먹었다.

　처음에는 돈이 아까워서 집도 구하지 않았다. 그러다가 남편이 한
국에 나오게 되어서 집을 구하기 시작하였는데 그때 살던 집도 완전
지하방이었다. 창문도 꼭대기에 작은 것이 하나 있는 집이고 한 달에
15만 원인데 그 집에서 남편이랑 4년 살았다. 지하방은 습기가 심한데
그래도 겨울이면 보일러를 틀면 되지만 여름에는, 특히 장마철이 되면

습기가 엄청 심했다. 아침에 옷을 입고 출근을 해도 옷이 눅눅해서 항상 덜 마른 옷을 입은 느낌이고 저녁에 자려고 해도 이불이 다 눅눅해서 자기 전에 남편이 다리미로 다려야 잘 수 있는 정도였다. 주변 사람들이 돈도 꽤 벌었으면서 왜 집을 옮기지 않고 계속 그런 집에 있는가며, 그 집에 오래 있으면 병든다고 해서 결국에는 아파트로 옮겼다. 그래도 항상 집은 깨끗하게 거두었다. 가끔씩 집주인이 우리 집에 놀러오는데 올 때마다 집을 너무 알뜰하게 거둔다고 얘기를 하는 것이었다. 그래서 내가 그 집에서 나온다고 할 때 집주인은 더 있었으면 하는 눈치였다. 그 후 집을 옮겨서 전세집에서 3년 정도 살다가 그 집이 재개발 되어서 지금의 이 집에 살게 되었다.

평소에 일이 없을 때에는 보통 집안일을 하고 또 지금 아들도 한국에 있으니까 아들을 위해서 밥이라도 해주고 싶다. 내가 한국에 일찍 나왔고 남편도 얼마 지나지 않아서 한국에 왔기 때문에 중학교 때부터 아들이 혼자서 생활하게 되었다. 어린 나이에 제일 부모의 사랑이 필요할 때인데 돈 때문에 둘 다 한국에 나오다 보니 어릴때 사랑을 주지 못했다. 그래서 지금도 아들한테 미안한 마음을 가지고 있다. 그래도 아들이 다른 집 애들처럼 비뚤어 지지 않고 바르게 자라 주어서 감사하다.

보다시피 중국에서 온 사람들 중 나는 비교적 안착 된 케이스라고 생각된다. 내 주변에도 많은 사람들이 있지만 나는 그래도 운이 좋아서 이런 집에서 살고 있다. 그리고 남편도 그렇고 나도 체력이 좋아서 돈도 다른 사람 못지않게 잘 벌었다. 또한 하나뿐인 아들도 크게 속을 썩이지 않는데, 나는 이 정도로 만족하고 있다. 우리 또래들도 자식들이 제 노릇을 못하고 부모 속 썩이는 자식들이 엄청 많다. 엄마들은 한국에서 별별 고생을 다 이겨내면서 힘들게 돈 벌어서 자식에게 돈을 부쳐 주면 얼마 지나지 않아서 그 돈을 다 말아 먹는다. 그래서 내 주변에도 보면 엄마들이 여기서 뼈빠지게 벌어도 제 노후 대책을 못한 엄마들도 많다. 그러니까 우리 아들은 그런 집 자식들에 비하면 많이 착하다. 그리고 속 썩이는 일이 없으니까 모든 사람들이 나를 좀 많이 부러워한다.

이렇게 안착된 원인은 열심히 살았기 때문이라고 생각된다. 나하고 남편은 한국에 와서 진짜 열심히 살았다. 물론 단지 열심히 살아서는 안 되고 일정한 운도 따라야 된다. 아프지 않았고 건강했었고, 주변 사람들이 많이 도와주었다. 지금 남편이 다니는 회사도 힘들 때 많이 도와주었는데 그 때문에 10년 동안 꾸준히 그 회사만 다니고 다른 직장으로 옮기지 않았다. 지난번에 남편이 일하다가 다쳤는데 그 회사에서 치료비를 청구해주었다. 나도 일을 잘 하기 때문에 집에서 놀고 있다가도 주변에서 와서 일을 해달라는 전화가 자주 온다. 그리고 우리가 일을 하고 싶을 때면 다른 사람들을 안 써도 우리 둘을 잘 쓰고 있다. 그래도 중요한 것은 몸이 건강하기 때문에 번 돈을 모을 수가 있었고 지금처럼 안착된 생활을 할 수 있다.

그래도 가만히 앉아 있으면 정신적으로 사람이 많이 나태해 지기 때문에 움직일 수 있을 때 많이 움직이는 것이 좋다고 생각한다. 지금 상황에서는 큰 바램은 없고 단지 몸이 아프지 않고 벌 수 있을 정도까지 돈을 버는 것이다. 이젠 돈을 더 벌어야 되겠다 하는 욕심도 없는데

그렇다고 그냥 집구석에 앉아 있어도 놀아주는 사람도 없고 외롭기만
하기 때문에 일을 하고 있다. 또한 든든한 아들도 있고, 아들이 잘 할
수 있을 것이라고 믿기 때문에 큰 걱정은 하지 않는다.

반면에 지금 한국에 나와 있는 조선족들을 보면 물론 우리 가정처
럼 한국에서 안착된 생활을 하고 있는 사람들도 많지만 우리와 상반된
삶을 살고 있는 사람들도 적지 않다. 내 주변에는 그런 사람이 없지만
남편의 친구를 보면 우리보다 더 먼저 한국에 왔는데 경마에 빠져서
지금도 거지처럼 살고 있다. 나랑 몇 번 마주쳤는데 그건 아니다 싶어
서 남편하고 그 사람과 어울리지 말라고 내가 말한 적도 있다. 그런 사
람들을 보면 보통 언젠가 복권이 당첨되는 것처럼 경마에 당첨되면 집
으로 돌아간다고 하고, 용역을 가서 일을 해서 돈이 조금이라도 있으
면 경마에 집어넣었다가 띠우(잃으)면 또 나가서 일을 하는 삶을 반복
한다. 나는 이런 심리를 가지고는 성공할 수 없고, 한 가지 일이라도
성실하게 꾸준히 끝까지 해나가야 성공할 수 있다고 생각된다.

장래 계획

이제는 한국 온지도 오랜 시간이 지났고 또 한국 국적도 취득했기
때문에 큰 변수가 없으면 앞으로 한국에서 계속 살 생각이다. 처음에
는 그냥 돈만 벌고 간다고 생각하고 있었기 때문에 의료보험은 돈만
들고 할 필요가 없다고 생각하고 가입하지 않았다. 그러다가 남편까지

한국에 들어오니 이거 하지 않으면 안 되겠다고 생각해서 일차적으로 누적된 보험료 180만 원 내고 보험도 가입하고 지금은 국민연금도 다 해놓고 있다.

그 동안 중국에도 몇 번 다녀왔지만, 한국에서 지내다 보니 첫째로 사람들이 문명하고 둘째로 교통이 편리하고, 셋째로 도시의 환경이 깨끗하다. 주변의 모든 것이 편리하게만 느껴진다. 그런데 중국은 그렇지 않다. 지난번에 중국에 놀러 갔었는데 오후 7시 반이 되니 버스가 끊기고, 어디를 가려고 환승을 해도 또 돈 내야 된다. 택시 기사들도 한국은 미터기로 돈을 받기 때문에 기계에 표시된 금액만 내면 되는데, 거기는 미터기로 10원이면 되는 거리를 15원~20원 내라고 택시 기사들이 주먹치기를 하는데 나는 중국어가 안 되니까 그냥 당하고 말았다.

또 한번은 연길에서 한국으로 돌아올 때 연길공항에서도 안 좋은 추억을 겪었다. 오랜만에 연길에 갔다가 먹으려고 산 찰떡도 다 빼앗고, 반찬이고 뭐고 인정사정없이 다 빼앗겼다. 한국에 친구 가족들이 있어서 한번 맛보이겠다고 가져온 것을 마구 빼앗아 버리는 것이었다. 다른 것도 아니고 먹을 것을 빼앗는 것은 너무 한 것 같았다. 그래서 너무 열 받아서 다시는 연변에 가지 않겠다고 맹세하고 왔었는데 그래도 가끔은 고향생각이 난다.

고향에는 나의 어머니, 고모, 내 동생이 있고, 친구들도 많다. 그런데 한국에 있으니까 사람이 깍쟁이가 되는 것 같다. 연변 사람들이 원래 통이 커서 돈을 막 쓰는데 나는 한국에 오랫동안 있다 보니 그렇게 돈을 막 쓰게 안 된다. 예전에 내가 연길에서 살 때의 소비 수준을 생각하고 있는데 가보면 사람들이 돈을 너무 쓰는 것이었다. 그래도 나는 한국에서 돈을 벌고 있기 때문에 그 사람들 보다 형편이 조금 좋아서 당연히 내가 돈을 써야 되는데, 그렇다고 또 내가 돈을 다 풀려고 하면은 돈이 너무 쉽게 달아난다. 한번 갔다 오면 100~200만 원은 너무 쉽게 나간다. 그래서 실질적으로 어떤 경우에는 가고 싶지만 경제적 원인 때문에 연변에 돌아가지 못하겠다.

총체적으로 한국이 더 문명하고 사람들도 자상하고 가는 길을 물어봐도 안내를 잘하는데 중국에는 아직 그 것이 안 되니까 한국에서 살려고 마음먹었다. 물론 고향 생각도 나고, 내가 정든 땅이라서 그리운데 실제로 돌아 가보면 그때의 그 달콤한 맛을 느낄 수 없다.

2. 국적을 취득했지만
나는 한국인이 아니었다[*]

1950년 길림성 안도현에서 태어난 그녀는 용정시 조양천진으로 시집갔다. 개혁개방을 맞으면서 받은 땅으로 농사만 지어서는 어려운 생활을 호전시키기 어려웠다. 장사를 시작한 그녀는 중국의 남방지역을 돌면서 경공업 제품을 구입하여 연변에서 팔아 경제적 부를 쌓았다. 그러나 그것도 잠시일뿐이었다. 러시아 장사를 했지만 여의치 않았다. 결국 1994년 결혼의 방법으로 한국에 입국하여 국적을 취득했다. 그는 당시 여타 조선족입 국자들과 같이 약장사를 하였다. 하지만 조선족 출신의 한국 국적자라는 이유로 조선족과 같이 단속에 걸렸다.

Y씨(한국 국적)

가족

1950년, 길림성(吉林省) 안도현(安图县)에서 태어났다. 아홉 살에 안도에서 소학교 입학하고 졸업해서 1965년에 중학교인 안도얼중(안

---

[*] 면접 일시: 2011년 2월 18일
　면접자: 박우

도제2중학교)에 갔다. 모두 조선족 학교를 다녔다. 이듬해에 串联(문혁시기 북경과 지방 학생들이 혁명경험을 교류하기 위한 운동)하고, 1968년에 졸업했다. 중학교에서 4년이나 있었다. 문화대혁명때 串联한다고 반에서 선거 투표를 했는데 열 명에 한 명을 뽑았다. 여자 두 명에 남자 네 명이 뽑혔는데 내가 뽑혀서 북경에 갔다. 학교다닐 때 그냥 순진하게 공부하러 다녔고, 반주임 말 잘 듣고 그랬다. 공부는 별로 잘하지 못했다. 그런데다가 좀 크니까 문화대혁명이 터져가지고 아무 것도 못하고 있었다. 내가 사회에 일찍 나와서 일하다보니 어머니는 내가 시집 못갈가봐 재촉을 많이 했다.

시집은 용정 조양천으로 왔다. 조양천에서 시집 살림 하다가 개혁개방이 되어서 먹고살기 위해 보따리 장사를 했다. 옷을 批发(도매)해서 농촌에 다니면서 팔고, 그 다음에 연길 서시장(西市场)에서 매대를 해서 옷장사도 했다. 안도에 있을 때 조양천이라면 그래도 큰 시내인가 했다. 그 전에는 어디도 못 가봤으니까. 그런데 1973년에 결혼해서 오니까 조양천은 뭐 시골이지, 거기다가 못사는 집에 시집왔지, 아무것도 없었다. 이불도 반반한게 없고, 솜이란게 제대로 된 것이 없고, 탄재(담요)하고 탄재를 붙여서 이불을 해서 덥고 자지. 그렇게 못사는 집에 시집왔다. 그렇다고 이혼할 것도 아니고. 지금 같아서는 이혼했을지도 모른다. 그때는 그저 못살아도 꼭 같이 살아야 된다는 그런 생각으로 살기 위해 이일 저일 많이 했다. 그러다가 개혁개방하면서 1980년에 정부에서 밭을 나누어 줬다. 그것을 갖고 밭을 일구어 농사짓는 것만 가지고 살수 없어서 옷도 팔면서 장사를 했다. 밭을 정확히 몇 묘를 나누어 줬던지는 생각나지 않는데 아무튼 농사만 지어서는 살 수 없었다. 그때는 애도 있었는데 애들을 키우면서 벼모랑 내고 농사질 했다. 애들이 또 아프고 그러면 병원놀음도 해야 하고 아무튼 힘들었다.

장사

개혁개방 하면서 내가 장사를 하기 시작했는데 생활이 많이 좋아졌다. 농민들한테 밭을 나누어 줬지만 농사를 마음대로 해서 잘 산 것이 아니라 농사가 아닌 다른 일을 해서 돈을 벌었다. 농촌에서 보통 하는 것이 장사다. 주변에 다른 집들도 그랬다. 남편은 그냥 농사를 하니까 집에 쌀은 부족하지 않고, 그러면 먹는 문제는 해결되고, 그 다음에 내가 장사를 해서 돈을 벌어서 다른 것을 샀다. 그러다보니 못 먹던 고기도 먹을 수 있었고 옷도 남들처럼 사입었다. 나름 풍요로웠다.

처음에는 장사도 그렇고 采购(구입)도 할 줄 몰라서 옷을 좀 눅게(싸게) 사서 농촌에서 돌아다니면서 팔았다. 그런데 농촌 사람들이 원래 돈이 없으니까 모자라는 부분은 쌀이나 콩으로 대신했고, 그 쌀이나 콩을 내가 또 장마당에 가서 팔아서 현금으로 했다. 그런데 한 1년을 하니까 이렇게 가만가만 장사를 하면 벌금을 한다는 말이 돌았다. 그래서 안 되겠다 싶고 겁도 나서 600원을 마련해서 장춘, 심양, 대련, 청도를 한 바퀴 돌았다. 바깥 구경을 처음 해 보았는데 참 좋은 경험이었다. 그렇게 돌면서 물건을 좀 사서 돌아온 다음 다시 팔았는데 본전을 빼고 200원이 남는 것이었다. 이렇게 장사를 하면 되겠다는 생각이 들었다. 그래서 그 이후에 천7백 원을 3% 이자를 물면서 빌려가지고 복건성으로 갔다. 복주, 하문, 석사를 돌면서 물건을 사다가 돌아와서 팔았는데 600원이 남는 것이었다. 이렇게 두 번 실험해 본게 모두 돈을 벌 수 있으니까 그 다음부터는 돈을 좀 더 마련해서 자꾸 돌아 다니면서 물건을 구입해서 가져다 팔았다. 그때는 뭐 한족말도 몰라서 니디워디(你的我的: '네 것 내 것'이라는 뜻, 한어를 잘 모른다는 의미의 용어로 많이 쓰임) 해가면서 손질 발질 하면서 다녔다.

다른 곳에 가서 구입한 물건의 품목은 많은데 연길에서 제일 잘 팔린 것이 운동복과 우산이었다. 남들은 소상품을 하는데 나는 이 두 가지를 중점적으로 했다. 복주에 가서 우산과 운동복을 가져왔는데 이 두 개가 불티나게 팔렸다. 대박쳤다. 내가 우산을 하는 통에 서시장에 장사꾼들이 온통 다 우산을 하고 내가 운동복 하는 통에 다 운동복 천지가 됐다. 운동복을 15원에 사서 연길에 와서 35원 불러서 30원에 팔았으니 곱절 떨어진 셈이다. 우산도 복주에서 6원에 샀는데 13원 불러서 소매도 하고 10원씩 도매도 하니 4원 이상 떨어졌다. 줄기차게 다니면서 채구하고 팔았다.

우산이나 운동복은 부피도 작고 가격도 비싸지 않아 한 번에 많이 사서 가지고 다닐 수도 있었다. 그리고 비올철이 된다 싶으니까 더 본격적으로 했다. 연변에 우산이 별로 없었다. 있다면 다 까만색 큰 우산만 있었는데 두 겹으로 접는 우산은 별로 없었다. 운동복은 애기들 운동복부터 시작해서 8살, 10살, 11살 그리고 노인들 운동복까지 쫙 널어놓았다. 보따리로 팔았다. 이때가 1985년 좌우였다. 한 2~3년 정도 장사가 잘 되었는데 같은 품목을 파는 사람들이 많아지니 물건이 잘 나가지 않기 시작했다. 또 1988년, 1989년 쯤에 마침 북한 장사가 연변에서 막 시작되었는데, 보따리채로 운동복이랑 우산이랑 온갖 품목들이 보내졌다. 거꾸로 북한에서 물건들이 오면 우리가 받아서 시장에서 팔기도 했다. 다른 사람들은 개인이 북한을 왔다갔다 하면서 장사를 했지만 나는 시장에서 매대를 하다보니 그냥 물건을 보냈다. 하루에 자동차 한 대 정도 분량의 물건이 북한으로 나갔다. 하루에 순 이익만 4천 원이 될 때도 있었다. 그런데 또 북한 장사도 하는 사람들이 많아져서 그것도 오래 하지 못했다. 나는 그때 연길 서시장과 东楼(동쪽 건물)에 매대 하나씩 모두 두 개를 맡았다.

돈도 한창 잘 벌고 모은 것도 좀 있었다. 그때는 만원호라고 하면 부자 취급을 했다. 처음에 나는 천 원만 있으면 장사를 하지 않겠다고 생각했는데 돈을 벌어보니까 그게 그렇게 쉽게 그만둘 수 있는 것이 아니더라. 1987년에 큰 일이 있었는데, 우리 시누이 남편이 와가지고 훈춘 양수에 탄광이 있는데 탄이 많이 나온다고 했다. 그래서 承包(도급)맡은 것이 아니라 아예 샀는데 그게 문제가 생겼다. 탄광을 팔때에는 왜 팔겠나, 탄이 다 없어지고 캐 먹을대로 다 먹었으니 파는게 아니겠나. 탄이 많으면 왜 팔겠나. 그래서 처음에는 시누이 남편 말을 듣지 않았다. 그런데 계속 매일 와서 지단커리(집요하게 매달리다)하는 통에 돈을 4만5천 원인지 5만 원인지 주고 샀다. 그런데 뭐 탄을 몇 번 캤는데 다 나간 것이었다. 이미 탄줄을 다 캐고 뒤끝만 남겨둔 상태였다. 그래서 그것을 다 묻어치우고 다시 굴을 한 40m 깊이로 내리 팠는데 석탄은 없고 모래만 나오다가 그 굴이 무너졌다. 사업이 완전히 실패했고, 그런데다가 장사도 잘 안 되기 시작하니 내가 완전 까꾸방재(밑지다)했다.

러시아 장사

그래도 할 수 있는 것은 장사밖에 없었다. 또 1990년쯤부터 소련 장사도 막 시작했는데 나도 그 물(흐름)을 타고 여자 3명과 같이 1991년 10월에 소련에 갔다가 이듬해 음력설을 쇠고 돌아왔다. 장사를 하면서 팔리지 않는 물건들을 가지고 갔는데 거기서 나름 잘 팔렸다. 흑룡강성으로 해서 우쑤리를 지나 하바롭스크에 갔다. 그때 장사로 방문하는 것은 소련에서 나오는 초청장이 있으면 되었다. 그런데 소련말을 몰라서 또 손질 발질 하면서 갔다. 보따리 6개를 가지고 말을 몰라서 진짜 외국 간다는게 쉽지 않았다. 욕심 때문에 소련에 따라갔는데, 사실 초창기에는 많이 벌었다고 한다. 가서 옷을 파는 것도 말을 모르니까 '아짐', '떠와떠와' 이런 것만 알고, 500원이면 손을 쫙 펴고 옆에 동그라미 세 개 치면 500원 이라는 것을 알아가지고 팔았다. 하루 팔고나면 돈을 이따만큼 가지고 들어왔다. 그때 루브르가 똥값이라서 물건 하나에 돈 엄청 많았다. 그러면 집에 들어오면 그것을 세어보고 잘 건사(간수)해야 한다. 어디 은행 통장이 있는 것도 아니었다.

4명이 가서 물건을 다 팔아 버리고 번 돈으로 나는 중국에 가서 팔 소련 초청장을 샀다. 그때 한 장에 600루브르씩 주고 샀다. 소련 가기 전에 중국에서 소련 초청장을 한 장에 500원인가 주고 사겠다는 사람들이 있었는데 글쎄 내가 초청장을 56장이나 사가지고 왔는데 모두 사지 않겠다는 것이었다. 왜 그랬냐면 그때 중국 장사꾼들이 소련에 많이 가면서 소련 마우재들이 총으로 사람 죽였다느니, 칼로 돈이랑 물건이랑 강도했다느니 그런 말들이 많았다. 그래서 사람들이 소련에 가지 않겠다고 하는 것이었다. 그러다보니 물건을 판 돈으로 초청장을 샀는데 중국에 와서 그걸 사는 사람이 없으니 또 밑진 것이다. 그리고 초청장을 빼고 주변에서 소련에서 나오는 사향이랑 사는 사람도 있었다.

소련 장사도 사실 돈을 별로 벌지 못하고, 돌아와서 쭉 조양천에서 조금씩 장사를 하면서 지냈는데 남편이 중풍이 와서 병원비가 너무 많이 나갔다. 그래서 1994년 4월에 한국에 오게 되었다. 한국에 오기 위해서 5만 원을 빚을 졌었다.

조선족연합회

한국은 결혼으로 왔다. 그때는 한국에 올 길이 그것 밖에 없지 않았는가. 친척이 있지만 별로 연락도 안 되고, 이전에는 편지로만 주고받았다. 결혼으로 왔기에 저레(바로) 한국 국적을 가졌다. 한국 오면서 진 빚 5만 원을 벌자고 하니까 사실 쉽지 않았다. 오자마자 현장에 가서 막노동도 하고 페인트 칠하는 일도 좀 했다. 그때 일당이 3만 원이었다. 버스요금이 500원이었던 시절이다. 그리고 한국돈도 영 높았는데 1만 원에 중국돈 100~110원 정도였다. 밥 한끼를 밖에서 먹자면 3천 원인데 중국돈으로 30원이다. 중국에서 30원 내고 밥을 어디 먹나. 그것도 아까워서 먹지 못했는데 너무 먹지 못하고 중노동만 하다보니 막 쓰러질 것 같았다. 그 다음부터 몸 때문에 먹기 시작했다. 현장 일을 몇 달 정도 했는데 친구가 종로삼가 탑골공원에서 약장사 일을 소개해줬다. 그게 1990년대 중후반이었는데 현장에서 중노동해도 3만 원, 식당에서 일해도 일당이 3만 원, 약장사를 해도 하루에 3만 원 정도 벌었다. 그래서 약장사를 하는게 낫겠다고 생각해서 시작했다.

그런데 2000년에 단속이 시작된 것이었다. 약장사를 못하게 한다는 것이다. 그것도 한국 사람은 거기에서 물건을 팔 수 있고 외국 사람은 안된다고 했다. 그런데 나는 한국 국적자인데도 조선족 출신이라서 단속 대상에 속해 있었다. 너무 울분이 터졌다. 사실 나의 부모는 모두 충청남도 태생이다. 여기가 부모의 고향이고, 나는 한국 국적을 가졌는데도 똘갔다(내쫓다). 거기다가 옆에 있는 조선족 교포들도 모두 같이 똘갔다. 누군가가 외국인노동자센터라는 곳을 알려줘서 그 곳에 찾아갔는데 거기서 하는 말이 아줌마 말은 이해되는데 어떻게 할 방법이 없다고 했다. 그러다가 인천에 있는 한 인권 목사와 연락이 되어서 전화를 했는데 그 분이 아는 사람이 서울에 있으니까 그 분이랑 만나보라고 해서 전화 통화 하고 지하철역에서 만났다. 그 목사님이 황○○ 인권 목사님이였다. 목사님이 먼저 와서 기다리고 있었는데 그 사람을 본 순간 너무 감격이 북받쳐 오르는 것이었다. 우리가 약자인데 그 분은 우리의 편에 서서 일을 도와주겠다고 하는 것이 아니었겠나. 그 분이 그냥 말만 들어서는 안된다고 하면서 현장을 둘러보겠다고 했다. 우리랑 같이 현장을 둘러보면서 우리한테 하는 말이 지금 남북 정상회담도 하는 상황인데 왜 중국에서 온 같은 동포들을 껴않지 못하는가 하면서 도와줄 의향을 비추었다. 그러면서 구청 관계자들에게 목사님이 왜 이 사람들을 장사를 못하게 하느냐, 어렵게 와서 다 살자고 하는 일인데 봐주면 안 되냐고 물으니 구청 직원이 이 곳을 재정비 해야 하기 때문에 그렇게 한다는 것이었다. 그럼 왜 동포분들만 내쫓는가고 물으니 동포만 그런게 아니라 점차 모든 사람들이 여기서 장사를 못하게 할 계획이라고 답했다. 이렇게 한 바퀴 돈 다음 이튿날에도 장사하러 나와 보니 직원들이 4명인가 그 곳에서 지키고 있었다. 거의 매일 지키고 있었고, 아예 보따리를 풀지도 못하게 했다.

쫓기면 목사님께 얘기하고, 그러면 목사님이 나서서 또 책임자들과 이야기했다. 그런데 어느날 목사님이 우리한테 하는 말이, 당신들이 만약 미국이나 일본에서 온 동포라면 한국에서 이렇게 대접을 하지 않았을 것이라고 했다. 그러면서 지금 약 20만 명 동포들이 들어와 있는데 뭉쳐야 사니까 한번 뭉쳐보라고 조언을 했다. 그래서 그때는 사실 그냥 우리가 뭉쳐서 이 장사를 할 자리를 지켜야겠다는 생각으로 뭉치기 시작했는데, 진○○ 총무님이 사람을 모아서 여섯 명이 목사님과 같이 종로공원 뒤에 한 식당에서 저녁을 먹으면서 우리 뭉쳐서 힘을 크게 하자고 결심했다. 그럼 뭉치면 이름은 무엇이라고 하겠는가 이런 말들이 오가다가 조선족연합회라고 결정되었다. 연합회라면 회장이 있어야 하고 또 총무도 있어야 하는데 그 자리에서 결정하다보니 내가 한국 국적을 가졌으니 회장을 하라고 해서 회장을 맡게 되고, 진○○ 총무가 총무를 맡게 되었다.

처음에 왔을 때 돈을 모으면 1년에 한두 번씩 중국에 들어가 남편 중풍 치료비를 대주고나면 번 돈은 다 없어지고, 또 다시 한국에 와서 돈을 벌어야 하는데 장사도 못하게 하지 앞이 캄캄했다. 황○○ 목사님한테 찾아가니 자꾸 모여야 힘이 된다는 것이었다. 그래서 우리는 왜 모여야 하는가를 가지고 문장을 쓰고 전단지처럼 만들어서 다니면서 그때 비슷한 처지에 있는 조선족들에게 이야기를 해 줬다. 청계천, 서울역을 다 다녀도 누구도 동참하지 않겠다는 것이었다. 그래서 기껏 모인 사람이 6명이었다. 명색이 협회니 회비는 있어야겠지 해서 한사람이 5천 원씩 내서 처음 회비 3만 원을 모았다.

1997년, 1998년 한국 사람들한테 사기피해를 당한 조선족이 아주 많았는데 그 피해자들 중 일부가 한국에 입국할 수 있었다. 이 사람과 중국에 있는 가족들을 돕는 일을 한 사람이 있는데 이○○ 회장님이었다. 우리가 있었던 복지센타 이○○ 목사님이 그 사기피해자한테 장학금을 보낸다고 하면서 우리 조선족들도 좀 보내라고 하는 것이었다. 그 돈을 마련하기 위해 헌옷은 깨끗하게 빨아서 비행기로 보내주고, 어른들 옷은 탑골공원에서 하나에 2천 원, 5천 원씩 팔아서 돈을 마련해서 50만 원을 보냈다. 2000년 4월에 이런 일들을 시작해서 6월이 되니 사람이 18명으로 늘어났다. 조선족 12명과 한국 사람 6명이다. 이

것이 우리 협회가 만들어져서 처음 한 일이다.

그럼에도 불구하고 우리 활동에 동참하는 조선족은 거의 없었다. 거의 대부분이 불법체류니까 다들 몸을 아끼는 것이었다. 그때 우리 목사님이 진○○ 총무님을 끌어들이기 위해 자기 딸을 중국어를 배워 주라고 했다. 그런데 나는 돈을 벌어야 방세도 내고 생활비도 마련하는 상황이라서 뭐 유격전식으로 장사를 했다. 한 곳에서 못 팔게 하면 보따리를 싸가지고 우체국 옆에다가 지써(잠간 대충) 놓고 있다가 자리를 옮겨서 팔았다. 그런데 목사님 부인이 나를 찾아와서 장사를 하지 말고 어쨌든 연합회를 잘 해야 된다는 말을 자꾸 했다. 그러면서 10월에 복지선교센타를 설립하는데 연합회가 중요하다는 것이었다. 그런데 나는 복지선교센타고 뭐고 내가 장사만 하면 된다는 그런 생각밖에 없었다. 그런데 동포들이 하나 둘씩 총무님한테 찾아와서 이게 어렵소, 저게 어렵소 하면서 하소연하고 상담하기 시작했다. 전화도 많이 왔다.

그해 10월 15일에 복지선교센타가 설립되었다. 그러면서 교포들이 좀 많이 모이게 되었고, 우리 연합회와 복지선교센타가 같이 병행해 나가면서 회원들도 많이 모였다. 그런데 어디까지나 교회에 대해 우리는 중국에서 잘 몰랐고 미신처럼 생각했기에 좀 내키지 않았다. 여기 오니까 모이면 아멘 불러야 되고, 기도해야 되고, 지내(아주) 예배시간이 되어서 앉으면 잠만 오지 미칠 지경이었다. 그런데 목사님이 우리를 위해서 일해주니 보답하는 차원에서라도 이렇게 해야했다. 그러다가 2000년 말에 정식 조선족연합회가 출범하였다. 부서가 다 나오고, 회장, 부회장, 총무, 회계, 조직부부장, 생활부장 등 그때 임원은 12명이었다.

이듬해인 2001년에 재외동포법 문제가 불거지다보니 목사님이 재외동포법 개정을 위한 투쟁에 들어가야 한다면서 돈을 아예 못 벌게 하는 것이었다. 거의 센타에 잡혀 있으니 속이 싹 타 죽겠는 것이었다. 나는 그래도 그 전에 매 달 25만 원씩 저축을 했는데 1년이면 300만 원이잖나, 그래서 장사도 더 못하고 그 저축한 돈을 깨서 쓰면서 농성을 했다. 2003년에 중국에 남편이 돌아갔다. 내가 한창 여기에서 재외동포법 개정안을 가지고 싸울때다. 이렇게 그 사이에 모아둔 돈을 다 쓰고, 뭐 농성을 한다고 해서 월급이 나오는 것도 아니어서 2004년에 재외동포법이 개정이 되었지만 나는 빈털터리가 되었다.

돈이 없으니 집에 생활비도 보낼 수 없었다. 아이들은 엄마가 한국국적을 가졌다는 사람이 무엇을 하는가, 남들은 브로커를 하면서 조선족을 한국에 입국시켜 돈을 번다는데 무슨 쓸데없는 일을 하는가 하면서 나무랐다. 그리고 또 당시에 우리 목사님이 복지선교센타가 설립되면 이제 자녀들을 유학생으로 초청해 올 수 있는 제도를 쟁취할 수 있다는 것이었다. 그러면 먼저 내 아이도 들어올 수 있다는 말을 했다. 사람이 이기심도 있고 해서 또 그 말에 솔깃해져서 이 투쟁을 조금만 하면 내가 돈을 못 벌어도 아들이 들어와서 돈을 벌면 되지 않겠는가 그런 생각을 했다. 그런데 그때 복지선교센타로 정식 유학생이 들어와도 공부를 잘하는 애들만 들어오게 되었다. 친구 아이도 들어온다고 했는데 한 명만 들어오고 다른 애들은 못 들어왔다.

그러니까 내가 이런 일을 하게 된 것은 내 사상이 빨개서 그런 것이 아니다. 농촌 아줌마가 먹고 살자고, 가정을 위해 돈을 벌자고 한국에 왔는데 무슨 정치를 알기나 했겠는가. 그런데 운명적으로 이렇게 하다보니 발이 깊게 빠지게 되고 여기까지 오게 되었다. 지금 아들 둘다 한국에 왔고, 내 나이도 62이니 일하기는 힘들고 조용히 노후를 보내고 싶은 생각이 많다. 아이들도 엄마가 하고 싶은 일을 하면서 살라고 이야기를 한다.

지금 생각해보면 나 스스로도 많이 발전했다고 본다. 동포들이 사사로운 일들을 부탁할 때, 예를 들어 중국에 가겠는데 비행기표를 떼달라고 부탁하면 도와줄 때 자호감을 느낀다. 그때 2000년에 우리가 그렇게 치열하고 처절하게 투쟁을 했기에 지금 이렇게 많은 사람들이 마음대로 왔다 갔다 할 수 있는게 아니었겠나. 그런 의미에서는 그때 우리가 한 것에 대해 후회도 없고 오히려 잘했다고 생각한다.

3. 남편은 나를 못 사는 나라에서 왔다고 인격을 무시했다*

S씨는 1975년도 길림성 길림시에서 태어났다. 한중수교 후 한국에 오가던 친척 할아버지의 권유로 어린 나이에 한국으로 시집 왔지만 결국 9년의 혼인 생활에 종지부를 찍을 수밖에 없었다. 그러나 중국에서 경험하지 못했던 교회 생활, 사회 참여, 단체 활동 그리고 자녀에 대한 사랑은 그의 한국에서의 삶에 활력소가 되었다.

S씨(한국 국적)

한국인과 결혼

나는 중국 길림성 길림시에서 태어났고, 20살 때 심양에 있다가 한국에는 1996년도 22살에 결혼해서 왔다. 이제 만으로 15년째다. 지금 애들은 인천에서 살고 큰애는 15살, 작은 애가 13살, 큰애가 중학교 3학년, 작은애가 중학교 1학년, 남자 아이 둘 이렇게 있다.

한국에서 살다가 중국에 제일 처음 2005년에 한번 갔댔다. 엄마

---

* 면접 일시: 2012년 4월 18일
　면접자: 강미선

아빠 같이 중국에 같이 들어갔다. 예전에는 결혼식 때 부모님 모시고 나와서 참석했다. 그래서 엄마 아버지는 불법체류 하고 있었지, 재입국 허락했을 때 그때 엄마 아버지가 들어가면서 나도 중국에 한 번 들어 갔다 왔다.

중국에 있을 때 고등학교 졸업하고 바로 부모님과 함께 장사 했었다. 엄마 아버지 김치 장사하는데, 심양의 서탑 근처에, 싼타이즈(三台子)라고 하는데서 했다. 물건 재료, 도라지 이런 거 구매는 아버지가 서탑에 가서 해왔다. 심양에는 돌아가신 우리 친할아버지와 좀 먼 친척인 할아버지가 계셨다. 그 할아버지가 한중수교 92년도였나, 그때부터 한국 왔다 갔다 했다. 내가 그때 21살, 22살 됐을 때, 나만 보면 시집 가라, 볼 때마다 완전 노래처럼 불렀다. 그래 내가 할아버지께 내가 왜 시집을 가야 하냐고, 더군다나 내가 학교 나온지도 얼마 안됐고, 아무것도 모르는데 라고 했더니 내가 장사 하는 게 고생스럽다고, 물론 장사해가지고 돈은 좀 벌지만, 사는게 힘들다고 할아버지가 말씀하셨다. 할아버지는 한국에 가보니까 여자가 살기는 완전 좋다고 하셨다. 빨래는 세탁기가 하고, 밥은 밥솥이 하고, 청소는 청소기가 하고 그렇게 말씀하셨다. 중국에는 맞벌이하고 그러지만, 한국에 가면 맞벌이도 안하고 여자는 집에서 살림만 하고 애만 키운다고 했다.

솔직히 처음에는 계속 들어도 시집 갈 궁리도 안 하고, 연애 할 생각도 안 했다. 왜냐하면 학교만 다니다가 나와가지고 연애 할 사이가 어디 있었나? 연애도 안 해봤다. 할아버지가 자꾸 얘기하니까 나중에 막 화가 나기도 했다. 그래서 할아버지께 나 한국 안 갈거니까 나보고 시집 가란 소리 하지 말라고, 나이도 어리고 엄마 아버지 놔두고, 중국에 놔두고, 왜 멀리 남의 나라 가야 되느냐. 그때는 남의 나라라 했다. 외국이라 했던 것 같다. 할아버지께 내가 외국까지 시집 가야 되냐고, 냅두라고, 그 얘기 하면 화낼거라고, 안들을 거라고 했지만 그럼에도 불구하고 날 볼 때마다 계속 이야기 했다. 하도 들어서 그런지 그게 내 뇌가 세뇌가 된 것 같았다. 어느 날 듣다듣다 보니까, 할아버지 이야기도 일리가 있다는 생각이 들었다. 나는 여자고 시집은 가야되고. 한번은, 그러니까 한 1년, 2년 지났고, 할아버지는 그 사이 계속 한국에 왔다 갔다 했다. 할아버지가 만날 때마다 나보고 시집 가라고 이야기 했다. 할아버지 고향이 한국의 경상도에 있었다. 그 때 할아버지는 약 같은 걸 가지고 팔았다. 계속 나를 설득해서 선보라고 하시면서 니가 가겠다고 맘만 먹으면, 얼마든지 좋은 사람 해줄테니 가라고 하셨다.

엄마 아버지는 여기에 대해 아무 말씀도 안하고, 내가 자꾸 싫다니까 옆에서 강요하지 않으셨다. 우리 엄마 아버지는 원래 자식들한테 강요하거나 이러지 않으셨다. 옛날 학교 때도 그랬다. 고등학교까지 다니고 나온 것도, 내가 밑에 동생 2명 있으니까, 가정이 어려우니까, 내 스스로 안 다닌거지 엄마 아버지가 못 다니게 한 건 아니였다. 그런데, 내가 싫다 하니까 엄마 아버지가 뭐라 안하시고 계시다가, 내가 엄마 나도 할배 이야기 들어보니까 그것도 맞는 것 같애, 한번 생각해볼게 이랬다. 그니까 엄마가 그 먼데까지 가냐고 그랬었다. 그런데 옆에서 할머니까지 말씀해주셨다. 할머니도 (한국에) 왔다 갔다 했는데 그 소리를 일 년 반 넘게 듣다 보니까, 나도 이제 생각이 트인다 해야 하나, 알았다고 했다. 그래서 할배한테 내가 한번 선을 볼테니 좋은 사람 있으면 (소개)해주라고 하니까 할아버지가 아는 사람 통해서 선을 보게끔 해줬다. 서탑에 할아버지 아는 그 사람은 한국에 있는 사람하고 같이 중매업을 하는 분이었다. 그 때 당시는 초창기였다. 95년, 96년쯤이다. 그래가지고, 두 번째 선을 보고 남편을 만나서 96년 한국에 오게 됐다.

그때는 아무것도 모르는 내가 선을 보고 결혼 결정했는데, 그것도 할아버지의 힘이 컸다. 내가 뭘 알겠나. 사실 선을 보고 결혼을 결정하기 전, 나는 상대가 맘에 안 들었고 별로 였다. 인물 체격도 별로고, 자기도(남편) 내가 맘에 안 들었다고 했다. 그런데 할아버지가 그 사람한테는 우리 손주 착하고 살림 잘 할거다, 배울 만큼 배웠다, 이렇게 얘기하고, 나한테는 또 그가 전라도 분인데, 혼자 자수성가한 사람이라서 생활력이 강하다, 부지런하다, 이렇게 자꾸 설득을 했다. 그래 그냥 얼떨결에 정말로, 그러니까 철이 없다는 것이 그런거다. 경험도 없고, 나이도 어리고 세상물정 모르고, 지금 같았으면 내 주장 확실히 하고, 할아버지가 옆에서 아무리 뭐라 해도 내가 싫으면 싫은건데, 그때는 내가 왜 그리 착했는지 모르겠다. 정말 멍청했다. 그래서 그냥 얼떨결에, 알았다고 하고 결혼을 했다.

여기서 웃기는 사건 하나가 있는데, 우리 신랑을 만나기 전에 첨에 선을 한 번 더 봤는데 나는 그 아저씨가 맘에 들었었다. 그런데 경험이 없으니까, 내가 연애도 안 해 봤으니까 아무것도 표현을 못 했다. 그 사람이 나보고 이튿날 데이트 하자고, 심양 무슨 공원에서 보자 했는데 그 때 내가 그냥 웃고 말았다. 지금 같으면 예 좋아요, 이렇게 해야 되는데, 확실하게 표현 해줘야 하는데, 씩 웃고 말았다. 왜냐하면 나는 엄청 긴장했고 또 경험도 없고, 얘기하는 자체가 아주 쑥스럽고 창피하고 그러니까, 그 분이 그때 내일 만납시다 하는 거에 쳐다보고 그냥 씩 웃고 말았단 말이다. 이 사람 생각은 내가 대답을 확실히 안 했으니까 마음 없나보다 거절하는 줄로 알았던 것 같다. 그런데 나는 마음 먹고 연락 기다리고 있었다. 이상했다, 공원에서 만나자고 했는데 전화가 없었다. 그래서 소개하는 사람한테 전화해서 물어봤다. 옛날 사람들은(한국 남자) 장가 가기 힘드니까 중국 온 거 아닌가. 비자를 짧게 받아서 온다. 며칠 정도, 왜냐하면 다 일하는 사람들이니까. 짧게 받아서 와가지고 선보고 오케이 하면 바로 추진해서 들어오고 이렇게 했다. 그러니까 이 사람이 (내가) 대답을 확실히 안하니까, 내가 싫어하는 줄 알고, 바로 장춘으로 간 것이다. 장춘에서 또 누가 소개해 준다하니까. 심양에서 장춘으로 가버렸다. 이렇게 해가지고 두 번째 만난 것이 신랑인데, 뭐라 해야 되나, 내 팔자, 내 운명, 그렇게 생각해야 될 것 같다. 그렇게 만나가지고, 씩 맘에 안 들고, 상대방도 내가 씩 맘에 안드는 것을 할아버지가 중간에서 좋아좋아 해가지고, 번개 불에 콩 구워먹듯이 했다.

결혼 생활과 교회

그때 우리 애기 아빠가 중국에 와서 딱 일주일 있다가 갔다. 나를 보고 결혼서류 해가지고, 한국 와서 초청장 해서, 엄마 아빠 것까지 하고, 그때 당시 비행기표 비싸니까, 배타고 인천으로 해서 부두로 들어왔다. 집이 인천에 있었다. 지금은 나는 구로에 살고 있는데, 결혼한 남편과 헤어졌다. 9년 만에 헤어졌고, 애들은 아빠하고 산다.

생각해보면 그런게 있었다. 나이 차이도 13년 차이 나고, 그리고 남편은 체구도 작고, 키도 작아서 처음에 봤을 때는 나이가 그렇게 들어 보이지 않았다. 반대로 나는 또 보통 사람보다 약간 통통한 편이니까 내 나이보다는 좀 나이가 들어 보여서 살 수 있겠다 싶었다. 괜찮고 살만 하겠다 했는데, 와서 보니 그렇지 않았다. 일주일 보고 결혼해서 사니, 여러 가지로 정말 많이 힘들었다. 처음부터 힘들었다.

시댁 식구들이 다 기독교 집안이었다. 나는 원래 종교 안 믿었고, 중국에서는 그런게 없었다. 불교도 그렇고 기독교도 그렇고, 처음에 교회 안 다녀 봤다고 하니까, 그게 나쁜 것이 아니라고 하면서 기도 하고, 봉사 하고, 좋은 일 하니 다니라고 권유했다. 그래서 신랑이랑 같이 교회를 나갔다. 처음에는 계속 졸았다. 그런데 다니다 보니까 내가 교회에 푹 빠졌다. 내가 빠지게 된 이유가 다니다 다니다 보니, 또 한편으로 내가 신랑하구 자꾸 힘들어지니까 그랬던 것 같다. 신랑은 또 일한다는 핑계로 교회 안 나가고 담배도 피고, 그래서 내가 교회를 열심히 다녀야지 했다. 나보고 가자 할 때는 언제고 나보고 혼자 다니라 했다. 막상 내가 빠져서 다니니 교회 다니지 말라고도 했었다.

같이 살면서 성격 차이, 세대 차이도 났다. 나이가 차이가 많다보니 내 생각을 이해 못해주고, 또 혼자서 오래 살다보니까 자기 주장이 너무 강했다. 여자 말은 거의 안들었다. 고집도 너무 세고, 내가 힘들어지니까 정작 의지할 곳이 교회가 돼버렸다. 처음에는 멋도 모르고 간 것이 그렇게 됐다. 당신이 교회를 나가든 안 나가든 내가 열심히 해야겠다, 이런 생각들로, 나는 임신중에도 교회 열심히 다니고, 봉사도 다녔다.

하지만 지금은 교회 안 다닌다. 내가 결혼 실패하고 이혼을 하면서 너무 힘들어서 교회도 그만두고 지금은 이렇게 살고 있다. 그때 힘드니까 내가 뭔가를 의지해야 된다는 마음이 들었는데, 부모님한테는 얘기를 하기가 그랬다. 처음에는 힘들다고 했었는데, 점점 더 힘들어지니까 부모님도 같이 힘들어하셨다. 걱정이 쌓이니까. 그래서 내가 부모님에게 할 짓이 아니구나 느끼고 아무리 신랑과 싸우고 힘들어도 얘기 안했다. 오로지 교회, 직장, 집 세 가지 밖에 없었다. 따로 사람들과 사귈 줄은 몰랐다.

교회에는 모임도 있었는데, 나는 다 잘 어울렸고 전부 한국 사람이었다. 우리 동네는 거의 다 한국 사람이어서 나를 신기해하고, 나보고 어떻게 이렇게 한국말 잘 하느냐고 물어 봤다. 그러면 나는 중국에서 조선족 학교 다녔고, 우리가 쓰는 말이 경상도 사투리고 그렇다고 했다. 와서 보니까 언어 안 통하고 이런 것은 모르겠다. 그땐 사람들이 다 너무 신기해하고, 관심 많았는데, 교포라고는 거의 없었으니까 그랬다. 그때 사람들이 나를 위로해 주었고, 정말 나한테 너무 잘해줬다. 나는 당시 차별, 이런 걸 못 느껴봤다. 그러면서 교우들끼리 이제 친목도 다지고, 우리 집으로도 초대해가지고 예배도 드리고, 차도 나눠 마시고, 우리도 교우네 집에 가서 예배하고 밥 먹고 그랬다. 그리고 교회에서 행사가 있어서 불러주면 나는 적극적으로 참석을 하는 편이니까, 또 지방으로 갈 때도 있고, 기도원으로 갈 때 도 있고, 봉사 있으면 봉사도 따라 다니고, 하여튼 지금 생각하니까 그때 정말 정신없이 살았던 것 같다. 푹 빠져가지고, 웬만한 교회 행사라 그러면 안 빠질 정도로 열심히 다녔다.

신랑은 나를 굉장히 차별 대우를 했다. 내가 못 사는 나라에서 왔다고 자기가 나를 사온 것처럼 그런 식으로 인격을 무시했다. 내가 웬만하면 애 둘 낳았고, 결혼 생활 유지하고 싶어서, 새벽 기도 다니고, 철야 기도 다닐 정도로 산에 들어가서 몇 날 며칠 밤도 안 먹고 기도를 해 볼 정도였다. 그런데 그게 내가 노력해서도 안 되는 것이었고 결국 이혼을 한거다. 처음에는 정말 많이 싸웠다. 하도 자주 싸우니까 나중에는 싸우는 것도 지치게 되었다. 애들은 둘 있지, 솔직히 애들 둘 놓고 어디 가기 미안하고, 죄를 짓는 것 같고, 그 마음을 섣불리 못 먹었다. 결혼 생활이 계속 삐걱거렸다. 9년 동안. 다른 문제는 없었는데, 사람들 만나고 다 좋았는데, 딱 신랑 하나는 정말 힘들었다. 버티다 버티다 안돼서 크게 싸우고 더 이상 못 살겠노라고 남편하고 얘기하고 집을 나왔다. 그리고 집 나온지 5개월 정도 되어서 이혼했다.

처음에 한국 사람 만날 때 같은 민족이라고 느꼈다. 이질적이라고 느낀 적이 없었다. 일단 대화가 되니까, 언어 소통이 되니까. 음식이나 이런 것도 문제가 없었고, 그리고 와서 김치 같은 것은 내가 다 담아(담가) 먹었다. 한국 와보니, 신랑네 형제들이 11남매, 너무 많다. 그것도 맏이와 막내가 여자고 중간에 전부 아들이 9명이다. 우리 신랑이 아들 9명중 8째이다. 그런데 형제가 많다보니까 부모님이 잘 사는 것도 아니고, 물려 받을 것도 없고. 남편이 혼자서 너무너무 고생을 많이 하고 자랐던 것이다. 제대로 공부도 못했고 초등학교 졸업하고 중학교 다니다가 중퇴하고 나왔다는 것 같았다. 혼자서 이런 일 저런 일, 정말 힘든 일을 혼자서 서울에 올라와가지고 안 해본 것이 없었다고 한다. 내가 왔을 때 집을 하나 자그마한거 장만하고 있었다. 생활력은 엄청 강한 사람이였다. 그런데 그렇게 힘들게 살다보니까 남한테 배려라는 게 없는 것 같았다. 여유가 하나도 없었다. 금전적인 여유도 그렇거니와 마음적으로 여유가 없었다. 자기가 너무 힘든걸 겪어온 사람이라, 상대방을 이해하려는 것이 하나도 없고, 초점을 다 자기한테 맞추고, 이기적이고, 쩍하면 없이 여기고 그랬다. 자신이 너무 강하게 살았기 때문에 웬만한 사람 보면 다 맘에 안들어하고 그런 사람이었다.

그러니까 선입견 같은 남편의 무의식중에 깔려 있는 것이 있었다. 즉 중국은 한국보다 좀 못사는 나라고 내가 가난한 나라에서 왔으니까 자기하고 뭐가 차이 난다고 그랬다. 항상 이런 식으로 인격적으로 거리를 두고 그랬다. 또 그다음에 애들 문제도 있었다. 예를 들면, 감기 걸리고 아프면, 나보고 너 때문에 그렇다고 했다. 너무 황당했던게 자식은 혼자만의 자식이 아니지 않은가. 나는 걔네들 아프고 감기 걸리면 가슴이 더 아픈 사람인데, 아프면 다 내 탓이라고 하고, 애들이 나 때문에 감기 걸렸다고 했다.

그리고 살림 하나하나 다 간섭하고 그러는데 물론 한국 사람 전체가 그렇다는게 아니라 그런 사람 있었던 것뿐이다. 뭐 살림도 말하자면, 청소를 했는데 애들을 키우다 보면 금방 어지러워진다. 그러면 나한테 왜 청소를 안하느냐 이런식으로 말했다. 일하고 집에 오면 꼭 꼬투리 잡고 싶어 하는 사람처럼 항상 시비를 걸었다. 돈 쓰는 것도 일일이 간섭했다. 생활비도 통장을 나한테 맡기지 않고 생활비를 쬐끔 뜯어 주었다. 10만 원 주면서 가계부를 나보고 적어라고 했다. 그래서 가계부를 적어서 보여주곤 했다. 10만 다 쓰고 내가 돈이 없어 신랑한테 돈 더 달라 그러면, 가계부를 가져오라 그랬다. 항상 검사를 맡아야 된다. 그 정도로 깐깐한 사람이었다. 그리고 가계부를 쳐다보고 이 돈은 써도 되는 거면 오케이, 그런데 이 돈 쓴 것이 자기 생각에 안 되는 거면 그냥 안 넘어가고 그날은 나하고 싸워야 됐다. 사소한 것들에서 다 걸리는거다. 둘이 계속 싸우다가, 나중에는 내가 싸울 힘도 없었다. 어느 정도 대화가 돼야 풀 수 있는데, 대화가 안 되니 나 혼자 계속 속만 앓다가 나중에는 이 사람과 도저히 살 수 없다고 느껴졌다.

내가 직장 다니면서 버는 돈은 모두 생활비로 썼다. 애들도 커가면서 보험료 내고 이런 것도 내가 다 냈다. 내가 이 사람 믿고 살다가는 정말 너무 힘들겠다는 생각이 항상 들었다. 생활비도 이렇게 힘들게 받아내서 쓰는데 내가 직장 생활을 꼭 해야겠다 결심했다. 그래서 애들 임신해서도 직장 다녔고, 애기 낳고 나서도 애들 기저귀 챙겨서 놀이방 보내고 직장 생활 계속했다. 옛날 애들 키울 때하고 지금도 계속 직장 생활하고 있다.

직장 생활은 그래도 그렇게 힘들게 한 건 없었다. 보험회사, 대한

생명에서 일 했는데 수입이 얼마 안됐다. 신입이고 영업을 뛰어야 되는데, 내가 아는 사람이 별로 없어서 수입이 별로 안됐다. 후에 다른 직장 다녔는데 한 달에 80만 원 정도 받았다. 그걸 가지고 애들 보험료 내고 과외 시키는 것도 안 된다고 해서 내가 애들 과외도 시켜주고 그랬다. 내가 버는 게 얼마나 돼서, 처음에는 십만씩 주다가 뭐 내가 일 다니니까 나보고 아예 니 생활비는 니가 알아서 해라 이딴식으로 이야기 했었다. 지금은 애들은 애 아버지랑 같이 있고 내가 보러 다닌다. 나는 이혼한 것에 대해서는 후회 안하고, 남편에 대한 미련도 없다. 그저 애들한테는 너무 미안하고 그렇다. 그나마 다행인 것은 내가 제일 걱정하는 아이들이 지금까지 너무 밝게 잘 자라주고 있어 감사한다.

애들은 중국말 할 줄 모른다. 처음에는 내가 중국말 잘해도 그때 당시 맞벌이를 하다보니까 애들한테 중국어를 배워줄 새도 없었던 것 같다. 내가 나올 때, 애가 초등학교 1학년, 2학년 이었으니까, 그럴 새가 없었다. 우리 애들은 한번도 중국에 가본적 없다. 그래도 엄마가 중국에서 온 조선족이라는 것은 알고 있다. 그런 것에 대해서 별로 다른 건 없었고, 그냥 가끔 엄마 중국말 잘 하냐고 묻는다. 내가 이혼하고, 아저씨는 다시 재혼했다는데 상대는 또 중국 교포였다.

최근에 나는 교회에 나가지 않는다. 이젠 나가서 돈이나 벌어야 겠다는 생각이 많고 교회에 가서 기도하고 있느니, 그냥 내 시간 가져보자고 생각한다. 그런데 마음은 항상 교회에 열려 있고, 지금이라도 교회 가게 되면 갈 것 같다. 항상 무슨 일 있으면 속으로 항상 기도한다. 내 일에 대해서도. 아이들을 위해서도.

한국 국적과 중국 사람

그때는 국적이 한달도 안 걸려서 나왔다. 일주일 있다 동사무소에서 나와가지고 조사를 했다. 살고 있는지 잘 살고 있는지, 집으로 딱 오더니 얘기를 해보고, 그때는 내가 애 낳기 전인데, 일주일 있다가 동사무소 직원이 나와서 조사하고 보름도 안돼서 주민등록증이 나왔다. 지금은 뭐 1년, 2년, 3년 있다 나오고 하지만.

그때는 중국 국적 포기란 것도 없고, 지금은 중국 국적 포기하고 한국 국적 취득하고 이러는데, 그 때는 우리가 포기란 것도 없었다. 2000년 초반에, 동생 초청한다고 호구 뒤지니까 그때까지 호구가 살아 있었다. 서류상 그러면 초청이 안된다고 해서 그때 중국 국적을 정식으로 포기를 했다.

내가 중국 가서 살아야겠다는 생각은 안 해봤고, 그냥 왔다 갔다 할 정도면 된다. 왜냐하면 한국 국적 있어도 중국 가는 데는 문제가 없다. 비자 받으면 되고 가서 오래 있을 것 같으면 비자 연장하면 되고, 오래 못 있을 것 같으면 와서 다시 비자 받고 들어가면 된다.

더군다나 아이 둘이 한국에 있어서 한국에서 살아야지, 중국 가서 산다는 생각 안했고, 지금도 안한다. 지금 나는 새로 만나 같이 사는 사람이 있다. 똑같은 중국 사람이다. 중국분이시고 비자가 H-2라서 만약 이 분이 들어가면 내가 같이 들어 갈 수는 있지만, 내가 애기 있기 때문에 한국을 영원히 떠나지는 않을 것이다.

내가 사람들한테 말 안 해 주면 조선족인걸 모른다. 경상도 말투

나니까 그런 것 같다. 인천에서 직장 다니고, 교회 나갈때도 나한테 경상도 대구 사람이냐고 그랬다. 그러면 아니요, 저 중국에서 왔는데요라고 했다. 나는 어딜 가도 이런 것을 속여본 적이 없다. 난 중국에서 왔다고 지금도 그렇게 한다. 지금도 누가 물으면 내가 중국 사람이라고, 한국 국적 나왔는데도 그렇다. 한국 사람들이 나를 한국 사람으로 봐주기를 바라는게 아니라, 내가 그 사람들과 어울리기에 정말 노력을 많이 한다. 단체, 회사, 모임 이런데서 웬만하면 다 어울리려고 한다. 한국 사람들 모임에 가면 한국 사람들과 같이 어울릴 수 있게끔 그걸 노력을 하고, 또 중국 모임에 가면 중국 사람들과 잘 얘기하고, 속이고 이런건 안한다. 항상 물어보면 중국 사람들 단체에서는 중국 길림에서 왔다고 하고, 한국 사람이 나보고 물으면 중국 길림에서 왔는데 지금 한국 국적이라고 한다.

남한, 북한 그리고 연변

사람이 어쩔 수 없는 것 같다. 할아버지 윗세대가 다 경상도라서 그런지 굳이 따지면 나는 지금의 남한에 관심이 더 있다. 더 중요한 것은 사실 자식이다. 나는 자식이 있고 없고가 중요한 것 같다. 물론, 조상이 한국 땅에 살았고 고향도 중요하지만, 내가 자식이 있고 그러니까 그렇게 중요한 것 같이 느껴진다. 애들 둘 다 여기 있으니까, 지금은 한국에 대한 감정이 더 깊다. 뭐 옛날에 할아버지 고향에 와서 그런

건 아닌 것 같다. 예전에 한국하고 중국하고 심심풀이삼아 그런 이야
기 했었다. 축구나 이런 운동 경기를 하면 어디를 응원하겠는가 하면
당연히 중국이었다. 그런데 지금은 고려도 안하고 당연히 한국이다.
한국을 응원한다.

　　북한에 대해서는, 요즘에도 뭐 며칠 전에 '아직도 끊이지 않는 전
쟁', KBS에서 다큐멘터리 식으로 나온 것을 보았다. 그거 보니까 되게
불안하다. 그런 프로그램을 보면 어떤 생각부터 드는가 하면, 만약에
어느 날에 지난번처럼 연평도 포격 사태 같은 것이 일어나면, 우리 애
들 어떡해? 중국 도망가야 돼? 이런 생각부터 한다. 북한에 대해서는
고향에 있을 때부터 아무 교류도 없었다. 우리 고모가 연변 훈춘에서
살았는데, 옛날에는 북한도 다니고, 마른 어물들 생선 같은 것을 가지
고 왔다. 명태, 골뱅이 같은 것을 갖고 넘어오면 길림에 있는 우리집에
갖다 줬다. 우린 북한이랑 교류가 없었다. 해산물은 다 대련에서 들어
오고, 고모가 갖고 오는 것은 북한 것이니까, 고모 갖다 주면 잘 먹었
지, 뭐 직접적으로 거래는 없었다.

　　연변말 때문에 내가 겪은 재밌는 이야기가 있다. 우리 동창생 한
명이 우리 바로 옆집에 살았는데 어릴 때부터 중학교 때까지 동창이었
다. 그러다가 그 애가 2학년 때 연변 안도로 이사를 갔다. 엄마가 재가
를 하면서 같이 따라 안도로 간 것이다. 그리고 나는 시집 오고 연락이
끊긴 상태였는데 인천에서 살고 있었을 때 연락이 닿았다. 나한테 전
화가 왔는데 뭐라더라, 하여튼 연변말로, 잘 있었는가? 이런 뜻으로 연
변말을 했다. 나는 너무 반가운데 그런 소리를 들으니까 너무 불편해

가지고 친구한테 첫 마디가 바로, 야, 니 연변말부터 고쳐, 말투부터 고쳐 이랬다. 반가운데 너무 거부감이 있어가지고 말이다. 지금도 친구는 나보고 야 니 그때 있잖아, 난 반가워가지고 십 몇 년 만에 나보고 하는 말이 어쩜 첫마디가 연변말부터 고치라니까 되게 서운했다는 것이다. 그 친구는 경상도말 하던 친구니까, 한국 와서 말투 바로 고치는 것은 쉬웠던 것 같다. 연변 여자들은 그나마 애교스러운데 남자들이 연변말 하면 좀 듣기 그렇다. 우리하고 말투 좀 틀리니까 적응이 안 된다. 우리 고모도 사촌 언니 오빠 다 연변말 한다. 사촌네 일가가 연길에 살다가, 지금 다 여기 왔다. 내 사촌 동생들이 다 연변말 하는데 지금 못 고치고 있다. 내가 동생한테 넌 왜 못 고치냐고 닦달하면, 나한테 누나 그거 어찌 한꺼번에 고침까? 이래 연변말로 대답한다. 가끔 되게 재밌다. 어떤 때는 남동생한테 말 훈련을 일부러 시킬 때가 있다. 재밌으니까. 가끔은 내가 연변말 나도 좀 배워 볼까? 이렇게 장난하기도 한다.

지금의 가족

지금 만나는 아저씨는 같은 학교 선배이다. 한 고향 사람인데 우연찮게 만났다. 둘이 있을 때는 완전 경상도다. 밥 문나? 먹자, 지금도 사투리가 편한데 왜냐면, 신랑이 그 말은 안하면 나도 안하는데, 지금 신랑이 하니까 나도 자연스럽게 한다. 요즘 경상도 말 너무 입에 달고 사는 것 같다. 어떤 때 우리 애들이 막 웃고 그런다. 한번씩 놀러오곤 한다. 예전에는 내가 지하철 타고 인천까지 애들 보러 갔었는데, 이제 크니까 애들이 내가 가르쳐 주는대로 지하철 타고 날 보러 온다. 어떤 때 내가 경상도 사투리 나오면, 애들은 서울 말씨 쓰니까, 엄마 그게 무슨 말이야, 이래. 그러면 내가 아 이게 경상도 사투리야 이러면서 웃고 이야기 한다.

우리 애들은 중국에 대해 관심은 있는데, 아빠가 원래 고집이 쎄서 지금 나 만나는 것도 아빠 몰래 만나고, 내가 가도 몰래 만나고, 걔네들이 와도 아빠 없을 때 몰래 온다. 중국 갈 엄두도 못 내는 것이다. 낮에 애들과 잠깐 만나가지고 밥 먹고 얘기 좀 나누고, 영화 보고 그러고 보낸다. 지난주에 또 왔다갔다. 계속 와서 우리가 항상 밥 먹고 영화 보고 하는 게 식상해서, 볼링장 가서 게임하니까 애들이 엄마 이거 재밌다 이러면서 정말 좋아했다. 요즘 들어서 좀 자주 보는데 한 달에 한 번, 두 번 정도이다. 예전에는 6개월에 한번씩 밖에 못 봤다.

우리 애들이 다니는 학교에서 다문화지원을 받는 것 같다. 가끔 무슨 행사에 보내주고 영화 보여주고 그런 걸 하는 것 같다. 그보다 걔네들이 다니는 공부방이 있다. 국가의 지원을 받아서 교회에서 목사님이 운영하는 것이었다. 거기에서는 지금까지 감사한 것이 애들을 잘 대해주고 있어서다. 예전에는 다문화센터가 아니라, 지역 아동 공부방인가, 좀 어려운 가정 위해서 과외는 아니고 그냥 숙제 체크해주고 어려운 것을 가르쳐주고 그런 걸 챙겨주고 그러는 것이 있었다. 어렸을 때부터 내가 교회에서 운영하는 곳에 보냈었는데 그 선교원이 지금 바뀐

것 같다. 내가 있을 때부터 다녔는데 지금도 다니고 있고 애들은 지금
도 교회 다닌다.

단체 모임과 조선족

지금 연락하고 만나는 사람 중에는 친구들이 많다. 조선족 친구들
이다. 한국분들은 회사 동료, 아니면 내가 속한 단체나 협회, 이런 곳
에 좀 있다. 그리고 예전에 인천에 살 때 친했던 사람들과 통화하고 있
다. 단체나 협회, 동창 모임 이런 활동을 하면서 그래도 내 마음을 많
이 추스렸다. 제일 처음에는 중국에서 온 사람들의 모임이 있었다. 처
음 카페 모임을 시작했는데, 중국에서 시집 온 여자들의 모임이었다.
다들 애 하나씩 데리고 나와서 같이 밥 먹고 그랬다. 그때 당시 느낀
것이 열이면 아홉이 불행하구나, 다 안 맞는데 애 때문에 참고 산다는
걸 깊이 깨달았다. 그 사람들과 그때는 만났는데 지금은 거의 모임이
없고, 그때 당시 느낀 것이 진짜 우리 열이면 한 사람이나 행복하다고
말하는 정도고, 나머지는 다 불행이고, 다 신랑하고 안 맞고 나이 차이
도 있고, 다 참고 살고 있구나를 느꼈다. 그때 서로 자기 이야기 풀고
이렇게 하면 끝도 없이 이야기 하고 그랬다. 처음에 그 카페를 만든 건
저기 ○○쪽에 사는 언니가 만들었었다. 후에 ○○모임이라고 있었는
데 그 곳에는 결혼이민자, 여기 와서 일하고 있는 사람, 여자 남자 다
해서 활동했는데 내가 운영자로 있었다. 그때 카페 지기를 하고, 모임

이 활성화 됐었다. 그때 다른 협회들도 우리한테 왔었고, 서로 알고 지내곤 했다. 나는 조선족협회, 단체가 만들어지던 그 시기 초창기 맴버였다. 예전에는 그런 걸 전혀 몰랐다. 처음에는 결혼해서 온 사람들과 만나서 하도 속이 답답하니까 만났을 뿐이지만 차차 모임이나 이런 것에 대해 알게 되었다.

내가 활동하는 모임이 나에게 제일 중요한 모임이었고, 지금은 또 동창 모임도 조직해 보았다. 인천에서 살 때는 연락이 안됐었는데, 딱 예전 친구 하나만 연락이 있었다. 그런데 친구들이 이렇게 많이 와 있을 줄 몰랐다. 서울에 왔는데, 엄마 집에 있으면서 우연히 길에서 동창 친구를 만났는데 동창 모임 한다고 해서 가봤다. 진짜 사람이 몇 십 명이나 모인 것이다. 그래서 또 내가 회장을 3년 정도 했다. 학교 때는 간부처럼 이끄는 역할은 별로 안하고 따라다니면서 활동을 했다. 학생때 중요한 직무는 안 했었는데 여기 와서 내가 성격도 많이 바뀐 것 같다. 내가 교회도 다니고, 단체 생활도 해봤고, 친구들보다 좀 더 먼저 한국에 왔고 이런 이유도 있는 것 같다. 내성적인 성격에서 활발하게 바뀐 것 같다. 애들이 나를 추천해서 회장직을 맡았었다. 처음에 한 달에 한 번씩 했었는데 너무 자주 모이는 것 같아서, 후에는 여름에 한 번, 겨울에 한 번 즉 연말모임, 이렇게 두 번 조직하다가 결국 이것도 힘들어 지게 되었었다. 우리 모임에 총무가 없이 내가 혼자서 총무 역할에 회장 역할에 다 하니까 힘들었다. 사람들은 점점 더 많아지고 또 혼자 있었을 때는 부담이 없었는데, 지금은 신랑이 있으니까, 여러 가지로 미안한 것도 있다. 그래서 회장직을 다른 사람한테 넘기고, 지금은 오로지 ○○협회 하나만 나가고 대신 나 자신의 일을 좀 잘 준비하려고 한다.

지금은 직장이 보험회사가 아니라 여행사에 다닌다. 가이드 쪽으로 해볼 생각으로 자격증 공부 하고 있다. 시험 봐 놓고 지금 결과 기다리고 있는데, 한국 역사가 어려웠다. 잘 본건 아닌데, 어쩌면 커트라인 넘을 것 같고, 안 되면 9월달에 시험 다시 보려고 한다. 나는 여행사를 오래 다녔는데, 비전이 별로 없는 것 같아서 지금은 가이드를 한번 해볼 생각이다. 힘들다고는 하는데 사람들이 괜찮다고 해서, 한번 해보려고 한다. 지난달까지 여행사 근무를 하고 있었다.

한국에 와서 나는 투표를 했다. 여기 와서부터 국적 가지게 되니까 계속 했다. 투표 할 시기가 되면 집에 서류 같은 것도 온다. 특히 예전에 교회 다니는 언니가 그때 선거위원회에 있어서, 나보고 꼭 선거해야 된다고, 선거는 빼먹지 말아야 돼 이랬다. 지금도 투표는 하고 있고 이번에도 가서 했다. 중국에는 투표라는 것이 없는데, 나도 한 몫 할 수 있다는 것이 새로운 느낌이다. 내 의견이 반영 될 수가 있다는 것이 좋은 것 같다.

그때 교회에서 친했던 분들과는 가끔 연락하고 지낸다. 지금은 인천이고 머니까 그렇지만 내가 인천에 애들 보러 가면 연락해서 얼굴 한번씩 보고 얘기 나누고, 요즘 어떻게 사나 물어보고 그런다. 그때 그 분들은 다 여자 분들인데 나이도 많고, 나는 그들을 다 언니, 언니 하면서 다녔다. 교회에서는 집사님, 집사님 하는데 나중에 친해지니까 언니처럼 친구처럼 지내고, 힘들면 내가 언니 붙잡고 하소연도 해보고,

난 왜 이렇게 사는지 몰라 막 울어도 보고 그랬다. 그때는 조선족에 대해 싫어하는 그런 것이 없었다. 그런데 사회 생활 하면서, 교회 쪽으로는 못 느껴봤는데, 직장을 다니다 보니 조금 그런 것이 있었던 것 같다. 그래도 남들하고 그렇게 차별하고 그러지는 않았던 것 같다. 그때 당시랑 지금은 다르다. 지금은 차별이라고 느끼지만, 그때 당시는 정말 드물었던 것 같다. 좀 신기하게 우리를 바라보고 그리고 중국에서 왔는데 우리말 하네, 또 나한테 중국말도 잘하겠네 하고 물어오기도 했다. 그분들도 나를 동포라고 생각했던 것 같다.

지금은 조선족이 너무 많고, 사회적으로 문제가 많이 되고 있고, 그러니까 요즘에는 동포라고 하면 일단 거리감을 두고 우리를 대하는 것 같다. 그러니까 본의 아니게 좀 안 좋은 것이 생긴다. 옛날에는 인천에 살 때는 정말 그런 것이 없었다. 내가 좋은 사람 만나서 그런지 모르겠지만, 아무튼 지금 돌이켜 생각하면 그때는 정말 잘 지내왔던 것 같다. 내가 큰 상처 안 받고, 오로지 하나, 신랑한테 상처 받았다는 것이다.

한국에서 다문화에 관심을 갖고 있는 건 사실인데, 지원해주는 프로그램도 많고, 차별하지 말자 이런 것은 참 좋다고 본다. 하지만 요즘에 자꾸 사건, 사고가 나니까, 우려가 안 될 수가 없다. 민감해지고 그렇다. 솔직히 나는 수원 살인사건이 나니까 한국에서 우리한테 관심을 가질 수도 있는 거지만, 어쩌면 배척할 수도 있는 것이라고 본다. 관심을 더 가져줘야 되는데, 왜냐면 배척을 해버릴 수록 더 악순환이 되어 갈 것 같다. 그러니까 관심을 더 가져주면 좋다. 특히나 다들 사는게 힘들다. 솔직히. 그런데 정말 많이 느끼는 것은 이 동에 와서 사는 것 때문인지는 몰라도, 인천이랑 여기는 완전히 다르다. 여기는 정말 조선족들이 많다. 차별이라는 것도 누구나 다 차별 받고 그러지는 않겠지만, 여기서 사람들의 시선이라든지, 말투라든지, 순간순간 느끼는 것이 있다. 학교 다니는 학생들도 마찬가지 아니겠나? 너무 안타까워질 때가 있다. 자꾸 이런 사고가 나면, 한국에서 조선족들이나 뭐 다 중국으로 보내지 않을까 걱정하기도 한다. 다들 그런 생각하는 것 같다. 그리고 중국 사람 대하기를 혐오스럽게 생각하면, 중국 사람 쓰던 것을 짤라 버린다던지, 아니면 채용을 해서 써야 되는데 오히려 더 차별해서 안 써줄 수도 있고, 다들 그런 걱정이 있다.

4. 우리가 다문화인가*

김숙자는 1955년 길림성 용정에서 태어났다. 연변에서 성장한 그녀는 1992년 중국에서 불어친 하해 바람을 타고 북경에 갔다. 중국에 투자를 하고 사업을 준비하던, 독일로 이민을 간 한국인과 인연이 되어 1997년 한국에 입국 하였다. 자영업을 시작으로 상인연합회를 결성하였고 현재는 재한동포연합총회의 회장으로 있다.

김숙자(한국 국적)

중국 생활

1955년 용정에서 태어나서 돌이 금방 지나 화룡현(和龙县) 투도(头道)라는 공사(公社:집단농업 시기 농촌의 집체소유제 경제 조직인 농촌인민공사를 말함) 마을로 이사갔다. 그 곳에서 자라 화룡에서 고등학교까지 다녔다. 1960년대 중반부터 학생들이 농촌 하향(下乡:일명 '상산하향-上山下乡'이라고도 함, 문화대혁명 후기 모택동의 지시에 따라 도시의 젊은 청년들이 농촌에 내려가서 재교육을 받는 정치운

동을 말함)을 했는데 나는 나이가 어려서 학교를 그냥 다녔다. 고중을 졸업하고 나는 1972년에 하향을 했는데 내가 살았던 투도 신흥대대(大队:인민공사 시기 농촌의 기층 조직을 말함)로 갔다. 고중을 졸업한 이유로 농촌에 내려가니까 나름 할 일이 있었다. 내가 한 일은 기상관측이었는데 때마침 연변교육출판사에서 자연교재를 편집한다면서 우리 대대를 찾아왔는데 책임자가 교재 편집하는 편집조에 나를 추천했다. 그러면서 나는 얼떨결에 교육출판사로 들어가게 되었다. 그때가 1974년이다. 출판사에서 한 달에 월급 52원을 받았는데 1년 지나 출판사에서 나를 연변대학으로 保送(시험면제입학)해 줬다. 출판사에 적을 걸어두고 월급 받으면서 공부를 했다. 공부를 마치고 다시 출판사로 돌아왔는데 몇 해 지나서 언론연구소에 가게 되었다. 연길 일백화 바로 옆에 3층이었는데, 2층은 언어연구소이고 1층은 검찰원이었다. 地毯商店(카펫상점) 건물이었는데 4층은 역사연구소이고 우리 언어연구소는 3층이었다. 그러다가 언어연구소가 하남으로 이사 가면서 나는 조선어문잡지사에 가게 되었고 그 곳에서 쭉 있다가 1992년에 下海(개혁개방 과정에 원래-사회주의 시기-의 직업을 버리고 상업, 창업을 비롯한 사 경제부문에 종사하는 경제 행위를 말함)했다.

한국인과의 인연

1992년에 하해 바람이 한창 불었는데, 나도 그 바람을 타고 북경에 가서 1994년까지 있었다. 주로 번역을 하게 되었는데 작은 방을 하나 맡아서 중국 사업을 하는 한국 사람들의 번역 업무를 보았다. 그러던 중 독일에서 온 강씨라는, 한국에서 독일에 이민 간 사람을 만나게 되었다. 그 분이 독일에서 태권도 학교를 운영하고 있었고, 부인은 예전에 독일로 간 한국인 간호사였다. 그분이 북경에서 사업을 시작하다가 크게 법정놀음을 하게 되었다. 북경통현(北京通县:현재는 북경시의 통주구-通州区-임)에 있는 한 농촌에서 중외합자기업을 운영하려고 했다. 이 분이 한국에서 일회용컵 기계를 들여와 생산하고, 통현 지방정부에서 공장부지, 전기, 인력을 제공하는 형식이었다. 그런데 한국에서 기계 9대를 세관을 통해 모든 세금을 다 내고 들여가는 도중에 통현 쪽에서 아직 전기도 제대로 들어가지 못하고, 허가가 나오지 않아 사업을 시작할 수 없다는 이런저런 구실을 대면서 사업을 없던 일로 하자고 한 것이었다. 해관에 기계를 방치하고 있으면 관리비도 계속 나가고, 거기다가 사업도 못하고 있어 상황이 아주 안좋았다. 지방정부와 그냥 말로 해서는 이길 수 없으니 법적으로 해결하려고 했는데, 그 한국분이 아는 사람도 없고 해서 내가 그럼 해보자고 마음먹고 나섰는데 4개월 만에 우리가 이겼다. 결국 기계 9대를 전부 한국에 가져가고 상대방으로부터 배상도 받았다. 그때 모두 중국돈으로 97만 원인가 받았는데 그 한국분이 고맙다고 나에게 절반인 48만 원을 주는 것이었다. 그 돈으로 나는 연변에 다시 돌아와 의약공사를 창업하였다.

당시 연길 동시장(东市场) 근처에 모두 의약공사였다. 또 나의 아버지가 약재피발공사(药材批发公司)에 있었고, 작은 여동생하고 妹夫

(매제) 接班(이어서)해서 그 회사에 있었다. 그 분야 사업은 잘 아니까 나는 경제적인 큰 틀에서 방향만 제시하고 운영은 그들에게 맡겼다. 이렇게 사업을 하고 있는데 북경에서 만났던 강씨가 독일에서 자신과 같이 학교를 운영하자고 하면서 초청장을 두 번이나 보내온 것이었다. 그런데 두 번 모두 비자가 나오지 않았다. 국가 사이에 무슨 문제가 있는지는 모르겠지만 그때는 해외비자가 그렇게 쉽게 나오지 않았다. 그러니까 강씨가 나한테 한국에서 독일로 오는 것은 상대적으로 쉬우니 일단 한국에 갔다가 그곳을 경유해서 독일에 오는 방법을 생각해 보는 것이 어떻겠는가 하고 조언을 했다. 그것이 나의 한국행 계기이다.

자영업과 재한동포연합총회

한국에 올 수 있는 방법은 당시에 별로 없었다. 여성들의 경우에 결혼으로 입국한다. 그때 또 중국에서 남편이 사망하여 나는 국제결혼 방식으로 한국에 입국하였다. 처음에 온 곳은 부산이다. 그런데 한국에 온 다음 한국 남편이 사망했다. 그러다 보니 나의 한국 국적이 나오지 않는 것이었다. 신랑이 죽었으니까 나더러 돌아가라는 것이었다. 참 그때는 법무부와 많이 다투었다. 아니 그럼 한국으로 시집왔는데 신랑이 죽으니 시집에서 친정집에 도로 돌려 보내는게 맞나. 그렇게 힘들게 살면서 4년 뒤에 어렵게 한국 국적을 혼자 힘으로 따게 되었다. 그것도 그냥 나온 것이 아니라 내가 오자마자 식당도 운영해 보면서 경제적인 여력이 있으니 그것이 인정이 되어서 국적도 따게 되었다. 식당을 하면서 지금 남편을 만나게 되었다. 식당 영업도 나름 잘 되니 굳이 독일로 갈 필요성을 못 느껴 그냥 여기서 살기로 마음먹었다.

1997년 12월에 처음 한국땅을 밟게 되고 부산에 있다가 남편이 사망한 후 서울에 와서 개인 불고기집을 하게 되었다. 상호는 '불타는 오겹살'이라고 지었다. 그때까지만 해도 왕십리에 교포들이 눈에 막 띄게 많지 않았다. 그래서 한국식 불고기집을 했다. 그런데 내가 했던 식당이 도로확장지역으로 되어 动迁(철거)맞게 되었는데, 뚱챈비가 꽤 나왔다. 3천만 원 정도 나왔는데 기존 보증금을 더 보태서 식당을 다른 곳에 더 크게 할 계획을 갖고 있었다. 그때 마침 한국에 온 내 동창들이 7~8년 만에 연락이 닿았고 동창 모임을 가지자고 하는 것이었다. 친구들이 말하는게 대림이나 가리봉쪽에 교포들이 많이 왔는데 그 쪽에서 만나자는 것이었다. 그러면서 나는 처음 가리봉쪽에 와 봤는데 교포들이 얼마나 많던지, 식당도 별로 많지 않아서 막 줄을 서서 기다리는 것이었다. 주로 고향 음식을 찾고 있었다. 그런데 또 특이한게 한국 사람도 중국 음식을 먹으러 다녔다. 그냥 한국에서 중국 음식이라고 하면 자장면이나 짬뽕같은 것을 생각하는데 그냥 중국 동북쪽 요리를 맛있게 먹고 있었다. 그래서 연변맛이나 동북맛 그대로의 맛으로 하면 향도 그렇고 기름지니까 약간 한국 사람들이 입맛에 맞게 변형해서 식당을 하면 되겠다는 생각이 들었다. 하여 새롭게 사업을 하자던 참에 아예 이쪽으로 와서 냉면집을 하면 좋겠다고 생각해서 20일 만에 원래 일을 정리하고 구로쪽으로 옮겨 '진달래냉면'을 오픈했다. 그때가 2005년이다.

　냉면을 하는데 첫해부터 잘 되었다. 한 해를 지나서 이듬해 분점 내고, 또 안산에 분점 내고, 그 다음해에 가산디지털에 분점 내고, 이렇게 한 해에 하나 하니까 연속 지금까지 다섯 개를 내게 되었다. 내가 식당을 개장할 무렵, 가리봉쪽에 중국 식당들이 부쩍 늘기 시작했다. 상업하는 사람들이 많아지고, 유통에 종사하는 사람도 많아지고, 또 먹으러 다니는 교포들과 한국 손님도 많아졌다. 사업이 커지다보니 2006년 동포타운신문 광고국 이영학씨와 중국동포타운신문사 김용필 국장이 나를 인터뷰하러 오기도 했다. 나한테 사업 비결도 물어보았는데 사실 중국에서 쌓았던 경험들이 큰 역할을 했다. 내가 중국에서 일을 할 때 북경금융학원에도 가서 공부한 적 있다. 전문 경제공부를 했다. 이런 것이 나의 경영 활동에 크게 한몫을 했다. 이 두 분과 이야기를 하는 과정에 한국에 와서 자영업을 하려는 조선족들이 많아지니 노하우를 공유하기 위해 상인회를 만들자는 이야기가 나왔는데 중국동포타운신문은 중립이기에 같이 처음부터 참여할 수 없어서 이영학씨와 같이 발기하게 되었다. 2006년 3월 7일에 그분들이 인터뷰하러 왔는데 3.8절 쇠고 9일부터 두 사람이 백지장 하나씩 들고 상인들한테 돌아다녔다. 그래서 상인회를 모집하게 되었는데 약 3개월 뒤인 6월 18일에, 16명 상인들이 발족대회를 열게 되었다. 발족대회는 동포타운신문사에서 했는데 정작 시작하니 상인들이 많이 모여졌다. 한 84호 였나, 84명이 모였는데 상인들이라 한 달에 회비를 5만 원씩 했더니 금새 돈이 모여졌다. 그때는 몇 백만씩 그냥 바로 모여졌다. 그때 모인 상인들은 별의별 업종에 다 있었는데 식당 하는 사람, 노래방 하는 사람, 마사지 하는 사람, 행정사, 여행사 등 16개 항업이었다. 행사를 하면 식당하는 사람네 가게에 가서 1차 하고, 2차 노래방, 3차는 마사지 이렇게 하다보니 사람들도 많이 모여지고 운영비도 많이 모아졌다.

상인회가 만들어지기 전에 사실 귀국동포연합회라는 약 270명의 국적을 회복한 조선족 노인들이 모이는 단체가 있었다. 국적을 회복한 조선족 노인들이다 보니 평균 연령이 65세나 되었다. 우학성이라는 노인분이 이 협회 회장을 맡았다. 내가 아는 지인을 통해 우회장을 만나게 되었는데 우회장이 지금의 귀국동포연합회가 모두 노인들이고 경제적 여유도 없으니 같이 운영해 볼 생각이 없느냐고 묻는 것이었다. 그런데 나는 내 일도 바쁘고 해서 확답을 하지 않고 있는데, 우회장이 나를 두 번이나 찾아온 것이었다. 그러면서 그쪽 행사에 참여해 달라고 하는데, 노인이 이렇게 간곡하게 하는데 내가 그냥 가만히 있으면 너무 실례인 것 같아서 참가하기로 했다. 우회장이 회장을 맡고 내가 부회장을 맡았다. 뒤에 장자를 단 사람들은 회비 15만 원씩 내고, 그 다음 임원들은 10만 원씩 내고, 결국 귀국동포연합총회가 열렸다. 안순옥이 부녀회장하고, 이금숙이 생활위원장을 맡았다. 그때가 2006년 1월이었다. 그런데 막상 귀국동포연합회가 활동을 시작하려니 모두 노인들이여서 참여는 물론 운영비도 많이 부족했다. 그리고 3월에 상인회가 만들어진 상황이어서, 우회장이 나한테 모두 동포들의 단체인데 두 단체가 같이하면 좋지 않겠는가 하는 제안을 했다. 이사진에서 의논을 해서 그해 11월 12일, 두 단체가 합병을 해서 지금의 재한동포연합총회를 출범하였다. 사무실은 원래 상인회 사무실로 했다. 단체가 합치다보니 회원이 380명 정도나 되었다. 이어 지회를 하나씩 발족했는데 먼저 금천지회가 나오고 그 다음에 차례로 구로지회, 영등포지회, 안산지회, 대전지회가 나왔다. 그리고 총회직속으로 산악회와 상인회가 있고 아래에 축구단, 배구단, 예술단, 봉사단, 청년단이 있다.

그런데 금천지회의 경우에 젊은 사람과 노인들이 잘 어울릴 수 없었다. 자기 부친과 같은 사람들과 젊은 사람들이 어울리기 쉽겠는가. 거기다가 노인들도 많아 아예 2010년에 금천경로당을 하나 따로 설립했다. 지금은 금천구청에서도 인정해서 동포 유일한 동포경로당이 나왔다고 매달 20만 원씩 지원을 한다. 같은 해 4월 구로경로당을 새로 했는데, 그 이유는 금천경로당을 하니 다른 지역 노인들도 그 곳으로 놀러가는 것이었다. 그런데 그것은 금천구에서 나름 지원하는 곳이 아닌가, 타 지역 노인들이 자주 이용하는 것에 대해 좋아하지 않는 것이었다. 그래서 구로에 새로 만들게 되었는데 지금 약 60명 정도가 그 곳에서 활동한다.

그리고 2010년 10월부터 쉼터도 운영했다. 복지 시설인 쉼터를 한 이유는 2010년부터 C-3비자로 무연고 동포들이 들어오기 시작했다. 무연고다 보니 친척들도 별로 없고, 친구들이나 아는 사람들 통하긴 하는데 다 외지에서 일하거나 자그마한 집을 맡다 보니 어디 가서 잘 데가 없어서 처음에는 내가 식당에서 재웠다. 그런데 식당에 있으면 그 사람들도 피곤하고 나도 영업에 지장이 있다. 왜냐하면 식당이 보통 저녁 11시에 끝나는데 들어오는 사람을 11시까지 받지만 그 후에 앉은 사람들은 술 먹다가 12시, 1시까지 먹으면 그 사람들 그때까지 기다려야 되는 것이다. 기다렸다 자면 엄청 불편할 것이 아니겠나. 그래 안 되겠다 싶어서 이런 사람들 위해서 내가 일자리 찾기 전까지는 수용할 수 있는 터를 만들어야겠다고 생각하고 쉼터를 하나 마련했다. 남자 여자 쉼터를, 거기에 들어가는 돈은 내가 다 냈다. 보증금을 2천만 원, 월 120에 1, 2층짜리 쉼터다.

이렇게 하다 보니 일은 많이 벌렸지만 우리는 비영리이고, 정부에서 내려오는 돈은 매우 적고, 민간에서 조금씩 지원을 받기에 운영이 참 힘들었다. 내가 지금 한 달에 쓰는 사무실 임대료가 80만 원, 쉼터가 120만, 경로당이 30만, 그러니까 한 달에 임대료만 230만이 나간다. 거기다 물세, 전기세 그런것까지 다 하게 되면 300만 넘는다. 그래서 도저히 안 되겠다 싶어서 수익창출 방법을 모색했다. 사업본부를 꾸렸는데 전병주라는 분이 본부장을 맡고 있다. 그분이 좀 나서서 사업적인, 수익성이 있는 사업을 해서 운영비를 마련하라고 했다. 아래에 사업을 하는 회원들이 많아서 우리끼리 개개인이 모여서 자금을 모아 주식회사 식으로 화장품 판매, 복장 판매를 해서 돈을 마련하고 있다. 처음에는 한 달에 50~60만 원 정도 이윤을 봤다. 점점 좋아지길 바라고 있다.

회원은 계속 늘어나고 있다. 처음에 300명에서 2008년에는 500명 정도 되었다. 회비는 임원들은 1년에 10만 원이고, 일반 회원은 1년에 2만 원이다. 회비가 모여지면 1만 원은 지회에 보낸다. 그러다 보니 총회에 올라오는 돈은 별로 없다. 한번 활동하면 500만 원 정도 나가는데 회비를 다 쓰게 된다. 우리 협회의 정관에 의하면 1년에 큰 행사를 세 번 하는데 3.8부녀절, 추석맞이행사, 송년회다. 그런데 노인들도 많아서 경로대잔치도 하고 봄이나 가을에 야유회도 나가다 보니 행사를 더 많이 하게 된다. 지금 우리 협회 정회원은 1,280명이다. 준회원까지 합치면 3,000명이나 된다. 그 외 한국의 지자체와 같이 하는 행사도 했는데 안동재래시장살리기, 아시안이주민다문화축제 등에도 참여했다.

그 외 지금 중점적으로 추진하고 있는 프로그램은 총회차원에서 한 달에 한 번씩 동포들을 상대로 한 역사 교육이다. 동포들이 아무리 중국에서 역사 공부를 했다 해도 우리 한민족 역사문화에 대해서 잘 모르는게 많다. 물론 우리가 야유회 형식으로 강화도 역사기념관을 참관했지만 이런 것은 눈으로만 보는 것뿐이고 깊이는 모른다. 작년에는 매 달 셋째 주 화요일에 역사 교육을 실시했다. 무료 봉사를 해 주시는 서울대 역사교수님들이 두 시간씩 강의해줬다. 그런데 평일에 하다 보니 한 40명 정도만 모이게 되었다. 그래서 주말로 고쳤는데 60명 정도가 참여하였다. 그 외에도 우리 동포들이 한국 정착 과정에 필요한 지식을 알려주는 교육을 많이 한다. 우리 동포들이 한국에 와서 무조건 질서를 잘 지키고 의식 수준을 제고하자는 이런 교육을 해야겠다고 느꼈기 때문이다. 재한 동포들이 처음에는 자기가 잘못한 것은 생각 안하고 한국 사람들이 우리를 무시한다고만 생각한다. 우리 스스로를 돌아보는 그런 태도가 필요하다. 그래야 한국 사람들과의 거리도 좁혀지고 한국 사회와 융합을 보다 쉽게 할 수 있다.

그리고 노인경로당도 마찬가지다. 다른 곳을 보면 노인들이 그냥 모여서 놀기만 하는데 우리가 운영하는 곳은 좀 다르게 하려고 했다. 노인들이 노후를 즐겁게 놀면서 보내는 것도 좋지만 지역 사회에 봉사도 하면 이미지가 좋아질 것이 아닌가. 그래서 노인들한테 한 달에 한 주일은 무조건 봉사를 하게 한다. 노인들도 오히려 더 좋아했다. 총회 차원에서는 봉사도 많이 한다. 2008년 용정에서 52세 되는 분이 한국에 일하러 왔는데 17일 만에 공사장에서 퇴근하다가 뇌졸중으로 쓰러져 의식 불명이 되었다. 이사람 금방 온데다 친척도 없어서 그냥 방치되어 있는데 이 사실을 우리가 알고 병원에 입원한 사이에 불우이웃돕기 일일찻집을 해서 모금을 하여 보내줬다. 그리고 작년에 연변에 큰 수재가 났는데 또 몇 백만 원을 모금하여 보내줬다.

이런 일들이 국내 여러 언론을 타고 전해졌다. 처음에는 언론에 보도되는 것이 별로 큰 의미가 없다고 생각했는데 어느날 구로복지과에서 아침에 전화가 온 것이었다. 구로구에 재한동포라는 단체가 있는데 일찍 찾아뵙지 못해서 미안하다고. 그러면서 여러 가지 어려운 점들도 물어보더니 난방비로 써라고 600만 원이 내려오는 것이었다. 그 이후로 다른 언론들에서도 보도하면서 우리 단체가 자주 노출되었고 또 단체 규모가 더 커졌다. 그 전까지 내가 사비를 한 7천만 원 정도 썼는데 단체가 커지니 나도 이제는 역부족이었다. 그래서 이제부터는 정부 지원을 좀 받아야겠다고 생각해서 2009년 11월에 우리 단체가 외교통상부에 등록을 했고 허가가 나왔다. 등록을 했더니 경로당에 쌀도 지원되고, 지원금과 후원금도 들어오고, 지금은 그 돈으로 운영한다. 쌀은 무료로 많이 들어와서 우리 쉼터에 동포들의 식사는 무료로 제공한다.

그 외 나는 개인적으로 경로당 두 곳에 매 월 20만 원씩 보내고, 유학생축구팀이 좀 도와달라고 하면 후원해주곤 한다.

참 그 동안에 여러 가지로 힘들었지만 행복했다. 중요한 것은 지금 나의 남편이 참 대단한 분이라는 것이다. 내가 이런 일을 할 수 있었던 것도 남편의 지지가 있었기 때문이다. 애들도 내가 이렇게 힘들게 일해서 모은 돈을 그런 곳에 다 써버리니 이해가 가지 않는단다. 그럴때면 애들한테 나는 큰 바램은 없고 내가 죽은 후에 내 무덤에 꽃다발 하나 더 있으면 너희들 엄마가 한 일이 인정받는 일이었다고 생각해 주길 바란다고 말한다.

다문화?

올해 3월에 아시안다문화축제라고 인천에서 열렸다. 내가 전단지를 주어 봤는데 아시안이주민축제라고 인천에서 아주 크게 하는 행사였다. 우리 단체는 정부에 등록된 단체이고 사실 회원수만 따져도 아주 큰 단체인데도 아무런 연락을 못 받았다. 그래서 내가 주관부문인 인천시와 인천신문사를 찾아가서 우리도 참여할 수 없냐고 물었다. 그랬더니 중국은 이미 다른 사람들한테 줬다는 것이었다. 누구냐면 인천에 있는 화교들이다. 물론 그 사람들이 중국이 맞다. 그럼 우리는 어디인가. 아무튼 내가 조선족이 몇 십만 명이 있는데 이런 축제에 못 들어가면 어떻게 되는가 하고 말하니 그때에야 그럼 참여하라고 부스를 두

개 줬다. 몽골 텐트같은 것을 두 개 줬는데 우리는 그 곳에 가서 조선
족음식자랑도 하고, 행정사들도 데리고 가서 그 자리에서 산재처리 무
료 상담도 했다. 결과적으로 참가했지만 그때 느낀 것이 정부나 지자
체 차원에서 우리 동포들은 안중에도 없다는 생각을 했다. 그래서 서
울을 중심으로 동포 관련 단체가 참 많은데 같이 힘을 모아 연합회를
구성하는 것이 어떻겠는가 생각도 했는데 참 어렵다.

그런데다가 한 주요 일간지에서 무슨 살인사건이 났는데 동포들이
한 소행인 듯 이런 식으로 제목을 단 기사를 봤다. 댓글이 가관이다.
뭐 다 알겠지만 쌍욕이 그냥 올라와 붙는 것이었다. 나도 그 기사를 보
고 혹시 정말 동포가 한 짓이면 어쩌나 이런 생각에 조마조마했는데
아니 글쎄 범인이 잡혔는데 내국인으로 밝혀진 것이 아니겠나. 그냥
열불이 확 올라오는 것이었다. 동포들에 대한 인식이 바로 이렇다.

지금 또 이것도 문제다. 외국인은 올해부터 시의원도 될 수 있게
됐다. 그런데 조선족은 한민족이지 외국인이 아니기에 그런 권리가 없
다는 것이다. 아니 그러면 다문화할때는 동포라서 아예 빼버리고, 이
럴때는 또 동포라서 빼버리고, 우리는 그럼 무엇인가. 참 사람은 제일
많은데 다른 외국인보다 더 소외받는 것 같다. 중국에서나, 연변에서
도 보면 조선족이 아무리 잘해도 직위 앞에 부가 붙잖냐, 여기와도 마
찬가지다. 그래서 지금은 누굴 탓하지 말고 우리가 힘을 모아서 쟁취
해야겠다고 생각한다. 단체들이 대연합을 이루어야 하는데 참 어렵다.

나는 단체 연합에 대해 이름부터 좀 생각을 했었다. 요즘 보면 조
선족들 모임은 조선족, 동포 이런 이름으로 많이 한다. 그런데 나는 처

음에 여기 노조처럼, 중국에 总工会(노동자들로 구성된 단체 혹은 조직의 총연합을 말함)처럼 노동자 연합을 하는 것을 생각했다. 그런데 노조처럼 하려면 한국 국적을 가진 사람들로 구성이 되어야 한다는 것이었다. 전제 조건이 세 가지인가 네 가지가 있었다. 지금도 사실 중국 노동자협회처럼 노동자나 근로자 모임으로 된 연합이 필요하다고 본다. 그런데 이름을 또 이렇게 달면 중국 사람만 모이게 되지 저기 동남아나 그런데서 온 사람들은 빼놓게 되는거 아닌가. 그래서 요즘 정부에서 다문화요 뭐요 해서 오히려 다문화노동자협회라는게 차라리 낫겠다는 생각을 한다. 그러면 외국인 노동자들도 오고, 우리도 그들과 함께 할 수 있지 않을까. 이런 생각은 하도 조선족이 어디에도 끼이지 못하니 노동자 이름을 내걸고 권리를 쟁취해 보자는 취지다. 우리는 지금 아무것도 아니다.

나는 그래도 조선족이 동포로 인정되어야지 다문화 외국인으로 인정되지 말아야 한다고 본다. 우리가 한민족인데 무슨 다문화냐.

:: 후기 / 디아스포라 중의 디아스포라 20년

디아스포라란 '흩어짐'의 뜻으로, 팔레스타인 이외의 지역에 살면서 유대적 종교규범과 생활 관습을 유지하는 유대인을 이르는 말이지만 우리민족도 일제강점기를 거치면서 유대인과 비슷한 민족이산(民族离散)의 역사를 가지고 있다.

중국국민으로서 당당하게 살던 중국동포(조선족)들은 1992년 한중수교를 계기로 돈을 벌기 위해, 유학하기 위해 고국을 찾아오기 시작하였다. 하지만 고국은 이들을 이방인으로 취급하였고 외국인근로자로 간주하면서 재외동포로 인정하지 않았다. 장기체류를 할 수 없는 이들은 초기 위장결혼, 위명여권, 친척방문 후 불법체류, 밀입국 등 소위 불법경로를 통해 입국하고 약재도 팔고 건설현장에 뛰어들고 식당에서 설거지를 하였다. 2007년까지만 해도 국내서 박사학위를 취득한 중국동포유학생들마저 졸업을 하면 더 이상 체류를 할 수 없는 상황이었다.

법적지위(체류자격)는 이민사회에 엄청난 영향을 끼친다. 불법이냐 합법이냐, H-2냐 F-4냐가 그들의 취업과 생활을 좌우지한다. 불법체류자 신분으로 있을 때의 재한중국동포는 숨어사는 신세로 임금체불, 학대 등 불이익을 당해도 감히 신고도 못하는 불쌍한 존재였고 하루하루 무섭고 힘든 나날을 보내야 했다. 하지만 2007년 방문취업제의 실시와

2008년 국내 대학원생을 시작으로 부분적으로 재외동포체류자격을 부여하기 시작하면서 재한중국동포사회는 많은 변화가 생겼다. 그동안 귀국할 수 없어 보지 못했던 가족을 만날 수 있었고 떠나지 못했던 여행을 가기도 하고 스포츠 등 취미생활을 할 수 있게 되었다. 또한 2008년을 전후로 재한동포사회는 많은 언론사와 단체들이 우후죽순마냥 생겼다. 초기 동포지위를 쟁취하기 위한 몇몇 교회 중심의 인권단체로부터 친목모임, 취미모임 나아가서 전문직, 가수, 서예 등 업종별모임이 나타나기 시작하였고 최근에는 골프모임, 유권자모임까지 결성되었다.

중국동포 200만 명 중 현재 50여만 명이 한국에 체류하고 있다. 이들 대부분이 성인 노동력이라는 점을 감안할 때 거의 모든 가정에 한 두 명이 고국에 와 있다는 얘기다. 이제는 재한중국동포사회가 전체 중국동포사회의 가장 핵심적인 존재가 됐다는 여론이 일 정도다. 이들은 중국 고향의 경제발전에 이바지하였고 한국의 산업발전에 공헌하고 있다. 이들이 없는 한국 요식업계, 건설업계는 상상할 수가 없고 이들이 없는 농어촌, 제조업, 가사도우미업, 간병인업 등은 심한 어려움을 겪게 될 것이다. 또한 이들은 한중경제, 문화, 교육 등 많은 분야의 교류에서 교량역할을 하고 있다. 중국인관광객 250만 명 시대를 맞이하면서 한중 두 나라의 언어와 문화, 전통을 아는 이들은 국내 관광산업에서도 큰 역할을 하게 될 것이다.

힘들고 고난의 디아스포라 20년이지만 많은 동포들이 중국 고향에 아파트를 사고, 자녀를 대학에 보내고, 노후를 위한 준비를 하고 있다. 또 많은 지성인들이 한국과 중국의 대학교 교수로, 법조인으로, 대기업 직원으로, 연구원으로, 사업가로 성공하고 있다.

　중국동포타운신문은 2003년 창간된 이래 가리봉동포타운 '화합과 공존의 거리'캠페인, 동포들을 대상으로 하는 컴퓨터무료교실, 수십 차례의 정책설명회, 기초질서 교육강좌, 봉사활동, 한중노래자랑, 설날 큰 잔치, 한가위 추석맞이 행사, 한국정부에 동포관련 정책개선 제안, 불우이웃돕기, 세미나개최, 조선족농촌지도자 초청연수 등 각종 중국 동포 관련 행사를 조직하였고 재한중국동포장기협회, 재한중국동포교 사모임, 중국동포사회연구소 등 단체를 조직 운영하고 있다.

　한중수교 20주년, 연변조선족자치주 설립 60주년을 맞이하여, 그 리고 중국동포들의 본격적 한국행 20주년을 맞이하면서 재한조선족유 학생네트워크 회원 및 출신 학자들이 동포들의 한국생활을 기록하고 남기는 필요성을 제안하여, 또 이것이 후세를 위해서라도 꼭 필요하다 고 판단되어 이 책을 펴내는 것을 전폭적으로 지원하였다.

　한 사람의 이주는 역사(历事)라고 하지만 한 집단의 이주사는 역사 (历史)가 될 수 있다. 중국동포들이 열심히 살고 힘을 합친다면 굵은 역사의 한 페이지를 쓰게 될 것이고 중국과 한국에서 모두 인정받고 필요한 존재로 거듭날 것을 믿어 의심치 않는다. 중국동포타운신문 또한 동포들과 함께 이 페이지를 멋지게 장식하고자 굳게 약속하는 바이다.

중국동포타운신문사

대표이사 김수현

:: 질문 문항

항목	질문 내용
개인	1. 언제 태어나셨습니까?
	2. 고향은 어디십니까?
가족관계	1. 부모님에 대해 말씀해 주시겠습니까?(연령, 고향, 거주지 등)
	2. 형제자매에 대해 말씀해 주시겠습니까?(연령, 고향, 거주지 등)
	3. 집안 분위기와 가정 형편은 어떠했습니까?
생활조건 및 환경	1. 주로 어떤 음식을 드셨습니까?(중국과 한국에서의 차이)
	2. 집에서 누가 가사노동에 참여합니까?
	3. 옷차림은 어떠했습니까?(중국과 한국에서의 차이)
	4. 본인은 어떤 옷차림을 좋아합니까?
	5. 본인 가족은 어떻게 명절을 보냅니까?
	6. 거주환경은 어떠했습니까?(중국과 한국에서의 차이)
교육	1. 학교는 어느 정도까지 다니셨습니까, 학창시절에 기억에 남는 일은 무엇입니까?
	2. 본인은 왜 그 학교를 다니게 되었습니까?(초, 중, 고, 대학 모두)
	3. 같은 반 학생들은 주로 어떤 학생들이었습니까(가정형편, 출신지역, 민족), 이 학생들은 지금 어디에서 무엇을 하고 있습니까?
	4. 특별히 재미있었던 과목은 무엇입니까?
	5. 학창시절 다른 민족과 관계는 어떠했습니까?
경제생활·노동시장	1. 학교졸업 후 직업은 무엇이었습니까, 이 직업을 어떻게 찾았습니까?
	2. 이 직업에 만족하셨습니까? 왜?

항목	질문 내용
경제생활 · 노동시장	3. 당시 사회적으로 인기 있었던 직업은 무엇이었습니까? 직업을 못 찾는 사람이 많았습니까?
	4. 당시 받았던 월급은 어느 정도 입니까?
	5. 본인이 받았던 월급은 그 곳에서 어느 수준입니까? 월급을 많이 받는 직업은 어떤 것이고 적게 받는 직업은 어떤 것 이었습니까?
	6. 보통 남자들은 어떤 직업을 가졌고 여자들은 어떤 직업을 가졌습니까?
연애 · 결혼	1. 배우자는 어떻게 만나셨습니까?
	2. 결혼식은 어떻게 치루어 졌습니까?
	3. 신혼집은 어떻게 마련하셨습니까?
사회주의 건설시기와 문화대혁명 시기	1. 중화인민공화국이 성립되고 본인과 가족의 삶은 어떻게 달라졌습니까?
	2. 대약진 시기에 본인과 가족은 어떻게 생활했습니까?
	3. 문화대혁명으로 인해 사시던 곳에서는 어떤 일이 벌어졌고 어떤 변화가 있었습니까?
	4. 본인과 본인의 가족에 문화대혁명 시기 어떤 변화가 있었습니까?
	5. 문화대혁명에 대해 어떤 인상, 기억을 가지고 계십니까?
	6. 본인과 본인의 가족은 문화대혁명 시기에 어떤 정치적 입장을 가지고 있었습니까?
	7. 문화대혁명 전 본인이 살던 곳에서 다른 곳으로 가본 경험이 있습니까?(지역, 느낌 등)
	8. 문화대혁명이 끝난 후 본인과 본인의 가족에 어떤 변화가 있었습니까?
개혁개방 이후	1. 개혁개방 이후 본인과 가족에 어떤 변화가 있었습니까?
	2. 좋아진 점은 무엇이고 나빠진 점은 무엇입니까?
	3. 개혁개방은 계속 진행되어야 한다고 생각합니까? 왜?
	4. 개혁개방 이후 주변 사람, 본인이 살던 지역에 어떤 변화가 있었습니까?

(계속)

항목	질문 내용
개혁개방 이후	5. 주변 사람들도 개혁개방을 찬성합니까?
	6. 개혁개방에 크게 기여한 사람은 누구라고 생각하십니까?
한중수교 및 한국이주	1. 한국을 언제, 어떻게 알게 되었습니까?
	2. 한국과 중국이 수교하였다는 것을 어떻게 알게 되었습니까?
	3. 한국에 친인척이 있습니까?
	4. 어떤 계기로 한국에 오게 되었습니까?
	5. 본인이 한국에 올 때 이미 주변에서도 한국에 오려고 하는 사람이 많았습니까?
	6. 한국에 어떤 방법으로 오셨습니까?
한국생활	1. 한국에 언제 오셨습니까? 지금까지 모두 몇 번 방문하셨습니까?
	2. 한국에 입국한 후 어디에서 사셨습니까?(지금까지의 거주환경 변화, 함께 거주하는 사람, 집값의 변화, 거주지역과 직장위치의 관계 등)
	3. 본인이 거주한(혹은 거주하고 있는) 지역에 조선족들은 어느 정도 있었습니까?
	4. 한국에 입국한 후 어떤 직업에 종사하셨습니까? 월급은 혹은 소득 상황 은 어떠합니까?
	5. 평소 일을 하고 주말이나 여유가 있을 때 어떤 여가활동을 합니까? (단체 활동, 교회, 조선족들의 정치참여 등)
	6. TV나 신문 등 미디어를 이용하십니까?(즐겨보는 프로나 신문 등)
	7. 돈을 벌면 어떻게 사용하십니까?
	8. 중국에서의 생활과 비교하면 한국생활의 좋은 점은 무엇이고 나쁜 점은 무엇입니까?
	9. 명절은 어떻게 보냅니까?
	10. 어떤 음식을 많이 드십니까?